第七届"物华图书奖"获奖图书

江苏联合职业技术学院院本教材
经学院教材审定委员会审定通过

高等职业教育商务类专业精品课程系列规划教材

# 现代物流管理

## XIANDAI WULIU GUANLI

◉ 张广敬　主编

苏州大学出版社
Soochow University Press

图书在版编目(CIP)数据

现代物流管理 / 张广敬主编. —苏州：苏州大学出版社,2019.7(2024.1重印)
高等职业教育商务类专业精品课程系列规划教材
ISBN 978-7-5672-2855-9

Ⅰ. ①现… Ⅱ. ①张… Ⅲ. ①物流管理—高等职业教育—教材 Ⅳ. ①F252.1

中国版本图书馆CIP数据核字(2019)第128606号

### 现代物流管理

张广敬　主　编

责任编辑　施小占

苏州大学出版社出版发行
（地址：苏州市十梓街1号　邮编：215006）
常州市武进第三印刷有限公司印装
（地址：常州市武进区湟里镇村前街　邮编：213154）

开本 787 mm×1 092 mm　1/16　印张 16.5　字数 408 千
2019年7月第1版　2024年1月第8次修订印刷
ISBN 978-7-5672-2855-9　　定价：45.00元

苏州大学版图书若有印装错误，本社负责调换
苏州大学出版社营销部　电话：0512-67481020
苏州大学出版社网址　http：//www.sudapress.com
苏州大学出版社邮箱　sdcbs@suda.edu.cn

# 前言

物流业是重要的服务业，融合了运输业、仓储业、货代业和信息业等，在国民经济中起到基础性、支撑性的作用，在促进生产、吸纳就业人员、拉动消费以及促进产业结构调整、转变经济发展方式和增强国民经济竞争力等方面都能够发挥重要作用，其发展水平成为衡量一个国家现代化程度和综合国力的重要标志之一。作为一种先进有效的组织形式和管理技术，在当代，物流管理越来越被政府和企业所重视，为了适应我国高技能物流人才培养的需要，我们组织编写了本书。

本书在借鉴和吸收国内外物流管理的基本理论和最新研究成果的基础上，密切结合我国物流业的发展和物流管理教学的实际，从介绍物流的基本概念、基本理论入手，结合当前物流业界的最新实践，对现代物流管理基本理论和技能进行了较为全面的阐述。此外，本书还对近年来国内外物流管理领域中的最新技术和研究成果进行了介绍。

本书共有八个项目，项目一、项目二主要介绍物流管理、物流系统的基本概念和分类；项目三主要介绍物流实体功能，涉及物流仓储、运输、配送、装卸搬运、包装和流通加工、物流信息等；项目四到项目七主要介绍物流运行模式和管理；项目八主要涉及物流的前沿领域，对冷链物流、互联网＋物流、应急物流、物流金融、物流地产等领域做了一定的探索。

本书注重实践性、应用性，采取理论和实践相结合的方式进行阐述，理论简明适用，实际操作简单明白，并适当使用具体案例说明问题。本书适用于各类物资、物流、交通运输、运输管理、电子商务、工商企业管理、市场营销、营销管理等专业的"物流管理""物流工程"方向课程的教学，也适用于仓储、物资管理、流通管理在职从业人员的职业培训和岗位培训的参考。

为方便学生学习，我们整理收录了一部分视频并制作成二维码，扫码即可欣赏。为方便教师教学，我们准备了配套的习题答案和电子课件，欢迎登录苏州大学出版社网站（www.sudapress.com）下载。

本书由张广敬教授担任主编，负责全书框架结构的设计及最后定稿；韩祎、任倩两位老师担任副主编。本书编写分工如下：

张梦瑶老师编写项目一,钟菁老师编写项目二,任倩老师编写项目三,韩祎老师编写项目四,王春杰老师编写项目五,常立军老师编写项目六,张广敬老师编写项目七和项目八中任务一、任务二、任务三和任务五,胡媛老师编写项目八中任务四。

本书在编写过程中得到苏州大学出版社的热情帮助和大力支持,特此致以最诚挚的感谢。

本书在编写中参考了国内外大量的文献资料,引用了一些专家学者的研究成果,在此对这些文献作者表示诚挚的谢意。由于物流管理在我国正处在阶段性的变革发展中,一些理论和实际操作还正在探索之中,加上编写时间的紧迫及作者认识的局限性,本书在编写中难免存在一些不足之处,我们衷心希望读者予以指正,以利于我们水平的提高和共同促进现代物流管理教学研究的发展。

编　者

CONTENTS

## 项目一 物流概论 — 1

  任务一 认识物流 — 2
  任务二 认知物流管理 — 19
  任务三 分析物流岗位需求 合理规划成长路径 — 25

## 项目二 物流系统 — 37

  任务一 认知物流系统 — 38
  任务二 剖析物流系统构成 — 43

## 项目三 物流功能要素 — 53

  任务一 认知仓储 — 54
  任务二 认知运输 — 60
  任务三 认知配送 — 70
  任务四 认知装卸搬运 — 79
  任务五 熟知物流包装和流通加工 — 87
  任务六 辨识物流信息 — 95

## 项目四 物流主要模式 — 108

  任务一 认知企业物流 — 109
  任务二 熟谙第三、第四方物流 — 116
  任务三 探索国际物流 — 126
  任务四 迈向绿色物流 — 133

## 项目五　物流组织与控制　143

　　任务一　通晓物流组织管理　144
　　任务二　通晓物流服务管理　150
　　任务三　通晓物流成本管理　157
　　任务四　通晓物流质量管理　163

## 项目六　智慧物流　173

　　任务一　初识智慧物流　174
　　任务二　探究智慧物流　177

## 项目七　供应链物流管理　187

　　任务一　认识供应链　188
　　任务二　熟知供应链物流管理　194

## 项目八　物流新领域　209

　　任务一　领略冷链物流　210
　　任务二　领略"互联网＋物流"　220
　　任务三　领略应急物流　227
　　任务四　领略物流金融　233
　　任务五　领略物流地产　242

## 参考文献　258

# 物流概论

## 学习目标

**【知识目标】**
1. 了解现代物流的发展历程及物流在生产生活中的作用；
2. 熟悉物流的基本概念、分类、基本特征以及物流管理的基本概念、目标、基本内容和特征；
3. 熟悉物流产业的需求和物流专业的培养目标。

**【能力目标】**
1. 能够对生活中的一般物流问题提出相应的观点和见解；
2. 能对自己在物流领域的发展开展自我分析。

## 学习任务提要

1. 物流的概念、分类、基本特征及作用；
2. 物流管理的含义、目标、特征及内容；
3. 物流岗位（群）人才需求分析。

## 工作任务提要

在检索文献，访谈教师、企业管理人员的基础上，撰写《我的职业生涯规划》一份。

## 建议教学时数

6学时。

## 任务一　认识物流

**阿里巴巴用菜鸟网络构建"天网"与"地网"**

2013年5月28日,阿里巴巴集团、银泰集团联合复星集团、富春集团、顺丰集团、"三通一达"(中通、圆通、申通、韵达)、宅急送、汇通,以及相关金融机构共同宣布,"中国智能物流骨干网"项目正式启动,合作各方共同组建菜鸟网络科技有限公司。

菜鸟网络注册资金50亿。股东结构上,阿里巴巴旗下天猫商城投资21.5亿,占股43%;银泰集团投资16亿,占股32%;富春集团投资5亿,占股10%;上海复星集团投资5亿,占股10%;圆通、顺丰、申通、韵达、中通各出资5 000万,分别占股1%。

项目的启动,是希望通过八到十年的建设,为中国物流行业打造出一个前所未有的智能物流骨干网络,使之能够支持日均300亿的网络零售额,并让全国任何一个地区做到24小时内送货必达。

马云曾公开表示做物流并不是其一时的想法,而是四五年前就有的想法。在2010年初,阿里巴巴便入股一家快递公司——星辰急便;2011年初,又宣布其"大物流"战略并推出"物流宝";随后才是菜鸟网络的诞生。以上可以当做阿里巴巴进入物流行业的三个步骤,在其内部,将定位于数据化分析及追踪的物流宝称作"天网",而涉足实体仓储投资的菜鸟网是"地网"。

银泰百货集团董事长、菜鸟网络CEO沈国军透露,根据菜鸟网络的规划,是希望在5~8年的时间建设一个遍布全国的"开放式、社会化"物流基础设施。这些基础设施主要包括两部分:一是利用物联网、云计算等技术,建立基于这些仓储设施的数据应用平台,并共享给电子商务企业、物流公司、仓储企业、第三方物流服务商以及供应链服务商,即"天网";二是在全国几百个城市通过"自建+合作"的方式建设物理层面的仓储设施,即"地网"。

按照阿里巴巴的规划,未来将在9个核心城市建立中央仓储,在20几个城市建立中转仓,并搭建一个覆盖全国2 000多个城市的物流仓储网络。2014年10月,菜鸟网络科技有限公司与西威新区沣东新城正式签约,在沣东新城建设菜鸟网络西北核心节点项目。而自成立以后,菜鸟网络的拿地动作便从未间断。

2013年6月20日,菜鸟网络与武汉市政府签署战略合作框架协议,"中国智能骨干网(武汉·江夏)"项目签署;2013年11月19日,菜鸟网络与重庆两江新区管委会签订投资协议,决定在两江新区保税港区投资建设"中国智能骨干网项目"枢纽节点;2013年11月27日,菜鸟网络与河南签署战略合作框架协议,落地郑州航空港实验区;2013年12月13日,菜鸟网络与成都市双流县政府签署投资协议,启动建设"中国智能骨干网";2013年12月28日,中国浙江金华金义电子商务新城正式开工,这是菜鸟网络"中国智能骨干网"的第一个全国样本。另据银泰董事长沈国军透露,菜鸟网络早前就已在杭州、金华、海宁、广州、天津等地市成功拿下地块。

菜鸟网络频繁与地方政府签约拿地的举动,引起了很多业内人士的质疑。阿里巴巴

项目一 物流概论

CMO 王帅对此则回应道,菜鸟无法解决把物流基础设施建立在云端的难题,在全国各个物流中心区域建设仓储中心,搭建连通全国的高标准仓储体系实在是缺不了。菜鸟要解决的是十年后的问题,跟西方发达的物流体系相比,菜鸟的这些仓储,不是多了,而是少多了。

2014 年的"双十一"是菜鸟网络成立以来的第一次正式"大考",也是其回应质疑最好的机会。据菜鸟网络物流预警雷达监测,截至 2014 年 11 月 16 日晚 12 时,"双十一"当天产生的 2.78 亿物流订单中已有 2.6 亿发货。没有出现往年快递爆仓的现象,这便是菜鸟交出的第一份答卷,而这背后,是菜鸟网络在需求预测、库存计划、物流协调及末端配送等方面进行的不断完善。

从 2014 年 9 月份开始,菜鸟网络对各家快递"双十一"期间有望分摊到的包裹总量进行预估,预估甚至细化到了不同路线、乃至主要营业网点届时可能获得的包裹量。菜鸟网络 2014 年"双十一"物流项目负责人马俊杰表示,除了数据预测之外,菜鸟网络还提供物流预警雷达服务,这是一个通过物流数据的实时共享指导物流快递公司协调作业的数据凭条。马俊杰介绍道,主流快递公司都有自己的监测中心和可视化实时显示屏,通过这个类似于"交通流量图"的屏幕,快递公司可以监测到自己具体站点和路线的情况。而菜鸟的物流预警雷达就像一个综合性质的大屏幕,在这里有 14 家快递公司全部向菜鸟开放端口,接入各自后台数据,菜鸟网络会根据监测情况来协调各个快递公司。

菜鸟网络 COO 童文红在谈及菜鸟网络"双十一"的表现时认为,主流的 14 家快递公司、617 个核心分管中心、3 000 多条主要线路、5 万多个网点、120 万名快递员以及不计其数的订单,这一切都汇集在菜鸟网络,它的任务是让这张网流动起来,保证其畅通无阻。不过,菜鸟网络所公布的均是其"天网"发挥的作用,似乎和其"地网"没有什么关系,是否代表菜鸟的拿地之举是多余的呢?某业内人士分析称,菜鸟网络成立之初所提出的 24 小时送达,对仓储与快递系统的协同要求非常高,商品在库作业时间过长,会大大压缩快递员的配送时间。所以说 24 小时送达,不仅仅是递送,包括订单处理、包装、分拣、中转、快递整个过程,都需要高度的系统协同。

**案例思考**

1. 阿里巴巴的菜鸟物流有何优势?
2. 你认为在生产者和消费者之间什么样的物流最能被接受?

**一、物流的概念**

物流作为国民经济的一个重要领域,与社会生产和人类生活密切相关。可以说,物流是现代社会覆盖最广泛的产业之一,在当今的国民经济中发挥着极为重要的作用。

中华人民共和国国家标准《物流术语》(GB/T18354—2006)对物流(logistics)的定义是:"物品从供应地向接收地的实体流动过程。根据实际需要,将运输、储存、装卸、搬运、包装、流通加工、配送、信息处理等基本功能实施有机结合。"并将物品或货物(goods)定义为:

3

"经济与社会活动中实体流动的物质资料。"物流的基本功能如图 1-1 所示。

图 1-1 物流的基本功能

> **重要提示**
>
> 物流的概念主要涵盖了以下几个方面的内容：一是物流的"物"，它指一切可以进行物理性位置移动的物品，包括物料、物资、商品、货物等，而"流"则包括了商业活动和生产活动中的"流通"和"流程"；二是物流的主要流向是从物品的供应地到接收地的过程，是一种满足社会需求的活动；三是物流不仅包括物品的空间转移，也包括时间位置的移动和形状性质的变动，可增加物品的实际效用，更好地满足顾客的需求；四是物流过程是一个由许多物流作业环节组成的复杂系统，包括运输、储存、装卸、搬运、包装、流通加工、配送等基本功能，更强调各个活动之间的配合、协调。

**想一想** 根据现实生活和我们提供的微课视频《什么是物流》，谈谈如何科学完整地认识物流？

## 二、现代物流起源、现状和发展趋势

### （一）现代物流的起源

什么是物流

现代物流是人类进入信息经济时代而适应全球经济一体化的产物，可以说现代物流是现代社会经济正常运行的主动脉。现代物流将运输、包装、仓储、装卸、加工、整理、配送与信息等方面有机地结合起来，形成完整的供应链，为用户提供多功能、一体化的综合性服务。

现代物流的起源，有各种各样的说法。早在 20 世纪 20 年代美国的理论界就开始使用"physical distribution"作为企业经营活动中一个重要的因素来加以考察和研究；到了第二次世界大战，规模空前的战争导致了物资运输不仅横跨大西洋、太平洋，而且遍布亚、非、欧三大洲，大规模的后勤供给活动促使人们开始运用运筹学、系统论的观点，综合地看待战争时期的后勤供给活动，以保障物资运输链条的高效运转，并以最少的周转环节、最短的时间保证物资运输及时到达目的地。这不仅保证了盟军取得二战的最终胜利，也创造和孕育了现代物流基本理论体系的雏形，人们开始使用"logistics management"（"物流管理"）一词。

二战后，物流的理论与管理方法得到企业及政府管理部门的普遍认可与赞同，并被广泛应用于社会实践和生产管理中，其理论在实践中得到了进一步的发展和深化，特别是 20 世纪80年代以后,大型先进管理系统软件的开发和应用,极大推动了现代物流和供应链管理理论在生产流通全过程的广泛应用,并形成了综合物流的概念和供应链管理过程一体化的概念。

目前,世界上一些经济发达的国家,为了充分发挥货物运输的效率,在其中心城市、交通枢纽周围都设有货物流通中心,而且已联成网络。

在现代物流管理过程中,信息化、网络化的特征愈来愈明显,现代物流愈发体现出专业化、国际化、一体化的特点。在全球化浪潮的推动下,如何利用现代物流的理念,结合电子技术、信息技术、网络技术、数据库技术、数据挖掘技术推动我国的物流产业升级与整合,参与全球化竞争,提高国际竞争力,开拓出一条跨越式的发展道路,已经成为我们必须面对并应解决的问题。

(二) 现代物流的现状

世界银行2016年6月发布的《2016联接以竞争:全球经济中的贸易物流》报告对160个国家的贸易物流绩效进行排名,德国连续三届蝉联榜首,中国居第27位。当前,在物流规模与绩效方面,美国、日本、德国等西方发达国家较之发展中国家仍然存在较大优势。以下简要介绍国内外现代物流现状。

1. 美国物流

美国是世界物流业起步最早、实力最强、技术领先的国家,在全球物流业中发挥着引领作用。具体表现在以下三个方面:

一是良好的基础设施和自然条件,为美国物流业的发展提供了坚实的资源基础。如发达的公路、铁路、水运与航空运输体系以及完善的仓储业。

二是成熟的物流管理模式与先进的物流理念、技术、市场以及教育培训等为物流的高效合理化运营提供了重要支撑与保障。如美国物流企业的物流设备大部分都实现了高度的机械化和计算机化,正在向信息化(采用无线互联网技术、卫星定位技术、地理信息系统、射频识别技术)、自动化(自动引导小车技术、搬运机器人技术)、智能化(电子识别和电子跟踪技术、智能运输系统)、集成化(集信息化、机械化、自动化、智能化于一体)方向发展。

三是美国的第三方物流市场非常发达,有一批世界知名的跨国物流企业集团,如联合包裹速递服务公司(UPS)、联邦快递公司(FedEX)、C. H. 罗宾逊全球物流有限公司(C. H. Robinson Worldwide)、莱德系统(Ryder System)公司、万络国际物流(Menlo Woldwide Logistics)公司等。第三方物流已从提供运输、仓储等功能性服务向提供咨询、信息和管理服务延伸,致力于为客户提供改进价值链的解决方案,与客户结成风险/利益共享的战略合作伙伴关系。

此外,美国的物流科研、教育培训体系完善,在美国,从企业、行业协会、学校到政府,都注重对物流人才的培训培养工作,形成了多层次、多渠道、适应市场需要的物流人才培训机制。

2. 日本物流

日本是物流大国,围绕现代制造业和现代流通业,从国际海运到住宅配送,日本的物流无处不在。物流渗透到日本社会经济的各个角落,存在于国民生活的每个细节。

具体来说,日本物流的特征表现在以下三个方面:

一是有序竞争。以日本物流快递业为例,根据日本国土交通省公布的数据,2012年日本的快递件数已超过35亿件。经过充分的竞争和整合,日本快递业主要资源集中到大和运输(宅急便)等几家大的运输公司,其中前5家占到市场份额的99.5%,高度集中的行业特征使日本物流快递业不存在无序竞争,并且大的快递公司非常注重企业形象,使日本物流快递业的安全监管拥有天然优势。

二是行业标准十分规范严谨。日本国土交通省、总务省、经济产业省均制定有相关物流法律法规。如国土交通省于1990年颁布《标准宅配便运送约款》(2003年进行最近一次修改)对物流快递各个环节责任均有详细规定。关于危险物品,总务省消防厅发布了《危险物管制的技术基准细目》,经济产业省也发布了《化学物质分类管理手册》,对于有毒物质、易腐蚀物质的识别认定进行指导。

三是物流成本占比低。长期以来,日本通过大量运用自动化系统及信息系统提升物流作业效率,从而降低物流成本。在国际上,通常用社会物流总费用与GDP的比率来衡量一个国家物流的发展水平,用企业物流成本占产品销售额的比重来衡量行业的物流发展水平,根据国家发改委公布的《2015年全国物流运行情况通报》,2015年,中国社会物流总费用与GDP的比率为16%,物流成本占生产成本的比例为30%~40%,两项占比分别高出日本8个百分点及25个百分点。由此可见日本物流的发达程度。

### 3. 德国物流

德国物流依托高效、完善的交通网络和先进的信息技术,已由传统服务制造业、国际贸易的运输、仓储管理,逐步发展成为涵盖物流信息处理及科技研发、流程设计、咨询服务等众多领域的现代物流产业,其现代化特征十分明显。具体表现在以下三个方面:

一是物流行业地位独占鳌头。物流业是德国的支柱产业之一,其年均增长速度远高于GDP增速,年营业额约占德国GDP的9%左右,仅次于贸易、汽车产业,是德国的第三大产业。

二是倡导低碳环保绿色。通过加强和改善运输、储存、包装、装卸、加工、管理等物流环节,达到了降低污染、减少资源消耗的目的。德国早在十几年前就开始对运输车辆征收生态税,鼓励企业购买节能车型,其环保型卡车数量比例已达到8%以上。

三是便捷高效服务至上。德国的跨国企业、中小企业联盟高度发展,保证了各节点之间货物的高速移动。德国邮政集团的网络已覆盖了220个国家和地区的12万多个目的地,其旗下敦豪国际(DHL)早已家喻户晓。同时,一批如24Plus的物流企业联盟与龙头企业相互补充,形成了便捷高效的物流业发展大格局。

### 4. 中国物流

中国物流于20世纪90年代起步,21世纪初物流热开始升温。2015年,中国社会物流总费用为10.8万亿元,占GDP比率为16.0%,从事物流活动的企业法人单位数超30万家,是所有实体行业中增长最快的行业之一,物流岗位吸纳的从业人员总数超过3 000万人,也是所有实体行业中增长最快的行业之一。从中国物流现状和目前蓬勃发展的趋势来看,可以说中国物流已经进入了一个崭新的发展阶段,具体表现在以下三个方面:

一是政府对发展物流业高度重视,并出台系列政策给予大力支持。2006年,国家"十一五"规划纲要明确提出"要大力发展现代物流业";2009年2月,国务院决定将物流业作为需要大力振兴的第十大产业;2014年9月,国务院发布《物流业发展中长期规划(2014—2020年)》;2016年7月29日,中华人民共和国国家发展和改革委员会印发《"互联网+"

高效物流实施意见》；2017 年 8 月 7 日，国务院办公厅发布《关于进一步推进物流降本增效促进实体经济发展的意见》；2019 年 3 月 1 日，国家发展改革委等 24 个部门和单位联合印发《关于推动物流高质量发展促进形成强大国内市场的意见》。

二是物流设施日益完善，物流技术与管理水平不断提高。

三是自 20 世纪 90 年代以来，特别是 2001 年中国加入 WTO 以后，物流研究成果不断增多，学校人才培养与社会培训体系逐步健全。

当然，中国物流业在取得一定成绩的同时，仍然存在诸多不足，如：社会物流成本仍然较高、物流运作方式粗放、物流服务附加价值低、区域和城乡物流发展不平衡、物流人才短缺、技术应用水平薄弱、行业诚信缺失和资源环境负担较重等。

（三）现代物流的发展趋势

进入新世纪，随着全球经济一体化进程的加快，企业面临着尤为激烈的竞争环境，资源在全球范围内的流动和配置大大加强，世界各国更加重视物流发展对于本国经济发展、民生素质和军事实力增强的影响，更加重视物流的现代化，从而使现代物流呈现出一系列新的发展趋势。如图 1-2 所示。

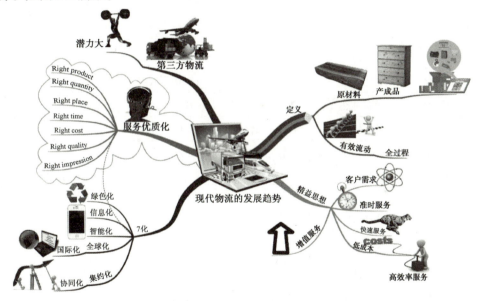

图 1-2　物流发展趋势

**1. 物流企业向集约化与协同化方向发展**

就整个物流产业而言，在物流市场形成初期，由于物流服务的技术含量不高，行业壁垒又较低，各类物流企业间因经营模式的相似性而难分高下，多数物流企业没有形成独特的经营理念，企业的竞争地位不稳定。伴随着物流市场的全面启动，物流产业将由起步期逐渐过渡到发展期甚至成熟期，物流服务产品的标准化、规范化和全面市场化的发展必然对物流企业产生重大的影响。物流行业服务标准的形成和物流市场竞争格局的逐步确立，将使得物流产业的规模效应迅速显现出来，物流产业的空间范围进一步扩大，物流企业将向集约化与协同化发展，主要表现为大力建设物流园区以及物流企业的兼并与合作。

### 知识拓展

物流园区是多种物流设施和不同类型的物流企业在空间上集中布局的场所,是具有一定规模和综合服务功能的物流集结点。

日本是最早建立物流园区的国家,至今已建立 20 个大规模的物流园区,平均占地面积约 74 万平方米;荷兰统计的 14 个物流园区,平均占地面积 44.8 万平方米;德国不来梅的货运中心占地在 100 万平方米以上。物流园区的建设有利于实现物流企业的专业化和规模化,发挥它们的整体优势和互补优势。

2017 年被称为中国物流并购的元年,根据公开资料显示,截至 2018 年 4 月,在我国物流行业大大小小的并购案超 20 起,如表 1-1 所示。

表 1-1　2017 年 1 月至 2018 年 4 月我国物流行业并购案

| 时间 | 收购方 | 被收购方 | 金额 | 备注 |
| --- | --- | --- | --- | --- |
| 2017.01.01 | 苏宁 | 天天快递 | 42.5 亿人民币 | |
| 2017.03.31 | 海航集团 | 嘉能可 | 7.75 亿美元 | 购入石油仓储和物流业务 51% 股权 |
| 2017.04.06 | 青旅物流 | 全峰 | 约 32.5 亿人民币 | |
| 2017.04.22 | 迦南科技 | 飞奇科技 | 6 600 万人民币 | 60% 股权 |
| 2017.05.09 | 圆通速递 | 先达国际物流 | 10.4 亿港元 | 61.87 股权 |
| 2017.06.07 | 华章科技 | 富安三七物流 | 2.05 亿港元 | |
| 2017.06.14 | 天图物流 | 永捷物流 | 6 000 万人民币 | |
| 2017.07.03 | 嘉里物流 | 兰州捷时特物流 | 不详 | 50% 股权 |
| 2017.07.10 | 中远海控(90.1%)<br>上港集团(9.9%) | 东方海外 | 492.31 亿港元 | |
| 2017.07.14 | 由厚朴、高瓴资本、万科等组成的中国财团 | 普洛斯 | 160 亿新元<br>(约 790 亿民币) | |
| 2017.07.22 | 齐畅物流 | 嘉泽物流 | 2 850 万人民币 | |
| 2017.08.22 | 中国外运长航集团 | 招商局物流集团 | 54.5 亿人民币 | |
| 2017.08.24 | 饿了么 | 百度外卖 | 8 亿美元 | |
| 2017.08.28 | 齐畅物流 | 廊坊京永物流 | 453.13 万人民币 | 收购部分设备类资产 |
| 2017.08.29 | 58 速运 | 快狗速运(GOGOVAN) | 合并 | 合并 |
| 2017.09.13 | 丰巢 | 中集 e 栈 | 8.1 亿人民币 | |
| 2017.10.04 | 普洛斯 | Gazeley | 28 亿美元 | |
| 2017.11.27 | 运满满 | 货车帮 | 合并 | 合并 |

续表

| 时间 | 收购方 | 被收购方 | 金额 | 备注 |
|---|---|---|---|---|
| 2018.03.01 | 商桥物流 | 湖北京昌物流 | 不详 | |
| 2018.03.05 | 阿里巴巴 | 饿了么 | 95亿美元 | |
| 2018.03.06 | 先飞达 | 菠菜网 | 不详 | |
| 2018.03.19 | 纵腾网络 | 云途物流 | 不详 | |
| 2018.04.08 | 旷视科技Face++ | 艾瑞思Ares | 不详 | |

从表1-1中的案例可以看出，目前我国物流行业的并购案主要倾向于横向并购与纵向并购两种模式。

### 2. 物流服务的优质化与全球化趋势日益明显

随着消费多样化、生产柔性化、流通高效化时代的到来，社会和客户对物流服务的要求越来越高，人们更注重的是物流服务的质量，物流成本不再是客户选择物流服务的唯一标准。所以今后发展的主要趋势即是物流服务的优质化，即把适当的产品，在适当的时间、适当的地点，以适当的数量、适当的价格，提供给客户，将成为物流企业优质服务的共同标准。

### 3. 第三方物流快速发展

第三方物流就是指在物流渠道中由中间商提供的服务。所以，第三方物流提供商是一个为外部客户管理、控制和提供物流服务作业的公司，它们在供应链中不占有一席之地，仅仅是第三方物流公司，但通过提供一整套物流活动服务于产品供应链。企业采用第三方物流的好处在于：可以集中主业；可以节省费用，减少资本积压；可以减少库存；可以提升企业形象。

### 4. 绿色物流成为物流发展的又一趋势

绿色物流，就是以降低对环境的污染、减少资源消耗为目标，利用先进物流技术规划和实施运输、仓储、流通加工、配送、包装等的物流活动。发展绿色物流的必要性在于：绿色物流适应世界发展的潮流，是全球一体化的需要；绿色物流是物流不断发展壮大的根本保障，是最大限度降低经营成本的必由之路。

**想一想** 2016年6月30日，京东首批新能源货车已在北京、上海两地上路运营，这也是国内快递业货运车辆中首批环保电动车。从低碳化角度来看，推行环保电动车具有积极意义。在当前情况下，你认为环保电动车在物流中推广使用需要解决什么问题呢？

### 5. 物流产业将向多元化方向发展

在发达国家，随着电子商务、网络技术及物流全球化的迅速发展，广义的区域物流与企业物流通过上下游的延伸和拓展，呈现出相互整合的趋势。这种趋势促使物流企业模式即物流产业经营类型与业态向着多元化和细分化的方向发展。随着我国物流业的发展趋于成熟，市场份额的控制壁垒随之产生，并会不断强化。在优胜劣汰中保留下来的物流企业将会控制行业的部分份额，并形成稳定的业务渠道，新加入的企业则必须开辟新的市场空间，这将在一定程度上加速物流业态多元化的发展。

### 6. 物流呈现信息化、自动化和网络化的趋势

物流信息化主要包括物流信息收集的数据库化和代码化、物流信息传递的标准化和实时化。物流信息化使得物流信息传递更加方便、快捷、准确，从而提高了整个物流系统的经济效益。也可以说，信息化是物流业发展的助推器，是现代物流的基础，也是现代物流最基本的特征。自动化以信息化为基础，利用各种自动化技术使物资在分类、配送、库存管理、计量等方面实现无人自动化控制，极大地提高了物流作业的能力，减少了物流作业的差错。自动化技术在物流中的运用，使物流业发生了巨大的革命，也使物流及其管理进入了现代化。网络化以物流的信息化为基础，一般包括两个层面：组织的网络化和计算机信息通信的网络化。

**想一想** 如何理解物流呈现信息化、自动化和网络化的趋势？试举例说明。

观看视频《物流行业发展趋势》，谈谈你的感受。

物流行业发展趋势

### 三、物流的分类

物流活动在整个社会经济领域无处不在，为了全面认识物流，有必要从不同的角度将物流分为不同的类型。

#### （一）按照物流研究的范围不同划分为宏观物流和微观物流

##### 1. 宏观物流

宏观物流是指社会再生产总体的物流活动，是从社会再生产总体角度认识和研究的物流活动。这种物流活动的参与者是构成社会总体的大产业、大集团，因此，宏观物流也就是研究社会再生产总体物流，研究产业或集团的物流活动和物流行为。宏观物流还可以从空间范畴来理解，在很大空间范畴的物流活动往往带有宏观性。同时它也指物流全体，从总体看物流而不是从某一个构成环节来看。因此，全国物流、国际物流都属于宏观物流。其研究的特点是综合性和全局性，内容包括物流总体构成、物流与社会的关系及在社会中的地位、物流与经济发展的关系、社会物流系统和国际物流系统的建立和运作等。

##### 2. 微观物流

微观物流是指消费者、生产企业所从事的物流活动，物流活动以企业为范围，面向企业。在整个物流活动中的一个局部、一个环节的具体物流活动属于微观物流；在一个小地域空间发生的具体的物流活动也属于微观物流；针对某一种具体产品所进行的物流活动也是微观物流。例如企业物流、生产物流、供应物流、销售物流等都属于微观物流。微观物流研究的特点是具体性和局部性。由此可见，微观物流是更贴近具体企业的物流。

两者的区别可以参见表1-2。

### 知识拓展

**表1-2 宏观物流与微观物流的区别**

| | 宏观物流 | 微观物流 |
|---|---|---|
| 含义 | 宏观物流是指社会再生产总的物流活动，是从社会再生产总体角度认识和研究的物流活动。宏观物流也指物流全体，要从总体看物流而不是从物流的某一个构成环节来看物流 | 微观物流指消费者、生产者企业所从事的实际的、具体的物流活动。在整个物流活动之中的一个局部、一个环节的具体物流活动也属于微观物流 |
| 领域 | 宏观物流包括：社会物流、国民经济物流、国际物流 | 微观物流包括：企业物流、生产物流、供应物流、销售物流、回收物流、废弃物物流、生活物流等 |
| 物流研究特点 | 综合性和全局性 | 具体性和局部性 |

（二）按物流活动的空间划分为国际物流、国内物流、地区物流

#### 1. 国际物流

国际物流是指在两个或两个以上国家（或地区）之间所进行的物流。它是指当生产和消费分别在两个或两个以上的国家（或地区）独立进行时，为了克服生产和消费之间的空间间隔和时间距离，对货物（商品）进行物流性移动的一项国际商品交流活动，从而完成国际商品交易的最终目的，即实现卖方交付单证、货物和买方收取货物。国际物流是国际贸易的必然组成部分，各国之间相互贸易最终通过国际物流来实现。随着全球经济一体化，国际分工日益深化，国际物流也成为物流研究领域的一个重要的分支。

#### 2. 国内物流

国内物流是指为国家的整体利益服务，在本国的地域范围内开展的物流活动。作为国民经济的重要方面，物流应该纳入国家总体规划，我国的物流事业是国家现代化建设的重要组成部分。

#### 3. 地区物流

地区物流是指在一国疆域内，根据行政区域或地理位置划分的一定区域内的物流。地区物流对于提高所在地区的企业物流活动的效率，以及保障当地居民的生活和环境，具有不可缺少的作用。地区物流有不同的划分原则。按行政区域划分，我国可以划分为东北、华北、西北、西南、华南、华东、华中等大区；按经济圈划分，如苏锡常经济区等；按地理位置划分，如长江三角洲地区、河套地区、环渤海地区、珠江三角洲地区等。

（三）按照物流研究的着眼点可分为一般物流和特殊物流

#### 1. 一般物流

物流活动的一个重要特点，是涉及全社会各企业，因此，物流系统的建立、物流活动的开展必须有普遍的适用性。一般物流研究的着眼点在于物流的一般规律，建立普遍使用的物流标准化系统，研究物流的共同功能要素与其他系统的结合衔接等。

### 2. 特殊物流

特殊物流是指专门范围、专门领域、特殊行业,在遵循一般物流规律基础上,带有特殊制约因素、特殊应用领域、特殊处理方式、特殊劳动对象、特殊机械装备特点的物流。按品种的特殊性,有水泥物流、石油及油品物流、煤炭物流、危险品物流等;接数量及形体不同,有多品种、少批量、多批次产品物流,超大、超长型物流等;按服务方式及服务水平不同,有"门到门"的一贯物流、配送等;按装备及技术不同,有集装箱物流、托盘物流等;按特殊的领域,有军事物流、废弃物物流等;按组织方式,有加工物流等。

**想一想** 以危险品物流为例,其特殊性表现在哪些方面?

### (四)按照物流的系统范畴可分为社会物流、行业物流、企业物流

#### 1. 社会物流

社会物流是物流的主要研究对象,是指以全社会为范畴、面向广大用户的超越一家一户的物流。社会物流涉及商品流通领域发生的所有物流活动,是流通领域发生的物流,是全社会物流的整体。因此社会物流带有宏观性和广泛性,也被称为大物流或宏观物流。

#### 2. 行业物流

在一个行业内部发生的物流活动被称为行业物流。在一般情况下,同一行业的各个企业往往在经营上是竞争对手。但为了共同的利益,在物流领域中却又常常互相协作,共同促进物流系统的合理化。

#### 3. 企业物流

企业物流是指企业内部的物品实体流动。它从企业角度上研究与之有关的物流活动,是具体的、微观的物流活动的典型领域。企业物流又可区分为以下典型的具体物流活动:企业供应物流、企业生产物流、企业销售物流、企业回收物流、企业废弃物物流等。

### (五)按照在供应链中所起的作用可分为供应物流、生产物流、销售物流、回收物流和废弃物物流

#### 1. 供应物流

供应物流是指包括原材料等一切生产物资的采购、进货运输,仓储、库存管理,用料管理和供应管理,也称为原材料采购物流。对于生产企业而言,它是指对于生产活动所需要的原材料等物资的采购、供应活动所产生的物流;对于流通领域而言,它是指交易活动中从买方角度出发的交易行为中所发生的物流。

#### 2. 生产物流

企业的生产物流活动是指在生产工艺中的物流活动。一般是指原材料、燃料、外购件投入生产后,经过下料、发料,运送到各加工点和存储点,以在制品的形态,从一个生产单位流入另一个生产单位,按照规定的工艺过程进行加工、储存,借助一定的运输装置,在某个点内流转,又从某个点内流出,始终体现着物料实物形态的流转过程。

#### 3. 销售物流

销售物流又称为企业销售物流,是企业为保证本身的经营利益,不断伴随销售活动,将产品所有权转给用户的物流活动。通过销售物流,企业可以回收资金,进行再生产活动。

### 4. 回收物流

回收物流是指不合格物品的返修、退货以及周转使用的包装容器从需方返回到供方所形成的物品实体流动。即企业在生产、供应、销售的活动中总会产生各种边角余料和废料，这些东西的回收是需要伴随物流活动的。如果回收物品处理不当，往往会影响整个生产环境，甚至影响产品的质量，占用很大空间，造成浪费。回收物流如图1-3所示。

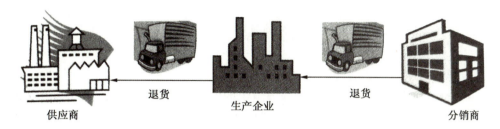

图1-3　回收物流

**想一想**　请认真思考并回答回收物流与供应物流和销售物流有何异同？

### 5. 废弃物物流

废弃物物流是指将经济活动中失去原有使用价值的物品，根据实际需要进行收集、分类、加工、包装、搬运、储存等，并分送到专门处理场所时所形成的物品实体流动。废弃物物流的作用是无视对象物的价值或对象物没有再利用价值，仅从环境保护出发，将其妥善处理，以免造成环境污染。废弃物物流如图1-4所示。

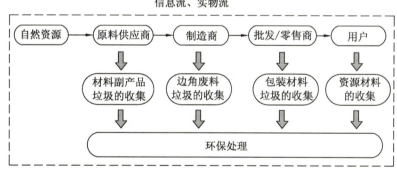

图1-4　废弃物物流

**知识拓展**

随着科学技术的发展和人民生活水平的提高，人们对物资的消费要求越来越高：既要质量好又要款式新。于是被人们淘汰、丢弃的物资日益增多。这些产生于生产和消费过程中的物质，由于变质、损坏，或使用寿命终结而失去了使用价值。它们有生产过程的边角余料、废渣废水以及未能形成合格产品而不具有使用价值的物质；有流通过程产生的废弃包装材料；也有在消费后产生的废弃物：如家庭垃圾、办公室垃圾等。这些废弃物一部分可回收并再生利用,称为再生资源,形成回收物流;另一部分在循环利用过程中,基本或完全丧失了使用价值,形成无法再利用的最终废弃物,即废物。废弃物经过处理后,返回自然界,形成废弃物流。回收物流与废弃物流不能直接给企业带来效益,但非常有发展潜力。

(六)按照物流活动的承担主体可分为第一方物流、第二方物流、第三方物流、第四方物流

#### 1. 第一方物流

第一方物流指卖方、生产者或者供应方组织的物流活动。这些组织的主要业务是生产和供应商品,但为了其自身生产和销售的需要而进行物流网络及设施设备的投资、经营与管理。

#### 2. 第二方物流

第二方物流指买方、销售者或流通企业组织的物流活动。这些组织的核心业务是采购并销售商品,为了销售业务需要而投资建设物流网络、物流设施和设备,并进行具体的物流业务运作组织和管理。严格地说,从事第二方物流的公司属于分销商。

#### 3. 第三方物流

中华人民共和国国家标准《物流术语》(GB/T18354—2006)对第三方物流(third party logistics)的定义是:"独立于供需双方,为客户提供专项或全面的物流系统设计或系统运营的物流服务模式。"

第三方物流是指生产经营企业为集中精力搞好主业,把原来属于自己处理的物流活动,以合同方式委托给专业物流服务企业,同时通过信息系统与物流企业保持密切联系,以达到对物流全程管理控制的一种物流运作与管理方式。它既不属于第一方,也不属于第二方,而是通过与第一方或第二方的合作来提供其专业化的物流服务。它不拥有商品,不参与商品的买卖,而是为客户提供以合同为约束、以结盟为基础的系列化、个性化、信息化的物流代理服务。如图1-5所示。

图1-5 第三方物流优劣势分析

#### 4. 第四方物流

第四方物流是1998年美国埃森哲咨询公司率先提出的,是专门为第一方、第二方和第三方提供物流规划、咨询、物流信息系统、供应链管理等服务。第四方并不实际承担具体的物流运作活动,而更多地关注整个供应链的物流活动。

第三方物流、第四方物流如图1-6所示。

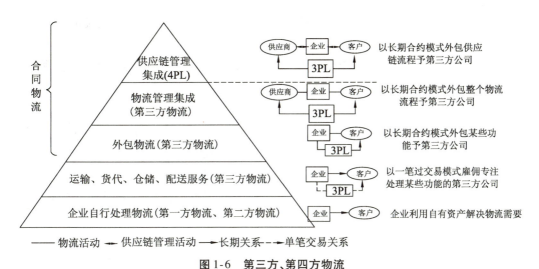

图 1-6　第三方、第四方物流

**想一想**　前面我们给大家讲了第三方物流、第四方物流,通过老师的讲述和你的思考,你认为两者有何联系与区别?

**重要提示**

其实,从不同的角度划分,物流的分类还有很多。比如:以某种物质命名,有煤炭物流、钢材物流、家电物流、药品物流等;以行业划分,有农业物流、工业物流、商业物流等;从物流的特殊性角度看,有危险品物流、贵重物品物流等。

## 四、物流的特征

### (一) 社会化

现在社会中的任何组织机构或个人,对物流的需求都不再是单纯追求由自己内部完成,而是交给其他专门的物流组织机构。

### (二) 现代化

在现代物流活动中,先进的机械设备在运输、仓储、装卸搬运、包装及流通加工等作业环节中得到广泛使用。例如,运输手段的专用化、大型化,装卸搬运的机械化、自动化,信息传输的网络化和计算机化,以及立体仓库的使用等。

### (三) 信息化

物流信息化是指物流企业运用现代信息技术对物流过程中产生的全部或部分信息进行采集、分类、传递、汇总、识别、跟踪、查询等一系列处理活动,以实现对货物流动过程的控制,从而降低成本、提高效益的管理活动。它能够以最小的成本带来最大的效益。

### (四) 系统化

物流系统是在一定的时间和空间里为进行物流活动,由物流人员、物流设施、待运物资和物流信息等要素构成的具有特定功能的有机整体。对物流系统进行系统综合、系统分析和系统管理等的一系列过程就叫物流系统化。物流系统化包括:(1) 提高运输效率的方法。(2) 提高节点功能的方法。(3) 装卸合理化的方法。(4) 提高信息功能的方法。

### (五) 集成化

现代物流更注重于将物流与供应链其他环节的集成,包括物流与商流的集成,物流渠道之间的集成,物流环节与制造环节之间的集成。

### (六) 快速化

快速化主要体现在物流反应方面。物流服务提供者对上游、下游的物流需求反应速度越来越快,前置时间越来越短,配送间隔越来越短,速度越来越快。

### (七) 专业化

专业化一方面体现在物流作为企业的一个专业部门独立存在,并承担专门职能,另一方面随着现代物流的发展,出现了专业化的物流企业,提供不同的物流服务。

### (八) 网络化

为了保证对产品促销提供快速、全方位的物流支持,现代物流需要有完善、健全的物流网络体系,使得网络上点与点之间的物流活动保持系统性、一致性,这样可以保证整个物流网络有最优的库存水平及库存分布,运输与配送快速、机动,既能铺开又能收拢。分散的物流单体只有形成网络才能满足现代生产与流通的需要。

### (九) 电子化

由于计算机信息技术的应用,现代物流过程的可见性明显增加,物流过程中库存积压、延期交货、送货不及时、库存与运输不可控等风险大大降低,从而可以加强供应商、物流商、批发商、零售商在组织物流过程中的协调和配合以及对物流过程的控制。

### (十) 市场化

现代物流的具体经营采用市场机制,无论是企业自己组织物流,还是委托社会化物流企业承担物流任务,都以"服务—成本"的最佳配合为总目标,谁能提供最佳的"服务—成本"组合,就找谁服务。国际上既有大量自办物流,也有大量利用第三方物流企业提供物流服务的例子,比较而言,物流的社会化、专业化已经占到主流,即使是非社会化、非专业化的物流组织也都实行严格的经济核算。

**想一想** 信息化、自动化、智能化科技力量与"互联网+"高效物流模式的创新发展,为实现更高水平和更高质量上的供需动态平衡与优化资源配置,加快多式联运发展,建立标准化、信息化、智慧化的现代物流服务体系提供了有力支撑。

请你尝试着给大家分析一下这些新技术对物流发展的重大影响和变化。

## 五、物流的作用

物流作为一种社会经济活动,除了具有运输、储存、配送、包装、装卸搬运、流通加工、信息流动等重要功能之外,对社会生产和生活活动也起着不可小觑的作用。

### (一) 物流创造了时间价值、空间价值、加工附加价值

#### 1. 时间价值

"物"从供给者到需要者之间存在一段时间差,改变这一时间差所创造的价值就是时间价值。时间价值通过物流能够获得,主要有三种方式:(1) 缩短时间。这是物流必须遵循的一条经济规律,可以加快物流速度,减少物流损失,降低消耗,加速周转,节约资金。

(2)弥补时间差。以科学的、系统的方法弥补供给与需求之间的时间差,实现时间价值。

(3)延长时间差。人为地、能动地延长物流时间来创造商品价值,均衡人们的需求。时间价值的创造过程如图1-7所示。

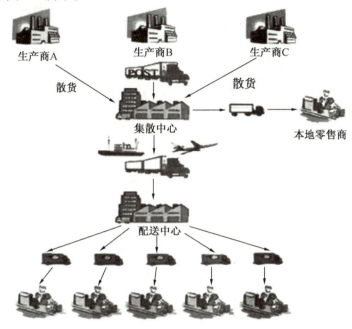

图1-7 时间价值的创造过程

### 2. 空间价值

空间价值是由现代社会产业结构、社会分工所决定的,商品在不同地理位置有不同的价值,通过物流可以将商品由低价值区转到高价值区,比如:从集中生产场所流入分散需求场所创造价值;从分散生产场所流入集中需求场所创造价值;在低价值地生产流入高价值地需求创造价值等。如图1-8所示。

图1-8 空间价值的创造过程

### 3. 加工附加价值

加工附加价值是补充性加工活动所创造的,这种活动并不创造商品的主要实体并形成商品,而是带有完善、补充、增加性质的加工活动。它是现代物流区别于传统物流的一个重要方面。如图1-9所示。

图 1-9 加工附加价值的创造过程

（二）物流是社会再生产和企业生产连续进行的前提条件

一个企业的正常运转，一方面要保证按企业生产计划和生产节奏提供和运达原材料、燃料、零部件；另一方面，要将产品和制成品不断运离企业，这个最基本的外部环境正是要依靠物流及有关的其他活动创造和提供保证的。物流是企业生产运行的保证，企业生产过程的连续性和衔接性是依靠生产过程中不断的物流活动来保证的；物流是发展企业的重要支撑力量。

（三）物流是实现商品价值和使用价值的条件

物流是把生产生活领域物质资料的潜在价值和使用价值变成现实的价值和使用价值的关键。它能够按生产的需要及时为企业生产提供劳动资料和对象，从而促进生产快速发展，也可以将生产资料按质按量供给生产企业实现其价值和使用价值，同时也将企业的生活资料及时、准确地送到消费者手中，实现其价值和使用价值。

（四）物流是提高全社会经济效益的重要源泉

对物流过程进行合理的控制，不仅可以减少生产资料在流通环节中的损耗，而且还可以在生产资料综合利用、节约使用、加工改制等方面起作用，充分发挥生产资料的效用；合理的物流能消除迂回运输、相向运输等不合理运输，在节约运力方面发挥重要作用，增加企业效益；合理的物流还可以控制企业的商品库存，减少不必要的物资储存，加速物资周转，更好地发挥现有物资的效用；除此之外，合理的物流还能够成为国家或地区财政收入的主要来源，能够造就大量的就业。

（五）物流是联系国民经济各类领域、部门、产业、行业、企业的纽带与桥梁

物流通过不断输送各种物质产品，使生产者不断获得原材料、燃料以保证生产过程的正常进行，又不断将产品运送给不同需要的消费者，以使这些消费者的生产、生活得以正常进行，这些互相依赖的存在，是靠物流来维系的，国民经济因此才得以成为一个有内在联系的整体。

（六）物流可以最大限度地满足人们的物质和文化的需要

合理的物流会使地区经济与外界交流活跃，增加人员的交往，因而极有利于开阔视野、启迪思维、促进观念的更新、促进社会的进步。而社会的不断进步，也必然对物流的程度和

范围提出更高的要求。合理的物流为我国实现农业、工业、国防和科学技术的现代化起到了重要的作用,可以最大限度地满足人们的物质和文化需要,对社会的经济发展起到支柱作用。

> **重要提示**
>
> 2019年3月1日,中华人民共和国国家发展和改革委员会联合23个部委发布了《关于推动物流高质量发展促进形成强大国内市场的意见》的文件,这是中国物流发展具有里程碑意义的重要文献,是落实十九大报告关于中国物流业基础设施战略定位,强调物流业是支撑国民经济发展的基础性、战略性、先导性产业的最重要文件;也是围绕新时代物流高质量发展进行战略部局的指导方针。

## 任务二　认知物流管理

### 海尔的物流管理

海尔物流成立于1999年,依托海尔集团的先进管理理念以及海尔集团的强大资源网络构建海尔物流的核心竞争力,为全球客户提供最有竞争力的综合物流集成服务,目前已成为全球最具竞争力的第三方物流企业。海尔物流注重整个供应链全流程最优与同步工程,不断消除企业内部与外部环节的重复、无效的劳动,让资源在每一个过程中流动时都实现增值,使物流业务能够支持客户实现快速获取订单与满足订单的目标,海尔物流凭借先进的管理理念和物流技术应用,被中国物流与采购联合会授予首家"中国物流示范基地"和"国家科技进步一等奖",同时还先后获得"中国物流百强企业""中国物流企业50强""中国物流综合实力百强企业""最佳家电物流企业"等殊荣。

海尔市场链流程再造与创新过程中,JIT采购配送中心整合海尔集团的采购与配送业务,形成了极具规模化、网络化、信息化的JIT采购及配送体系。

海尔物流JIT采购管理体系:实现为订单而采购,降低物流采购成本;推行VMI模式,建立与供应商的战略合作伙伴关系,实现与供应商的双赢合作。目前,JIT采购面向包括50余个世界500强企业的供应商实施全球化采购业务,在全面推进实施寄售采购模式的同时可为用户提供一站到位的第三方服务业务。

海尔物流JIT配送管理体系:提高原材料配送的效率,"革传统仓库管理的命",通过建立两个现代智能化的立体仓库及自动化物流中心及利用ERP物流信息管理手段对库存进行控制,以实现JIT配送模式。从物流容器的单元化、标准化、通用化到物料搬运机械化,到车间物料配送的"看板"管理系统、定置管理系统、物耗监测和补充系统,进行了全面改革,实现了"以时间消灭空间"的物流管理目标。

目前，JIT配送全面推广信息替代库存，使用电子标签、条码扫描等国际先进的无纸化办公方法，实现物料出入库系统自动记账，达到按单采购、按单拉料、按单拣配、按单核算投入产出、按单计酬的目标，形成了一套完善的看单配送体系。通过先进的JIT采购及配送管理体系、丰富的实践运作经验、强大的信息系统，海尔JIT采购配送中心将打造出最有竞争力的采购配送流程。

海尔还建立了直接送达其他配送中心的区域间配送网络，使以前的单点和线，形成星罗棋布的网，形成完善的成品分拨物流体系、备件配送体系与返回物流体系。目前网络的类别有：零担、班车、专线、整车配送等，以满足不同客户的需求。大批量订单，提供"B2B、B2C的门对门"的运输配送。零散、小批量的订单，以运筹优化的观点，安排合理的配送计划，实现一线多点配送，为客户提供完善的24小时物流服务，形成一个以干线运输、区域配送、城市配送三级联动的运输配送体系；同时配合海尔集团的家电销售网络到三四级网点的推进，将形成一个深度和广度覆盖的综合物流服务网络。

海尔物流根据海尔集团流程再造的经验可以提供整个供应链管理专家咨询及服务，包含诸如物流网络策略、运输设计、仓储设计和模拟，以及作业改进和库存分析等。通过IT系统形成简单快捷、自动化的流程。

海尔物流可以根据客户需求提供打码、再包装、扫描等业务，并设计业务流程规避风险，还提供保险、货单抵押、再加工等增值服务，以使物流服务升级，实现精细化物流的目标。

海尔物流能够结合自身的优势特点以及每个行业不同的特性，为客户量身定制个性化的物流解决方案，目前已经在汽车行业、快速消费品行业、家具行业、IT行业、电子电器行业、石化行业等多个领域开展个性化物流方案设计，为GE、SGMW、IKEA、FOXCONN、DOW、AVAYA、伊利、张裕等国内外知名企业提供物流供应链服务。

**案例思考**

1. 海尔物流给供应商带来了哪些好处？
2. 你认为海尔的物流模式对海尔的核心竞争力起到了什么作用？

**知识链接**

### 一、物流管理的概念和目标

中华人民共和国国家标准《物流术语》（GB/T18354—2006）对物流管理（logistics management）的定义是："为达到既定的目标，对物流的全过程进行计划、组织、协调与控制。"如图1-10所示。

实施物流管理的目的就是要在尽可能最低的总成本条件下实现既定的客户服务水平，即寻求服务优势和成本优势的一种动

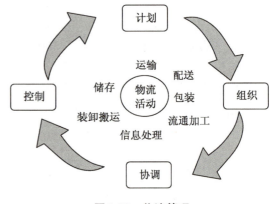

图1-10 物流管理

态平衡,并由此创造企业在竞争中的战略优势。根据这个目标,物流管理要解决的基本问题,就是把合适的产品以合适的数量和合适的价格在合适的时间和合适的地点提供给客户。

### 二、物流管理的内容

#### (一) 物流作业管理

企业乃至供应链的物流系统是由一系列物流作业管理组成的,如图1-11所示。

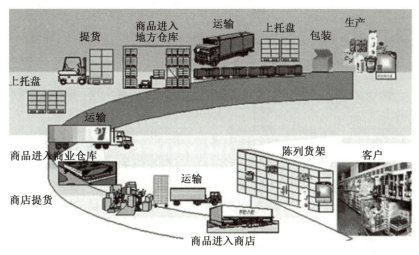

图1-11 物流作业管理

随着物流管理越来越受到重视,物流作业管理也成为现代物流管理的重要组成部分。物流作业管理强调低成本、高质量和快速响应。企业利用作业成本法测算与物流活动相关的费用,使得物流成本明晰化。然后,在作业成本法的基础上,应用作业管理思想来进行物流管理,深入开展企业作业的增值性分析和因果关系分析。作业成本法为物流作业管理提供了有效的成本核算工具,企业利用作业成本法所得到的信息,在作业分析的基础上,对物流作业流程进行改善,实行有效的作业管理,从而实现物流总成本最低和作业流程最优的目标。

#### (二) 物流战略管理

物流战略管理是指通过物流战略设计、战略实施、战略评价与控制等环节,调节物流资源、组织结构等最终实现物流系统宗旨和战略目标的一系列动态过程的总和。物流战略管理包括企业物流战略和第三方物流战略,涉及不同层次的战略设计、战略组织和战略过程,如图1-12所示。其目标是降低成本、减少资本、提高服务。

#### (三) 物流成本管理

中华人民共和国国家标准《物流术语》(GB/T18354—2006)对物流成本管理(logistics cost control)的定义是:"对物流活动发生的相关费用的计划、协调与控制。"如图1-13所示,物流成本管理可以说是以成本为手段的物流管理方法。物流成本是以物流活动的整体为对象的,是唯一基础性的、可以共同使用的基本数据。可以说物流成本是进行物流管理,使物流合理化的基础。

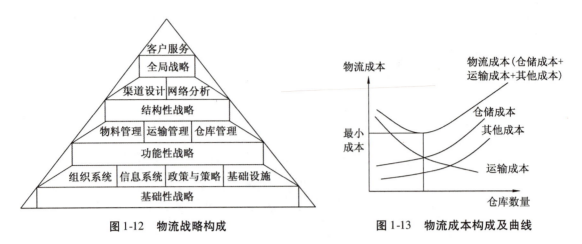

图 1-12　物流战略构成　　　　图 1-13　物流成本构成及曲线

（四）物流服务管理

物流企业要取得竞争优势,向集约化发展是一条必由之路。物流的配送中心不仅提供仓储和运输服务,还必须开展配货、配送和各种提高附加值的流通加工服务项目,也可按客户的需要提供其他个性化服务,即增值服务。物流企业一方面要与货主企业结成战略伙伴关系,以保证得到长期的货源;另一方面要有助于货主企业的产品迅速进入市场,提高竞争力,从而实现互利共赢。

因此,对于物流企业而言,服务质量和服务水平正逐步成为比价格更为重要的选择因素。

（五）供应链管理

供应链是由供应商、制造商、仓库、配送中心和渠道商等构成的物流网络。同一企业可能构成这个网络的不同组成节点,但更多的情况下是由不同的企业构成这个网络中的不同节点。比如,在某个供应链中,同一企业可能既在制造商、仓库节点,又在配送中心节点等占有位置;但在分工愈细、专业要求愈高的供应链中,不同节点基本上由不同的企业组成,在供应链各成员单位间流动的原材料、在制品库存和产成品等就构成了供应链上的货物流,如图 1-14 所示。

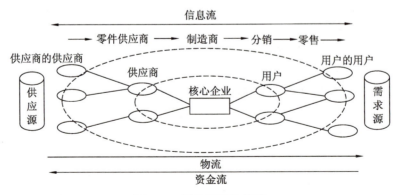

图 1-14　供应链结构模型

供应链最早来源于彼得·德鲁克提出的"经济链",后由迈克尔·波特发展成为"价值链",最终演变为"供应链"。

中华人民共和国国家标准《物流术语》(GB/T18354—2006)对供应链管理(supply chain management)的定义为："对供应链涉及的全部活动进行计划、组织、协调与控制。"有效的供应链管理可以实现四项目标：缩短现金周转时间；降低企业面临的风险；实现盈利增长；提供可预测收入。

### 知识拓展

一条完整的供应链应包括供应商(原材料供应商或零配件供应商)、制造商(加工厂或装配厂)、分销商(代理商或批发商)、零售商(卖场、百货商店、超市、专卖店、便利店和杂货店)以及消费者。

从中可以看到，它不仅是条联接供应商到用户的物料链、信息链、资金链，同时更为重要的它也是一条增值链。因为物料在供应链上进行了加工、包装、运输等过程而增加了其价值，从而给这条链上的相关企业带来了收益。这一点很关键，它是维系这条供应链赖以存在的基础，如果没有创造额外的价值，即增值，相关企业没有得到应有的回报，这条链就无法转动。

## 三、物流管理的特征

### （一）以提高客户满意度为第一目标

物流起源于客户需求，离开了客户需求，物的流动就会变得盲目。因此，在客户需求的驱动下，物沿着供应链从上游的供应商向下游的客户流动，客户需求成为驱动物流的原动力。

### （二）着重整个流通渠道的物流运动

物流管理的主要对象已从传统的包含采购、生产和销售物流的企业物流，扩展成包含退货物流和废弃物物流等逆向物流的社会物流。

### （三）以整体最优为目的

从原材料的供应计划到向最终消费者配送产品等各种活动，不仅是单个部门的活动，还是将各部分有效结合发挥综合效益的活动。也就是说，现代物流所追求的费用、效益观，是针对供应、生产、销售、物流等全体最优而言的。

### （四）既重视效率，更重视效益

现代物流管理与传统物流管理相比有许多变化。首先，在物流手段上，从原来重视物流的机械、机器、设施等硬件要素转向重视信息等软件要素。在物流领域方面，从以运输、存储为主的活动转向物流全体，也就是包含采购、生产、销售领域或批发、零售领域的物流活动扩展。其次，在物流需求的对应方面，原来强调的是确保运力、降低成本等企业内需求的对应，现代物流则强调提高物流服务水准等市场需求的对应，进而发展到重视环境、交通、能源等社会需求的对应。

> **重要提示**
>
> 以上论述表明，早期的物流以提高效率、降低成本为重点，而现代物流不仅重视效率方面的因素，更强调整个流通过程中的物流效果。

### （五）以信息为中心的实需对应型的商品供应体系

现代物流活动不是单个生产、销售部门或企业的事，而是包括供应商、制造商、批发商、零售商等关联企业在内的整个统一体的共同活动，因而现代物流通过这种供应链强化了企业间的关系。供应链管理就是从供应商开始到最终用户的整个流通过程中全体商品运动的综合管理。这种供应链管理带来的一个直接效应是产需的结合在时空上比以前任何时候都紧密，并带来了企业经营方式的改变，即从原来的投机型经营（建立在市场预测基础上的经营行为）转向实需型经营（根据市场的实际需求生产）。伴随着这种经营方式的改变，在经营管理要素上，信息已成为物流管理的核心。没有高度发达的信息网络和信息技术的支持，如条码、EDI、JIT、GPS等，实需型经营是无法实现的。

### （六）对商品运动的全过程管理

现代物流将从供应商开始到最终顾客整个流通阶段所发生的商品运动作为一个整体来看待，因此对管理活动本身提出了相当高的要求。伴随着商品实体的运动，必然会出现"位置移动"和"时间推移"这两种物流现象。其中，时间推移在当今产销紧密联系，流通整体化、网络化的过程中，已成为一种重要的经营资源。现代经营不仅要求物流活动能实现经济效率化和顾客服务化，而且还必须及时了解和反映市场需求，并将之反映到供应链的各个环节，以保证生产经营决策的正确和再生产的顺利进行。所以，缩短物流时间不仅决定了流通全过程的商品成本和顾客满意度，同时通过有效的商品运动，能为生产提供全面、准确的市场信息。任何局部问题的解决都无法从根本上实现时间的效率化，这就要求物流活动的管理应超越部门和局部的层次，实现高度的统一管理。现代物流所强调的就是如何有效地实现全过程管理，真正把供应链思想和企业全体观念贯彻到管理行为中。

**想一想** 视频《国外物流作业片段》中是三个国外物流作业的片段，观看这些作业片段并说明其中的物流价值、作用和职能是如何体现的？有哪些是值得我们借鉴的？

国外物流作业片段

## 任务三 分析物流岗位需求 合理规划成长路径

### 案例导入

"我现在已经在学校度过一个学期了,可我真不知道自己整天在干什么。我没有目标,没有激情,所做的事情都是老师要求的或班主任指示的。我不知道如此下去,将来毕业的时候会成什么样子!"很多大学生都有类似的困惑。机遇总是留给事先有准备的人,作为一名大学生,提前开展自身的职业生涯规划,犹如人生的航船有了方向,在明确的职业发展目标之下,采取可行的步骤与措施,不断增强职业竞争力,才能让我们在未来激烈的竞争中脱颖而出,增加成功的机会,实现自己的职业理想。

**案例思考**

作为一名物流管理专业的学生,你准备如何规划自己的职业生涯?

**知识链接**

#### 一、物流岗位需求分析

**(一)物流产业规模及结构**

物流产业在商品流通领域发挥着重要作用,一个国家物流产业规模的大小,不仅是经济发展规模的直接结果,也是经济发展水平、市场化程度的重要体现。

> **知识拓展**
>
> 所谓产业,本来意义是指国民经济的各种生产部门,有时也专指工业。后来随着"三次产业"的划分和第三产业的兴起,则推而广之,泛指各种制造提供物质产品、流通手段、服务劳动等的企业或组织。"产业"这个概念是居于微观经济的细胞与宏观经济的单位之间的一个"集合概念",它是具有某种同一属性的企业或组织的集合,又是国民经济以某一标准划分的部分的总和。

**1. 物流产业的产生和发展**

物流产业的产生和发展是经济发展到一定阶段、社会分工不断深化的产物。传统上的物流活动分散在不同的经济部门、不同的企业及企业组织内部不同的职能部门之中。随着经济的快速发展、科学技术水平的提高及工业化进程的加快,大规模生产、大量消费使得经济中的物流规模日趋庞大和复杂,传统的、分散进行的物流活动已远远不能适应现代经济发展的要求,物流活动的低效率和高额成本,已经成为影响经济运行效率和社会再生产顺利进

行的制约因素,并被视为"经济的黑暗大陆"。

20世纪50至70年代,围绕企业生产经营活动中的物资管理和产品分销,发达国家的企业开始注重和强化对物流活动的科学管理,在降低物流成本方面取得了显著成效。20世纪80年代以来,随着经济全球化持续发展、科学技术水平不断提高以及专业化分工进一步深化,在美国、欧洲一些发达国家和地区开始了一场对各种物流功能、要素进行整合的物流革命。首先是企业内部物流资源整合和一体化,形成了以企业为核心的物流系统,物流管理也随之成为企业内一个独立部门和职能领域,之后,物流资源整合和一体化不仅仅局限在企业层面上,而是转移到相互联系、分工协作的整个产业链条上,形成了以供应链管理为核心的、社会化的物流系统,物流活动逐步从生产、交易和消费过程中分化出来,成为一种专业化的、由独立的经济组织承担的新型经济活动。在此基础上,发达国家经济中出现了为工商企业和消费者提供专业化物流服务的企业,即"第三方物流"企业。各种专业化物流企业的大量涌现及其表现出来的快速发展趋势表明,专业化物流服务作为一个新的专业化分工领域,已经发展成为一个新兴产业部门和国民经济的一个重要组成部分。

### 2. 物流产业规模

物流产业规模是指一个国家或地区在一定时期内物流产业的产值、就业人数、资产、企业数,以及所完成的物流量的大小或多少。一般来说,物流产业规模的大小,首先取决于该国或地区的经济规模,即经济规模越大,物流产业规模也就越大;其次,物流产业规模的大小,还取决于该国或该地区的专业化分工或市场化程度,即专业化分工越精细或市场化程度越高,物流产业规模也就越大;第三,物流产业规模也取决于专业化物流企业的服务质量与经营管理水平的高低,即物流企业的服务质量与经营管理水平越高,组织或企业物流活动的外部化就越高,从而物流产业规模也就越大。

### 3. 物流产业结构

(1) 基础物流业。

这个业种由不同的运输线路、运输线路的交汇与节点及理货终端所构成,是向各个经济系统运行所提供的物流基础设施。它的主要行业构成包括铁道、公路、水运、空运、仓储等。主要的物流设施是车站、货场、港口、码头、机场、铁路线、公路、仓库等。

(2) 物流装备制造业。

这是物流生产力中提供劳动手段的要素业种。这个业种大体上可以划分为集装设备生产行业、货运汽车生产行业、铁道货车生产行业、货船行业、货运航空器行业、仓库设备行业、装卸机具行业、产业车辆行业、输送设备行业、分拣与理货设备行业、物流工具行业等。世界上有些国家和地区物流装备制造业轮廓十分清晰,可以从物流系统角度对各种装备进行综合地、系统地开发,我国这个产业的形态尚未成形。

(3) 物流系统业。

物流由于它本身的特性,涵盖范围之广、涵盖领域之普遍都是其他产业所不可比拟的,因此,支撑这个大系统运行的系统产业就显得格外重要。这个业种由提供物流系统软、硬件,提供系统管理等行业组成,是计算机系统技术和通信技术在物流领域的独特组合。

(4) 第三方物流业。

第三方物流业是代理货主向货主提供物流代理服务的各种行业所组成的行业。过去很少能由一个企业代理货主的全部环节的物流服务,所提供的服务往往局限于仓库存货代理、运输代理、托运代办、通关代理等局部的代理业务。现代经济中完善的第三方物流的代理是全部物流活动系统的全程的代理。

(5) 企业物流业。

企业物流业包含生产企业和流通企业为本身的生产或商贸活动所建立的独立物流企业及各种类型企业。企业物流业是生产、流通经济活动的一部分，着重于建立企业内部物流系统，尤其是配送中心及配送系统、流通加工系统。

(二) 物流岗位需求分析

物流管理涵盖了生产、流通及生活等领域，主要包括物流企业、商品流通企业、生产制造企业等相关的物流管理岗位及岗位群。近年来，随着电子商务的火热及国家政策层面的大力推进，如自由贸易区、"一带一路"、跨境电商、城市配送、智慧物流等创新举措相继出台，物流业得以快速发展，并由此对物流人才形成了巨大需求。由麦可思研究院撰写的《2016年中国大学生就业报告》指出，2015届大学生就业率排在第一位的专业是物流管理(96.6%)。根据商务部《关于促进商贸物流发展的实施意见》(商流通函〔2014〕790号)的指示，政府将逐渐引导流通企业向物流集成服务商转型，其中就会涌现更多综合性物流服务岗位。表1-3、1-4分别为通过调查获得的物流企业相关岗位对人才的学历与工作年限的要求及专业需求。

表1-3 物流企业相关岗位对人才的学历与工作年限要求

| 统计正文内容 | 具体项目 | 占比 |
| --- | --- | --- |
| 物流岗位学历要求 | 本科及以上 | 18.99% |
|  | 专科(高职) | 70.34% |
|  | 其他 | 10.67% |
|  | 合计 | 100% |
| 物流岗位工作年限要求 | 应届毕业生 | 4% |
|  | 0~2年 | 45% |
|  | 3~5年 | 46% |
|  | 8~10年 | 5% |
|  | 合计 | 100% |

表1-4 物流企业相关岗位对人才的专业需求

| 专业 | 占比 |
| --- | --- |
| 物流相关专业 | 50.33% |
| 管理类专业 | 8.67% |
| 市场营销 | 3.67% |
| 机械设计 | 0.67% |
| 经济类专业 | 1.67% |
| 国贸 | 3.00% |
| 英语 | 0.67% |
| 不限 | 31.32% |
| 合计 | 100% |

由表 1-3 可以看出,物流岗位上的专科学历要求最多达 70.34%;在经验要求方面,3~5 年工作经验要求占比最多,达 46%;同时,应届毕业生需求量极低,说明物流岗位更注重实践与经验,大多数高校毕业生只有专业理论知识,在物流实践操作方面依然是十分缺乏,如果高职院校物流专业不能按岗位需求开展教学,势必会造成一方面物流企业岗位人才紧缺,另一方面应届物流专业毕业生找工作难的现状。从表 1-4 可以看出,企业对于物流岗位上的专业选择也没有硬性的规定,有相当一部分岗位是不限专业的,这意味着物流业是一个综合性很强的行业,需要各方面的人才与技术。

#### 1. 物流行业岗位人才需求

一般对物流人才的需求大致可归纳为四类:高级物流人才、中级物流人才、初级物流人才和一般物流操作人员。

调查表明,招聘单位对于高级物流人才的要求相当高,学历要求一般为本科以上,虽然明确要求研究生的不多,但要求有较长时间的高、中层管理经验和较强的英语实际运用能力。高级物流人才主要负责企业具体事宜的计划与指挥,如物流部经理、营运主管等;中级物流人才则要求学历在专科以上,要求熟练掌握物流相关专业知识,有一定的实践工作经验;初级物流人才和一般操作人员属于执行层,他们负责具体事宜的操作,偏重于体力劳动,由于招聘单位对初级物流人才的能力和经验要求不高,很多人都可以胜任这类职位,所以这类人才并不缺乏,一般只要求他们具有良好的沟通能力和团队合作精神等。目前较紧缺的是中、高级物流人才,也就是说需求比例最高的应该是高等院校培养的具有一定相关知识的实践性人才。

#### 2. 物流行业具体岗位设置及职业能力要求

(1) 高级物流人才。

对于高级物流人才这个层次的岗位设置主要有物流总监、高级物流采购经理、供应链总监和高级物流主管。高级物流人才主要扮演企业中的宏观调控者与决策者,需要重点掌握以下四个方面的专业知识和技能:

① 物流管理知识。这是从事物流管理工作的人需要掌握的基本知识,涉及物流企业运营管理等基本流程。

② 计算机信息系统知识。高级物流人才除了能够熟练掌握计算机使用技能和办公自动化工具外,还需要会使用物流方面的专业软件。

③ 财务知识。控制成本是每个企业都很关注的模块,物流企业也不例外,因此高级物流人才要掌握一定的财务知识才能更好地控制成本。

④ 较好的外语应用能力。有利于了解和把握国际先进的物流动态。

(2) 中级物流人才。

对于中级物流人才这个层次的岗位设置主要有物流经理、物流工程师、物流主管、销售物流经理和仓储物流经理。相对于高级物流人才,中级物流人才更加倾向于扮演企业物流规划的实施者和监控者。因此,中级物流人才岗位的主要职能有对企业内部具体的物流流程的规划与建设,对各物流环节及人力资源进行管理与监管,提供物流优化方案(最优路径、最优成本控制等),最后完成与客服部门或供应商的对接工作。由此可以看出,中级物流人才不仅要具备专业知识和计算机操作能力,还需要具备团队协调能力,能带领各部门实施物流基本运作流程。

(3) 初级物流人才和一般物流操作人员。

作为物流环节的具体执行者,初级物流人才和一般物流操作人员有着不可或缺的作用。一般性物流岗位对于人员的实操性要求很高,对于理论知识方面没有过多要求。这也符合对于一般性物流岗位的职责要求:日常订单的处理与追踪、客服服务、账单结算等实际性的操作。

## 二、熟悉物流管理专业

### (一)物流管理专业的历史沿革

2000年以前,全国开设物资管理专业(本科学历)的院校仅仅只有"一院三系",即北京物资学院、华中理工学院(现华中科技大学)物资管理工程系、辽宁财经学院物资管理系、陕西财经学院物资财务系。另外,大部分省份都有一所省级物资中等专业学校。物流概念引进以后,华中科技大学、北京交通大学、北京物资学院、北京工商大学等高校较早开始物流研究和教学工作。特别是2001年我国加入世界贸易组织后,随着中国物流与采购联合会、中国物流学会的成立,我国现代物流蓬勃发展,无论是物流企业,还是开设物流专业的院校,各种研究机构、学术团体,都如雨后春笋般出现。据教育部统计,截至2018年年底,我国共有378所大学、824所高职和2 000多所中职开设了物流管理专业,职业院校物流专业的在校生人数已经突破了100万人。物流管理人才培养已经形成了博士、硕士、本科、高职高专和中专的多层次教育格局。

### (二)高职物流管理专业人才培养简介

#### 1. 高职教育特点

高职院校实施的是一种新型的专科教育,与一般意义上的普通高校或中职学校在人才培养的标准和规格上截然不同。高职教育具有3个显著特点:一是注重岗位能力培养,根据"按需施教,学以致用"的原则组织课堂教学、实验、实训和实习;二是强调课程体系的针对性,课程设置和教学内容的选取不是从学科出发,而是从职业岗位群的需要出发;三是突出实践教学环节,主动适应地方社会经济建设发展的要求,适应就业市场的实际需要。

#### 2. 高职物流管理专业培养目标

国家职业标准是物流从业人员教育培训及企业用人的基本准则,是职业教育的主要参照标准。2014年国家正式发布了6项物流标准,并于2014年12月1日开始实施。根据高职教育特点,高职物流人才培养必须紧紧围绕国家职业标准,把物流企业岗位所需求的知识、技能与素质等整合到教学过程中。

高职院校物流管理专业主要是适应社会主义市场经济和现代化建设的需求,面向专业物流企业、各类货运公司、港口、联运公司、快递公司、生产企业物流部门、电子商务企业、商业企业、专业储运公司、货物集散中心等,培养德、智、体、美全面发展,掌握现代物流管理基本理论和专门知识,具备物流组织管理能力和市场开拓能力,能在生产流通和服务领域从事物品采购、仓储管理、配送管理、运输管理、生产物流管理、国际货运代理、物流作业信息管理、物流设施设备管理、物流方案初步设计与运营的高素质技术技能人才。

#### 3. 高职物流管理专业课程设置与能力要求

根据高职物流管理专业的培养目标,一般来说,高职物流管理专业围绕专业能力培养开设的课程体系通常涵盖两大类:一类是基础类课程,主要研究物流的基本理论、方法及物流活动的普遍性规律。课程一般包括：物流经济学、管理学基础、货物学、物流运筹学、物流基础、物流地理等。另一类是应用类课程，主要研究物流业务运作方式，以物流的几大功能要素为主，并进而展开和融合。课程一般包括功能性物流应用类的课程，如物流运输管理、仓储与配送管理、采购管理、物流营销管理、物流客户服务与管理、供应链管理等，以及支撑性物流应用类的课程，如物流设施与设备、物流信息技术、物流成本管理、国际货运代理、物流法律法规等。

通过物流管理专业的学习，要求具备以下专业能力：

（1）仓储作业与管理能力：从事货物的入库、在库及出库作业，并对其进行组织安排及绩效考核的能力。

（2）运输作业与管理能力：运输计划与调度、整车货物运输组织、零担货物运输组织、特种货物运输组织、货物运输事故处理、货物运输成本与绩效管理的能力。

（3）配送作业与管理能力：能够依据客户订单完成拣选、加工、包装、优化配送路线、车辆积载、补货、退货、评估配送作业绩效等一系列作业及管理。

（4）物流信息处理与应用能力：使用各类物流信息设备及物流信息系统，对整个物流流程进行初步优化的能力。

（5）物流市场拓展能力：根据物流市场需求确定企业物流业务方向的能力。

（6）采购管理能力：采购计划编制、采购方式选择、采购成本控制、供应商选择与管理、采购谈判、采购合同管理、采购绩效管理等能力。

（7）国际货运代理服务能力：熟悉国际货运代理的各项实务操作，解决国际货代业务延伸的实务问题。

（8）物流成本核算能力：根据客户的指示，为客户的利益而揽取货物，并为其提供储运、报关、验收、收款等服务的能力。

（9）供应链管理理解与应用能力：将供应链管理基本原理和方法应用于物流企业服务和企业物流管理的能力。

当然，除上述专业能力之外，还必须具备一定的拓展知识与拓展能力，具体如下：

（1）接受岗位新知识、新技术的能力。

（2）较强的判断、选择、整合、获取和使用专业信息的能力。

（3）良好的创新精神、创新意识以及择业、就业、转岗和自主创业的能力。

（4）电子商务与网络技术的能力。

（5）商务活动组织、管理、调研、策划及商务谈判技巧应用的能力。

（6）团队合作态度及较强的社会适应能力和社交能力。

（7）一定的审美能力。

（8）吃苦耐劳、爱岗敬业的精神。

（9）积极向上和创新的精神。

物流是什么、学什么、做什么

**想一想** 结合上述介绍以及观看微课视频《物流是什么、学什么、做什么》，你对物流行业和物流管理专业是否有了清晰的认识？

## 项目小结

物流是指物品从供应地向接收地的实体流动过程,根据实际需要,将运输、储存、装卸、搬运、包装、流通加工、配送、信息处理等基本功能实施有机结合。物流的特点包括:社会化、现代化、信息化、系统化、集成化、快速化、专业化、网络化、电子化、市场化等。物流可以根据不同的划分标准划分为不同类型,并且在社会生产生活中有着非常重要的作用。

物流管理是指为达到既定的目标,对物流的全过程进行的计划、组织、协调与控制。物流管理的内容包括:战略管理、作业管理、成本管理、服务管理、人力资源管理、供应链管理等。

通过对物流产业概况、物流岗位需求和高职人才培养目标的分析,指导学生合理规划成长路径。

## 项目巩固

### 一、名词解释

1. 物流
2. 物流管理
3. 第三方物流
4. 物流系统化
5. 供应链管理

### 二、单选题

1. ( )是世界物流业起步最早、实力最强、技术领先的国家。
  A. 德国　　　　　B. 日本　　　　　C. 美国　　　　　D. 英国
  E. 加拿大

2. 2017年,中国社会物流成本占当年GDP比重是( )。
  A. 18.7%　　　　B. 16.6%　　　　C. 14.6%　　　　D. 7%

3. ( )是现代物流区别于传统物流的一个重要方面。
  A. 空间价值　　　　　　　　　　B. 时间价值
  C. 加工附加价值　　　　　　　　D. 物流信息价值

4. ( )是以物流活动的整体为对象的,是唯一基础性的、可以共同使用的基本数据。
  A. 物流成本　　　　　　　　　　B. 物流作业管理
  C. 人力资源管理　　　　　　　　D. 供应链管理

5. ( )一般不属于物流范畴。
  A. 物品物资实体的流动
  B. 运输、储存、装卸、搬运等基本功能的有机结合
  C. 商品所有权转移后的商品实体位置转移
  D. 非经济与社会活动的物资实体流动

6. 下列( )指的是现代物流。
   A. Logistics                      B. Cargo
   C. Physical Distribution          D. Internal Logistics

7. 物流活动产生的( )使我们可以享受瑞士的咖啡和美国的计算机。
   A. 时间效用    B. 品种效用    C. 批量效用    D. 空间效用

8. 供应链最早来源于彼得·德鲁克提出的( )。
   A. "经济链"    B. "价值链"    C. "产业链"    D. "供应链"

9. 有效的供应链管理可以实现四项目标：缩短现金周转时间；降低企业面临的风险；实现盈利增长；( )。
   A. 降低成本                      B. 减少费用
   C. 提供可预测收入                D. 增加非营业收入

10. 运用计算机管理的思想,向上可以延伸到市场调查与预测、采购及订单处理；向下可以延伸到物流咨询、物流系统设计、物流方案的规划与选择、库存控制决策建议、货款回收与结算、教育与培训等,这些是物流提供的( )增值服务。
    A. 增加便利性的服务              B. 加快反应速度的服务
    C. 降低成本的服务                D. 延伸服务

### 三、多选题

1. 物流过程是一个由许多物流作业环节组成的复杂系统,包括( )、包装、流通加工、配送等基本功能,更强调各个活动之间的配合、协调。
   A. 运输        B. 储存        C. 装卸        D. 搬运
   E. 电子商务

2. 物流企业向集约化与协同化方向发展,主要表现在( )。
   A. 大力建设物流园区              B. 第三方物流快速发展
   C. 物流外包业务不断增多          D. 物流企业兼并与合作

3. 物流系统化包括( )。
   A. 提高运输效率的方法            B. 提高节点功能的方法
   C. 装卸合理化的方法              D. 提高信息功能的方法

4. 物流管理的内容包括( )。
   A. 物流作业管理                  B. 物流战略管理
   C. 物流成本管理                  D. 物流服务管理
   E. 人力资源管理                  F. 供应链管理

5. 物流是指物品从供应地向接受地的实体流动过程,根据实际需要,将( )、储存、装卸、搬运、( )、流通加工、配送、信息处理等基本功能实施有机结合。
   A. 运输                          B. 生产制造
   C. 增值服务                      D. 包装

6. 下列属于逆向物流的是( )。
   A. 电器厂购入原材料              B. 纺织厂产品流向零售店
   C. 钢铁厂回收废钢铁              D. 城市生活垃圾废弃

7. 按照物流活动的空间范围,可将物流分为(　　)。
   A. 国内物流　　　　　　　　　B. 国际物流
   C. 宏观物流　　　　　　　　　D. 地区物流
   E. 微观物流
8. 供应链是由(　　)等构成的物流网络。
   A. 供应商　　　　　　　　　　B. 制造商
   C. 仓库　　　　　　　　　　　D. 配送中心
   E. 渠道商
9. 利用计算机网络技术全面规划供应链中的(　　)等,并进行计划、组织、协调与控制等。
   A. 商流　　　　B. 物流　　　　C. 信息流　　　　D. 资金流
10. 基础物流业主要行业构成包括(　　)等。
    A. 铁道　　　　B. 公路　　　　C. 水运　　　　D. 空运
    E. 管道　　　　F. 仓储

## 四、判断题

1. 物流的"物",指一切可以进行物理性位置移动的物品,包括物料、物资、商品、货物等。(　　)
2. 物流一词的起源,有各种各样的说法,一般来说,物流一词的使用始于1901年。(　　)
3. 实施物流管理的目的就是要在尽可能最低的总成本条件下实现最大的经济效益。(　　)
4. 同一企业可能构成这个网络的不同组成节点,但更多的情况下是由不同的企业构成这个网络中的不同节点。(　　)
5. 第四方并不实际承担具体的物流运作活动,而更多地关注整个供应链的物流活动。(　　)
6. 对于物流企业而言,物流作业管理正逐步成为比价格更为重要的选择因素。(　　)
7. 物流不仅是联接供应商到用户的物料链、信息链、资金链,同时更为重要的它也是一条增值链。(　　)
8. 不能将快递视为物流,快递主要针对小件物品,而物流通常针对大件物品。(　　)
9. 生活中的外卖就是送餐,基本没有什么技术含量。(　　)
10. 根据物流的定义,自高山上向下流动的泉水应被视为物流活动。(　　)
11. 物流因使物品流通过程中产生空间效用、时间效用及形态效用而创造价值。(　　)
12. 物流的本质是服务,即满足顾客及社会需求,因而物流应归为现代服务业。(　　)
13. 商流主要进行运输和储存,实现物质实体和时间转移,而物流过程主要进行商品交换,实现物质所有权的转移。(　　)
14. 按照物流的作用可将物流分为第一方、第二方、第三方及第四方物流等。(　　)
15. 供应链管理是物流管理的一部分,供应链管理必须从物流管理角度进行。(　　)

### 五、简答题

1. 如何理解物流的概念?
2. 现代物流的主要特征有哪些?
3. 现代物流经历了哪些发展过程?
4. 物流管理的主要内容有哪些?
5. 物流的作用有哪些?

## 实战演练

### 物流企业认知

1. 实训目的

了解物流企业所处的内外环境、企业类型、基本的物流运作过程。

2. 实训内容

通过现场参观见习或者网络资源,参观了解物流企业的类型、特点、组织结构、业务类型、岗位设置等。

3. 实训步骤

（1）全班同学自由分组,每组 5~6 人。

（2）拟定实训方案和实训计划。

（3）按照分工和实训内容进行资料收集、整理、讨论和分析。

（4）整理形成 1 000 字左右的见习报告。

（5）各组推举代表进行展示。包括但不限于下列内容:

① 调查企业发展现状、服务宗旨、业务范围、组织结构、运营特点和经营特色。

② 物流企业有哪些职业岗位设置?

③ 物流从业人员应具备哪些知识、能力和素质?

4. 实训考评(表1-5)

表1-5 评分表

| 考评班级 | | 考评时间 | |
|---|---|---|---|
| 考评小组 | | 被考评小组 | |
| 考评内容 | | 物流企业认知实训 | |
| 考核标准 | 内　容 | 分值(分) | 实际得分(分) |
| | 工作分工 | 20 | |
| | 工作演示 | 40 | |
| | 工作成果 | 40 | |
| | 合计 | 100 | |

## 案例分析

### 苏宁物流的可视化配送

出租车距离你还有 200 米,出租车距离你还有 100 米,车就在附近啦……用过滴滴打车的用户对出租车可视化的便捷,体验可谓深刻。现在,快递员离你有多远,也一样能看到了。就在最近,苏宁物流上线了可视化配送,用户能像用滴滴打车一样收快递了:只要下单后打开物流配送的可视化地图,物流车辆在什么位置,与自己距离多远,大约多长时间能够送达全都一目了然。

苏宁物流相关负责人介绍,苏宁物流配送的可视化,目前已经在全国范围内推行,即通过系统定位,将配送商品从发货到送达进行全程实时展示。线下配送何以能够全程实时展现在地图上?秘诀就在苏宁易购快递员随身佩带的扫码枪上,每把扫码枪内都装有 GPS 定位装置,每过一段时间定位装置就会发射信号到苏宁物流的系统里,这些位置信息随之实时显示在用户看到的地图上。

据悉,可视化配送是苏宁物流打造的线下配送与线上体验融合的创新服务项目,之前的文字展示用户没有参与感,看不见货物具体的位置,可视化配送的上线就相当于给每位用户都装上了一双千里眼,让用户更有参与感、掌控感,提升用户体验。事实上,可视化配送并不是苏宁物流的第一次服务升级。2014 年期间,苏宁物流利用门店优势打造出了快递 O2O 融合产品——两小时急速达,极大缩短了商品与消费者的实际距离,而可视化则是物流配送 O2O 融合的又一次创新尝试。

在物流快递上不断进行 O2O 融合创新,与苏宁互联网转型的路径一脉相承。此次可视化通过技术的引入,恰恰实现了线下服务与线上虚拟展示的 O2O 融合。据了解,后期苏宁物流还将上线页面评价功能,届时,这种 O2O 的融合趋势将更加明显,消费者的评价会直接与快递员考核、奖励挂钩,直接推动服务体验的提升。

2015 年两会期间,李克强总理在政府工作报告中两次提到——"发展物流快递",并首次提出"促进电子商务、工业互联网和互联网金融健康发展"的"互联网+"概念,"互联网+"无疑将成为贯穿未来很长时间的一大产业主题。在专家看来,最后一公里配送一直以来是纯线下服务,但"互联网+"给它插上了新的翅膀,比如可视化配送不仅能提升用户体验,也为最后一公里优化配送路线、提升配送效率提供了大数据支撑。

通过云计算、大数据、物联网等新技术,对线上资源与信息进行整合,并完成对线下与线上的打通,是实现 O2O 融合体系构建的一条可行路径。

在业内人士看来,可视化除针对终端用户外,未来还可以延伸至诸如供应商、中小商户等上游客户,通过可视化提升库存周转、干线运输等各个环节的效率,优化对上游客户的服务。而在互联网技术的驱动下,物流行业也将焕发出更强大的生命力。

**思考和训练**

(1)苏宁是如何实现可视化物流的?
(2)线上线下的物流管理为企业带来哪些好处?

## 顺丰物流低成本高时效运输有机蔬菜

随着生活水平的提高,人们对有机蔬菜的需求越来越大。可是,有机蔬菜的价格却很高,很多消费者都不舍得花钱买。之所以有机蔬菜的价格这么高,是因为供应商的运输成本太高了。现在,顺丰物流来解决这个难题。

上海有机蔬菜的一位供应商曾表示:之前不通过第三方物流来运输有机蔬菜,主要是怕物品损伤,还有时效性和服务质量都无法达到要求,所以由自己运输,就是为了保证品质。但保证了品质,却使有机蔬菜的运输成本高了很多。

在很多快递公司的官网上,动物、植物、海鲜属于"经陆路运输的国内件禁止收寄物品"。

上海的一家快递公司的负责人也曾说过,蔬菜瓜果肉类海鲜容易腐烂,对运输条件的要求太高。在快递的航空快件中也禁止运输蔬菜水果。

现在,顺丰快递打破了这难堪的局面。为了保证生鲜类快件的时效,顺丰快递安排专人跟进、监控生鲜快件。顺丰快递在中转环节会设置专门生鲜品速配快件的操作区域,以便快件得到优先配载;在派送环节要求收派员优先派送生鲜速配快件。顺丰物流合理规划了配送路线,选择合理的运输方式和运输工具,从而降低了运输成本,还保证了蔬菜品质,达到了时效性和服务质量等要求。所以,有了顺丰物流,有机蔬菜供应商将会大幅降低蔬菜运输成本,从而降低有机蔬菜价格,服务大众。

**思考和训练**

(1)顺丰是如何做到生鲜货物的物流运送的?

(2)在生鲜货物的流通中,各物流公司应该如何应对?

# 物流系统

## 学习目标

**【知识目标】**
1. 了解物流系统的本质;
2. 熟悉物流系统的一般要素、功能要素、支撑要素、物质基础要素;
3. 掌握物流系统的构成及各种不同的物流网络和设施的概念。

**【能力目标】**
1. 能根据物流系统的要素准确认识物流系统模式;
2. 能运用 5S 对物流系统化目标进行解读;
3. 能准确认知物流系统。

## 学习任务提要

1. 物流系统与物流系统模式;
2. 物流系统化的内涵、5S 目标;
3. 物流系统的要素、构成,物流网络与设施。

## 工作任务提要

运用对物流系统各要素、特点等的认知,完成对物流系统网络的初步分析,培养对物流系统化 5S 目标实现程度的辨别能力。

## 建议教学时数

6 学时。

## 任务一　认知物流系统

**上汽通用的物流系统**

近年来,汽车制造行业面临产能过剩、客户对产品需求的多样化与个性化、原材料成本和劳动力成本上升、利润空间减小等诸多挑战,传统的管理手段和运行模式明显已经遇到了瓶颈。

而物流作为汽车制造中的核心一环也面临着诸多压力。这些压力集中表现为:传统模式下的物流效率提升已接近瓶颈,需要寻求突破;市场需求与产品供给需要更精准、更快速对接,对供应链及物流提出更高要求;劳动力成本上升、土地资源稀缺及价格不断提高等因素,导致物流成本大幅提高;新兴产业公司拥有得天独厚的互联网资源优势,汽车物流面临跨界竞争的威胁。在此背景下,汽车物流被越来越多地植入"智能"的诉求。

对于上汽通用而言,一方面,物流智能化转型既是企业保持优势、持续前进的目标,同时也是支撑公司智能制造顺利推进的重要组成部分;另一方面,上汽通用作为汽车产业链的龙头,通过智能物流战略的推进,也将协同并带动汽车上下游产业链的共同发展。

未来,在设备层和控制层将接入更多传感器和设备,需采集并传输更多的数据供处理分析;在车间层和企业层,将推进大数据分析和可视化工具应用,帮助识别业务运行环节的优化机会,利用数字化建模分析、智能算法等技术,探索智能排产、智能调度、智能优化等高级应用;在各个层级上,将结合具体项目需求,开展通信网络的性能升级,部署相关业务应用。

上汽通用原来的物流体系基础扎实,在智能物流体系建设过程中,每提升一小步都是一次大的突破。目前,上汽通用智能物流不断推进,能够精准对接需求与资源两端,全面对接产品设计、制造执行及市场销售等关键环节,支持快速精准的产品个性化、柔性生产,打造了公司智能制造的核心竞争力。

**案例思考**

1. 上汽通用在发展中遇到的主要问题是什么?
2. 上汽通用是如何利用物流打破传统管理手段和运行模式所带来的瓶颈的?

 **知识链接**

### 一、物流系统概述

#### (一) 系统的起源与概念

系统一词来源于英文单词"system"的音译,而英文的系统又起源于古希腊文,指由部分组成的整体。一般系统论创始人贝塔朗菲将系统定义为相互联系、相互作用的诸元素的综合体。

一般系统论创始人贝塔朗菲对系统的定义,强调元素间的相互作用以及系统对元素的整合作用。具体可以表述为:

如果对象集S满足下列两个条件:

(1)S中至少包含两个不同元素;

(2)S中的元素按一定方式相互联系。

则称S为一个系统,S的元素为系统的组成部分。这个定义指出了系统的三个特性:一是多元性,系统是多样性的统一、差异性的统一;二是相关性,系统不存在孤立元素组分,所有元素或组成部分间相互依存、相互作用、相互制约;三是整体性,系统是所有元素构成的复合统一整体。该定义说明了一般系统的基本特征,但对于定义复杂系统有着局限性。

一般而言,系统是完成某一功能的综合体,由两个及两个以上相互作用或相互区别的单元有机结合而来。

(二)物流系统的概念

物流系统(logistics system)是指在一定的空间和时间范围内,由运输、储存、包装、装卸搬运、配送、流通加工、物流信息等各环节组成的,以完成物流服务为目的的有机集合体。它包含需要位移的物资、包装设备、装卸搬运设备机械、运输工具、仓储设施设备和港口、车站等设施,以及工作人员和通信等相互联系、相互作用的动态要素。

**知识拓展**

观看视频《阿里巴巴智慧物流系统》。

阿里巴巴智慧物流系统

## 二、物流系统的模式

现代物流中,物流系统属于企业经营系统的子系统,主要针对企业物流方面的需要,使用现代化的信息技术和软件、硬件以及管理手段,满足客户对货物的各类需求。

如图2-1所示,物流系统与一般的系统一样,具有输入、转换(处理)、输出、干扰(限制和制约)、信息反馈五个要素。同时,由于物流系统具有不同的性质,这五个要素的具体功能也有所变化。

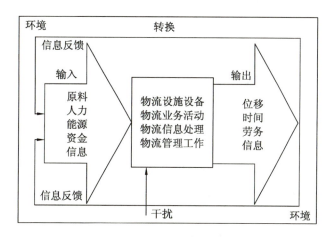

图2-1 物流系统的模式

(一)输入

从外部通过提供原料、人力、能源、资金、信息等资源,对某一物流系统发生作用,称为外部环境对物流系统的输入。

## （二）转换（处理）

输入到输出之间所进行的生产、供应、销售、服务等活动中的物流相关活动统称为物流系统的转换（处理）。具体包括物流设施设备的建设和物流业务活动（运输、储存、包装、装卸搬运、流通加工）以及物流管理活动和物流信息处理活动等。

## （三）输出

环境输入的各种资源被物流系统本身所具备的各种手段和功能转化、处理后，再向外部环境提供物流服务，称之为物流系统的输出。例如：货物位置与场所的变更；各种物流相关劳务、合同的履行；物流服务质量和水平；等等。

## （四）干扰（限制和制约）

外部环境对物流系统的干扰和限制，即外部环境对物流系统施加的一定的约束。例如：原料限制、人力限制、能源限制、资金限制；市场物流服务的价格影响；市场供需变化的影响；政府政策变化；等等。

> **想一想** 请根据所学的理论知识，结合生活经验，试举例说明外部环境是怎样干扰物流系统的运行的。

## （五）信息反馈

物流系统在把输入转换为输出的过程中，会受系统内外各种因素的制约，不能一切都按照原计划实行。一旦出现这种情况，就需要把输出结果进行返回，用于调整或评价物流系统的活动，这一过程就是物流系统的信息反馈。信息反馈的内容包括各种物流活动分析报告、相关数据报表、案例调查研究、物流市场信息动态等。

## 三、物流系统的特点

### （一）物流系统是一个"人机系统"

物流系统是由人以及构成劳动手段的设备、工具所组成的。具体表现为物流劳动者通过运输设备、装卸搬运机械、仓库、港口、车站等设施，作用于货物的一系列生产活动。在这一系列的物流活动中，系统的主体是人，因此，在研究物流系统的各个方面的问题时，要把人和物有机地结合起来，看作一个不可分割的整体，并且始终把怎样发挥人的主观能动性放在首位，加以考察和分析。

### （二）物流系统是一个大跨度的系统

物流系统地域跨度大，在现代社会中，企业间的物流经常会跨越两个及以上的地域，国际物流的地域跨度则更大。

物流系统时间跨度大，为了解决生产和需求之间的时间差，通常采取储存的方式解决产需矛盾。

大跨度的系统带来的难题一个是高度依赖信息，一个是管理难度较大。

### （三）物流系统是一个动态的系统

一个物流系统往往关联着多个企业与客户，受到社会生产力和外界需求的变化，物流系统内的要素也会随之发生变化。这就要求物流系统有一定的柔性，能在外界环境变化时，做出相应的改变，满足社会需求，适应社会变化。当外部社会环境发生剧烈变化时，物流系统甚至会被要求重新设计。

### （四）物流系统是一个可分的系统

无论物流系统本身规模如何庞大,通常都可以分为若干个相互关联的子系统。随着对物流领域研究的不断扩充,子系统的多少也随之扩充。

根据物流的运行环节,物流系统包括货物的包装系统、货物的装卸系统、货物的运输系统、货物的储存系统、货物的流通加工系统、货物的循环系统、货物的信息系统、货物的管理系统等。这些子系统构成了完整的物流系统。

子系统本身又可划分成更小的系统。例如：物流作业系统可以分为包装系统、装卸搬运系统、仓储系统、运输系统、流通加工系统、配送系统等；运输系统根据五大运输方式,又可细分为水路系统、航空系统、铁路系统、陆路系统、管道系统。物流子系统的组成是由物流管理目标和管理分工决定,并非一成不变。物流子系统不仅具有多层次性,而且具有多目标性。

> **重要提示**
>
> 　　物流系统属于国民经济大系统,是其中一个极其重要的子系统,对国民经济起着重要作用。我们在分析物流系统时,一方面要从宏观的角度去看待整个物流流程,另一方面也要从微观去分析具体的某一物流环节。

### （五）物流系统是一个复杂的系统

物流系统运行对象是存在于社会上的所有物质,服务对象的复杂性、多样性决定了物流的复杂性。

资源的大量化和多样化带来了物流的复杂化。从运行对象看,物资品种数以千万计；从成本资金看,需要大量的流动资金；从人力资源看,物流从业人员遍布物流的诸多环节；从物流节点看,各类大大小小、级别不一的节点从乡村到城镇,从国内到国外,数量庞大。如何将系统所涉及的各个元素有效、有序地结合起来,并高效率地运行是一个相当复杂的问题。

此外,在现代化的社会中,物流横跨生产、流通、消费三大领域,每一个环节都会产生大量的物流信息。在第一时间收集到准确的信息并进行整合、处理,用于指导后续物流活动的开展同样是一个复杂的问题。

物流系统的构成要素很多,随着物流研究的深入、物流技术的发展、生产力的提高,物流系统各个要素的协调离不开人力、物力、财力多方面的合理组织和有效利用。

中华人民共和国国家标准《物流术语》（GB/T18354—2006）中指出,物流系统中存在的"效益背反"是指"一种物流活动的高成本,会因另一种物流活动成本的降低或效益的提高而抵消的相互作用关系"。

> **知识拓展**
>
> 　　观看视频《效益背反》。

效益背反

**想一想** 物流系统的"效益背反"性决定了各要素之间不可能存在"十全十美"的情况。那么各要素之间,是否存在绝对意义上的、最重要的那一个要素?如果有,你认为是哪一个?如果没有,为什么?

物流系统的各个目标之间往往会出现"效益背反"的情况。例如:物流服务质量的提高,往往会带来成本的提升;航空运输虽然速度快,但成本高;水路运输虽然成本低,但是速度缓慢。期望物流服务质量最好,物流速度最快,时间最短,成本最低,这是不现实的。物流系统的运行就处在这些矛盾之中,片面地追求某一方面的最优化,可能会导致整体的弱化。因此,我们在建立和运行物流系统时,要协调各个要素之间的关系,从全局入手。

### 四、物流系统化的内涵

**(一)物流系统化的内涵**

物流系统化也称物流一体化。早在20世纪80年代,美国、法国、德国等国家就提出了物流一体化的理论,并将该理论应用于物流管理实践,取得了明显的成效。

物流系统化,就是把物流各要素整合为一个有机体来进行设计和管理,以最优的结构、最好的组合保障充分发挥系统功能和效率,以实现物流系统的整体优化。

物流系统的内涵,随着市场的变化也在不断深化。依据物流系统的范围,可以将物流系统分为企业物流一体化、供应链物流一体化和社会物流一体化。

**1. 企业物流一体化**

这是指企业将物流业务提升到战略高度,统一管理协调供应物流、生产物流、销售物流以及回收与废弃物物流等各个子系统,有效整合物流资源,实现协同运作,提升系统的运营效率和服务质量。

**2. 供应链物流一体化**

这是指通过对物流各要素及供应链上各个节点进行系统化、规范化的管理,进而对供应链物流业务进行全程管控以确保供应链上下游之间的畅通和稳定,提高供应链的响应能力和响应速度,实现整个供应链物流系统效率的最大化和供应链物流系统成本的最小化。

**3. 社会物流一体化**

这是指整个社会的物流各要素,如仓储、运输、流通加工、配送等成为一个相互联系、有机整合的体系,以此来打破个人、企业之间的利益隔阂,确保社会物流的最优化运行,进而提升全社会的流通效率和效益。

**(二)物流系统化5S目标**

**1. Service**

即服务,指在为客户服务时要尽量做到无缺货、货损、货差,为客户提供优质的服务。

物流系统将生产与再生产、生产与消费联系在了一起,因此有很强的服务性。这种服务性一方面是因为服务本身就具有一定的从属性,要以客户为中心,树立"客户至上"的观念;另一方面体现在物流系统采取送货、配送等形式。在技术方面,以JIT、QR等理念为代表,也是其服务性的体现。

**2. Speed**

即快速,指物流系统运行必须按客户的要求将货物快速送达。为了实现这一目标,可以把配送中心等物流节点建设在目标客户区域附近或者利用有效的运输工具,制定合理的配送计划来实现快速送达。

### 3. Scale Optimization

即规模优化,规模优化是物流系统化的重要目标之一。

物流领域与生产领域一样,也存在规模效应。但是由于物流系统的稳定性比起生产领域的稳定性要差,通常难以形成标准的规模化经营。规模优化的目标是合理分布物流设施,将机械化与自动化相结合,提升物流集约化的程度,最终实现物流规模优化,获得规模效益。

### 4. Stock Control

即库存控制,指在保证及时供应,避免发生缺货的前提下,如何降低安全库存、节约资金、降低仓储成本。这是仓储管理乃至物流管理的重要研究问题。库存控制目标的具体体现就是制定合理的库存数量,规划合理的库存结构、库存分布,制定适合的库存方式。

### 5. Space Saving

即节约空间,指在物流系统化推进过程中,一方面要合理利用、规划资源;尤其是土地资源,另一方面要通过物流机械设施、设备的使用,发展立体化仓储,提高空间的利用率。要在有限的资源里创造出更高的价值。

**想一想** 物流系统化 5S 目标中,你认为最重要的是哪一个?5S 目标中的 Service 与 Speed 之间有什么关联?

## 任务二 剖析物流系统构成

**案例导入**

### 京东智慧物流系统

京东一直强调技术创新对生产效率的提升,并在多年的运营和创新实践中,积累了优质的大数据资源。大数据的应用为智慧科技的业务层面落地实施提供了展示、评估、预测、可视化管理以及辅助决策等多方面的支持,与京东优势的物流科技相结合,搭建了完整而开放的仓、配、客、售后全供应链一体化服务,可以为京东商城以外的商业体系提供服务。

京东青龙系统从 2012 年研发,在从 1.0 版本到目前的 6.0 版本的演进过程中,研发人员发现,以大数据处理为核心是构建智慧物流的关键。

"大数据"的经典定义是可以归纳为 4 个"V":海量的数据规模(volume)、快速的数据流转(velocity)、多样的数据类型(variety)和巨大的数据价值(value)。从青龙系统看,每天处理亿级数据,具有海量信息的数据规模;支持快速的数据流转,实现了物流各个节点实时数据监控优化;系统处理各种各样的信息,包含了结构化和非结构化数据;数据具有极大的价值,推动系统成本和效率优化 1%,可以节约上亿成本,具有了显著的大数据特征。

把大数据转化为智慧系统,需要具备两个基础:

第一个基础是业务数据化,并且具有数据质量保障。京东物流在青龙系统的支撑下,实现了所有物流操作的线上化,也就是数据化,并且,对每个操作环节都可以进行实时分析,这就奠定了很好的基础。如果业务都是线下操作,或者系统无法准确及时收集数据,那么,即使数据量够大,缺乏关键数据和数据不准确,也会给大数据处理带来很大的困难。

第二,基础就是大数据处理技术,包括收集、传输、存储、计算、展示等一系列技术。智慧物流是以大数据处理技术作为基础,利用软件系统把人和设备更好地结合起来,让人和设备能够发挥各自的优势,不断进化,达到系统最佳的状态。

> **案例思考**
>
> 请阅读完案例并观看视频《京东智慧物流系统》后思考:
> 1. 京东智慧物流的两大基础是什么?大数据转化为智慧系统需要什么条件?
> 2. 请举例说明物流系统能够给物流企业带来哪些收益。

京东智慧物流系统

### 一、物流系统的一般构成

根据物流系统的业务与功能,物流系统由货物的运输、储存、检验、包装、信息系统等子系统组成。

(一)运输子系统

运输可以实现货物的空间价值,依靠运输子系统,货物通过空间移动,克服生产地与需求地之间的距离,创造了货物的空间效益,提高了使用价值。尤其是国际货物的运输,可以说是国际物流系统的核心,离开了国际运输,国际物流也将不复存在。

(二)储存子系统

储存可以实现货物的时间价值。货物从生产到进入流通、消费领域,都需要有这样一段或短或长的相对停滞的时间,以消除货物流通从分散到集中,再由集中到分散的过程中的时间差异。仓库就好比一个"蓄水池",有效地调节了生产过剩、消费不足的矛盾。如前所述,仓储和运输是物流的两大核心功能,仓库往往是构建储存子系统的基础条件。

(三)检验子系统

货物检验是指货物的供方、需方或第三方在一定条件下,借助于某种手段和方法,按照合同、标准或国际、国家的有关法律、法规、惯例,对货物的质量、规格、数量以及包装等方面进行检查,并作出合格与否或通过验收与否的判定,或为维护买卖双方合法权益,避免或解决由各种风险损失和责任划分带来的争议,以便于货物交换结算而出具各种有关证书的业务活动。货物在入库、出库环节上的检验能在一定程度上承担货物质量的保障职能。

(四)包装子系统

中华人民共和国国家标准《物流术语》(GB/T4122.1—1996)中关于包装(packaging)的定义是:"为在流通过程中保护商品、方便运输存、促进销售,按一定技术方法而采用的容器、材料和辅助物等的总体名称。也指为了达到上述目的而采用容器、材料和辅助物的过程中施加一定技术方法等的操作活动。"

根据在流通中的作用,包装通常可以分成商业包装和工业包装。商业包装又称为销售包装,是以促进销售为主要目的的包装。工业包装又称为运输包装,是以强化运输、便于保管、保护产品为目的的包装。

包装功能是物流作业环节中的核心功能之一,也是物流企业获得利润的一个重要手段,包装子系统是物流系统中一个重要的分支。

**想一想** 你认为包装子系统在物流系统中起着怎样的作用?试从消费者的角度来分析一下包装子系统的重要性。

### (五)物流信息子系统

物流信息系统(logistics information system)是指由人员、计算机软硬件、网络通信设备和其他办公设备组成的人机交互系统。主要功能是对物流信息的收集、储存、传输、处理、维护和输出,为物流管理者及其他管理层提供战略、战术及运作决策的支撑,以实现组织的战略优化,提升物流系统的运作效率和效力。

现代物流与传统物流相比主要区别在于现代物流的高度信息化,物流的发展与信息技术的发展息息相关。如图2-2所示,物流信息子系统负责物流过程中信息、数据的采集、处理、传递,将各个子系统有机结合在一起。脱离了物流信息子系统,物流上、下游信息的沟通,从生产到消费所有过程中的物流运作都将举步维艰。

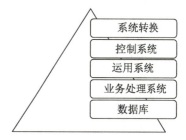

图 2-2　物流信息系统的管理层次

物流信息的内容主要包括订单履行、支付方式、市场行情、客户情报、供需数据等。物流信息系统的特点是数据量大、传递量大且频繁、时间要求高、准确性要求强、环节多、涉及面广。物流系统不仅要建立先进的物流信息子系统,而且要与客户系统相对接,充分利用信息技术提升物流服务效率和质量。

物流信息子系统是高层次的活动,涉及运作体制、标准化、自动化和电子化等方面的问题。电子商务飞速发展的大环境为物流提供了发展的良机,也对物流信息技术提出了要求。条形码技术、EDI技术、GPS技术、GIS技术、RFID技术等的运用,减少了物流活动中的人工和重复劳动,有效降低了错误率。

随着计算机科学和自动化技术的发展,物流管理系统从单一的方式向自动化管理转变,其主要标志是自动物流设备,如自动导引车(automated guided vehicle,简称AGV)、自动存储、提取系统(automated storage/retrieve system,简称AS/RS)、空中单轨自动车(SKY-RAV-Rail automated vehicle)、堆垛机(stacker crane)等,以及物流计算机管理与控制系统的出现。物流系统的主要目标在于追求时间和空间效益。

**知识拓展** 观看视频《自动化物流系统》《meijer 的物流系统》。

自动化物流系统　　meijer 的物流系统

## 二、物流系统的要素

和一般的管理系统一样,物流系统也是由人力资源、资金资源、货物资源、信息资源以及一系列任务目标等要素有机整合而成的。

### (一)物流系统的一般要素

**1. 人力**

物流系统的关键构成要素和物流系统的主体是人。人力是保证物流活动顺利开展,有效提高物流效率的决定因素,是物流系统合理化并能够有效运转的根本。

**2. 财力**

物流是第三方利润源,物流活动的开展离不开资金流。财力对物流系统至关重要,是物流系统的重要因素。物流系统建设也需要大量的资金投入,一旦缺少了财力资源,物流过程就无法顺利开展。

**3. 物力**

劳动对象、劳动工具、劳动手段等都属于物流系统中的物质条件。细分有原材料、半成品、产成品等物料,叉车、搬运机等物流设备工具,各类与物流活动相关联的消耗材料以及能源、动力等。物是物流系统的对象也是物流系统的工具。

**4. 信息**

一切与物流活动有关的信息,即物流信息。物流信息贯穿了物流活动的全过程,物流系统的各个子系统就是通过物流信息所联结起来的。通常物流信息包括反映物流活动内容的知识、数据、资料、影像、图像以及文件等。

**5. 目标**

目标指的是物流活动先期安排和设计的货物储存计划、货物运输计划以及与其他企业签订的各类物流合同等。

> **重要提示**
> 
> 物流系统的一般要素是指那些与其他管理系统相一致的要素。以上五大要素存在于每一个管理系统之中,并不会因系统本身性质的不同而缺失某一要素。

### (二)物流系统的功能要素

物流系统的功能要素是指物流系统具备的根本能力,包括储存、运输、包装、装卸搬运、流通、配送、信息处理等。要素有效整合后便聚合成物流系统的总功能,进而实现物流系统的目标。

储存、运输两大要素也被称为物流的两大支柱,共同解决了供需在空间和时间上的分离,前者实现了"时间效用",后者实现了"空间效用",是物流系统中最重要的要素。

### (三)物流系统的支撑要素

物流是社会大环境的一部分,作为社会经济系统的一个组成部分,物流系统的建立和运行还需要许多支撑要素来确立物流系统自身的地位,帮助协调物流系统与其他系统的关系。物流系统的支撑要素主要包括以下几种:

### 1. 体制和制度

体制和制度决定了物流系统的结构、组织、领导及管理方式。国家对物流系统的管理、规划和指挥方式以及物流系统在社会经济系统中的地位是物流系统有效运行的重要保障。

### 2. 法律、规章

物流活动的开展不仅涉及多方企业的权益,还往往会跨越多个城市甚至多个国家。法律、规章一方面规范和限制了物流系统的活动,保证物流系统与社会经济系统协调一致;另一方面又给予了物流系统正常运转、物流活动有序开展的保障。物流活动相关合同的订立、执行、权利的划分、责任的确定等都要依靠法律、规章来规范。

### 3. 行政命令

物流起源于军事后勤,物流系统关系到国家的军事、经济命脉。因此物流系统和一般系统有所不同。行政命令等手段也是支撑物流系统正常运行的重要保障之一。

### 4. 标准化系统

标准化系统是保证物流各个要素有效运行,确保物流系统与其他系统在技术上实现联结的重要支撑条件。

## (四)物流系统的物质基础要素

物流系统的建立和运行,离不开技术、装备。这些物质基础要素对物流系统的正常运行,对物流功能的实现具有决定意义。物流系统的物质基础要素主要包括以下内容:

### 1. 物流设施

物流设施是组织物流系统运行的物质基础,如物流中心、仓库、货场、公路、铁路、码头、港口等。

### 2. 物流装备

物流装备是保证物流系统运行的条件,如各类货架、进出库设备、加工设备、装卸机械设备、运输设备等。

### 3. 物流工具

物流工具是物流系统运行的物质条件,包括包装工具、保养维护工具、办公设备等。

### 4. 信息技术及网络

信息网络技术是掌握和传递物流信息的先期条件,包括通信设备、通信线路、计算机、网络设备、传真设备等。

### 5. 组织及管理

组织及管理是物流网络的"软件",起着连接、协调、管控、指挥、调节、运筹各要素的作用,以保证物流系统目标得以实现。

---

**重要提示**

物流系统的运行事关国民经济,构成要素复杂,从一般要素、功能要素、支撑要素、物质基础要素来看,物流系统都表现出了复杂的系统特性。观察一个物流系统的构成时,要从不同的角度来综合考虑,任何一个要素都是缺一不可的。每一个要素的变化都可能会导致整个系统的变化。

### 三、物流网络

全部物流活动是在线路和节点上进行的。其中,运输(集货运输、干线运输、配送运输等)主要是在线路上进行的,物流功能要素中的其他所有功能要素(储存、装卸搬运、分货、配货、理货、流通加工等)则是在节点上完成的。

#### (一)物流网络的含义

物流网络的研究,从不同的角度可以有不同的定义。

**1. 从物流运作形态的角度**

从物流运作形态的角度定义物流网络为,建立在物流基础设施网络之上的,以信息网络为支撑,按网络组织模式运作的三大子网有机结合的综合服务网络体系。物流三大子网络分别是物流组织网络、物流基础设施网络、物流信息网络,它们分别是物流网络运行的组织保障、物流网络高效运作的基本前提和条件、物流网络运行的重要技术支撑。

**2. 从覆盖范围的角度**

从覆盖范围的角度定义物流网络可以分为全球物流网络、区域物流网络、城市物流网络等。物流网络设施的水平随着经济水平的不断发展也在同步提升,物流节点的规模、功能越来越具有多样性。

**3. 从层次的角度**

从全社会的角度看,物流网络可以分为三个层次:

(1) 一级物流节点。即物流园区,具备集货、分拨、中转、储存、流通加工、配送、信息服务等功能。

(2) 二级物流节点。即物流中心,具备集货、分拨、中转、储存、流通加工、配送、信息服务等其中 4 项以上主要功能。

(3) 三级物流节点。即配送中心、货运站,具备配送、中转、信息服务、集货其中至少 1 项主要功能。

#### (二)物流线路的含义

物流线路广义指所有可以行驶和航行的陆上、水上、空中路线;狭义仅指已经开辟的,可以按规定进行物流经营的路线和航线。物流线路有以下几种类型:铁路线路、公路线路、海运线路、航空线路、管道线路。

#### (三)物流节点的含义

物流节点是指物流网络中连接物流线路的结节之处。广义的物流节点是指所有进行物资中转、集散和储运的节点,包括港口、空港、火车货运站、公路枢纽、大型公共仓库及现代物流(配送)中心、物流园区等。狭义的物流节点仅指现代物流意义的物流(配送)中心、物流园区和配送网点。

**1. 节点的含义**

物流节点是整个物流系统以及与节点相接的,物流信息传输、收集、处理、发送的集中地。在现代物流系统中,一个节点就是物流信息的一个点,多个点的聚合便成了调度、管理、运筹整个物流系统的信息网络,这是物流系统建立的前提条件。

**2. 节点的类型**

在不同的领域,节点有不同的名称。

（1）铁路运输。铁路运输领域的节点有货运站、专用线货站、货场、转运站、编组站等。

（2）公路运输。公路运输领域的节点有货场、车站、转运站、枢纽等。

（3）航空运输。航空运输领域的节点有货运机场、航空港等。

（4）商贸。商贸领域的节点有流通仓库、储备仓库、转运仓库、配送中心、分货中心等。

## 项目小结

物流系统是在一定的空间和时间范围内，由运输、储存、包装、装卸搬运、配送、流通加工、物流信息等各环节组成的，以完成物流服务为目的的有机集合体。物流系统的要素、网络与设施都非常复杂，在认识物流系统时，要准确辨别物流系统的各要素、特点等。

## 项目巩固

### 一、名词解释

1. 物流系统
2. 物流节点
3. 物流信息系统

### 二、单选题

1. 现代物流中，物流系统属于企业经营系统的（　　），主要针对企业物流方面的需要。

　　A. 并列系统　　　　B. 附加系统　　　　C. 主系统　　　　D. 子系统

2. 输入到输出之间所进行的生产、供应、销售、服务等活动中的物流相关活动统称为物流系统的（　　）。

　　A. 信息反馈　　　　B. 处理　　　　　　C. 分析　　　　　　D. 干扰

3. 物流系统的一般要素不包括（　　）。

　　A. 财力　　　　　　B. 信息　　　　　　C. 目标　　　　　　D. 行政命令

4. 劳动对象、劳动工具、劳动手段等都属于物流系统中的（　　）。

　　A. 人力　　　　　　B. 财力　　　　　　C. 物力　　　　　　D. 信息

5. 依靠（　　）子系统，货物通过空间移动，克服生产地与需求地之间的距离，创造了货物的空间效益，提高了使用价值。

　　A. 运输　　　　　　B. 储存　　　　　　C. 检验　　　　　　D. 包装

6. （　　）是保证物流系统开工的条件，如各类货架、进出库设备、加工设备、装卸机械设备、运输设备等。

　　A. 物流设施　　　　B. 物流装备　　　　C. 物流工具　　　　D. 信息技术及网络

7. （　　）物流节点，即配送中心、货运站，具备配送、中转、信息服务、集货其中至少1项主要功能。

　　A. 一级　　　　　　B. 二级　　　　　　C. 三级　　　　　　D. 四级

8. 美国、法国、德国等国家在（　　）提出了物流一体化的理论。

　　A. 20世纪60年代　　　　　　　　　　　B. 20世纪70年代

　　C. 20世纪80年代　　　　　　　　　　　D. 20世纪90年代

9. 在为客户服务时要尽量做到无缺货、货损、货差,为客户提供优质的服务,这指的是物流系统化目标中的(　　)目标。

　　A. 服务　　　　　B. 快速　　　　　C. 规模优化　　　D. 库存控制

### 三、多选题

1. 物流系统与一般的系统一样,具有(　　)和信息反馈这几个要素。

　　A. 输入　　　　　B. 处理　　　　　C. 输出　　　　　D. 干扰

2. 物流系统中,外部环境对物流系统的干扰和限制包括(　　)。

　　A. 能源限制　　　　　　　　　　　B. 市场物流服务的价格影响

　　C. 市场供需变化的影响　　　　　　D. 政府政策变化

3. (　　)要素被称为物流的支柱。

　　A. 储存　　　　　B. 运输　　　　　C. 流通　　　　　D. 配送

4. 通常物流信息包括反映物流活动内容的知识和(　　)以及文件等。

　　A. 目标　　　　　B. 数据　　　　　C. 影像　　　　　D. 图像

5. 物流系统的支撑要素包括(　　)。

　　A. 体制制度　　　　　　　　　　　B. 组织及管理

　　C. 标准化系统　　　　　　　　　　D. 行政命令

6. 在不同的领域,物流节点有不同的名称,以下属于商贸领域物流节点的有(　　)。

　　A. 流通仓库　　　B. 储备仓库　　　C. 分货中心　　　D. 专用线货

7. 以下属于物流节点的有(　　)。

　　A. 火车货运站　　　　　　　　　　B. 公路枢纽

　　C. 物流园区　　　　　　　　　　　D. 配送网点

8. 以下不属于综合运输网络线路的有(　　)。

　　A. 铁路线　　　　B. 铁路专用线　　C. 汽车线　　　　D. 航空线

9. 依据物流系统的范围,可以将物流系统分为(　　)。

　　A. 企业物流一体化　　　　　　　　B. 供应链物流一体化

　　C. 社会物流一体化　　　　　　　　D. 价值链物流一体化

10. 物流系统化5S目标包括Service(　　)等。

　　A. Speed　　　　B. Stock Control　　C. Space Saving　　D. Scale Optimization

### 四、判断题

1. 系统一词来源于英文单词system的音译,而英文的系统又起源于拉丁文,指由部分组成的整体。(　　)

2. 物流系统在把输入转换为输出的过程中,会受系统内外各种因素的制约,不能一切都按照原计划实行。一旦出现这种情况,就需要把输出结果进行返回,用于调整或评价物流系统的活动。这一过程就是物流系统的处理(转换)。(　　)

3. 物流系统需要为整个物流流程服务,提高物流服务的质量,提高物流系统的运作效率,降低物流成本,优化资源配置。(　　)

4. 物流信息贯穿了物流活动的全过程,物流系统的各个子系统就是通过物流信息所联结起来的。(　　)

5. 体制和制度决定了物流系统的结构、组织、领导及管理方式。(　　)

6. 行政命令是保证物流各个要素有效运行,确保物流系统与其他系统在技术上实现联结的重要支撑条件。（　　）

7. 线路是指连接物流网络中节点的路线,物流网络中的线路是由一定的资源投入形成的。线路从广义上来讲,包括属于综合运输网络线路以及连接综合运输网络与仓库的线路。
（　　）

8. 物流系统的内涵,随着市场的变化也在不断深化。（　　）

9. 为了实现物流系统化快速的目标,可以把配送中心等物流节点建设在目标客户区域附近或者利用有效的运输工具,制定合理的配送计划来实现快速送达。（　　）

10. 物流领域与生产领域一样,也存在规模效应。但是由于生产领域的稳定性比起物流系统的稳定性要差,通常难以形成标准的规模化经营。（　　）

## 五、简答题

1. 简述物流系统的特点。
2. 简述物流系统的物质基础要素。
3. 简述物流系统的模式。
4. 简述物流系统的一般构成。

## 案例分析

### 宝供物流的发展与挑战

宝供物流企业集团有限公司(P. G. LOGISTICS GROUP CO. ,LTD)创建于1994年,总部设在广州,是国内第一家经国家工商总局批准以物流名称注册的企业集团,是我国最早运用现代物流理念和方法为客户提供供应链一体化物流服务的专业公司,也是目前我国最具规模、最具影响力、最领先的第三方物流企业之一。

当前,宝供已在全国80多个城市建立了分子公司或办事处,形成了一个覆盖全国的业务运作网络和信息网络,协助客户开拓国内市场,抢夺市场先机。宝供与国内外100多家包括宝洁、联合利华、安利、红牛、强生、飞利浦、三星、索尼、中石油、中石化、阿克苏诺贝尔、福田汽车、丰田汽车、吉利汽车、汉高、李宁等世界500强及国内大型制造企业结成战略联盟,为他们提供物流咨询、物流运作、增值服务、信息服务、资金服务等供应链一体化的综合物流服务,成功地为这些企业在降低运营成本、提高服务水平等方面创造了价值,提高了竞争力。

宝供集团汇聚和培养了一大批熟悉中西文化、深谙现代物流和供应链管理内涵、具有丰富运作经验的员工队伍。目前企业有员工2 200多人,管理人员占总人数的12.3%;工程技术人员占总人数的23.6%。大学以上学历达到70%,拥有包括教授、博士、硕士在内的高层次、高素质的专业人才,还聘请国内外大批物流领域的资深人士组成专家顾问团,提高了企业的咨询、决策水平。宝供集团业务范围包括物流规划、货物运输、分销配送、储存、信息处理、流通加工、国际货代、增值服务等一系列专业物流服务。2006年,宝供集团主营物流服务收入超过15亿元,是目前我国最具规模最具专业化的现代第三方物流企业。

宝供集团是国内第一家将工业化管理标准应用于物流服务系统的企业,并全面推行GMP质量保证体系和SOP标准操作程序,宝供集团的整个物流运作自始至终处于严密的质量跟踪及控制之下,确保了物流服务的可靠性、稳定性和准确性。2004年,宝供集团的货物运作可靠性达到99%,运输残损率为万分之一,远远优于国家有关货物运输标准。

宝供自成立以来,一直致力于中国物流行业的发展与探索,率先转变传统观念,建立现代物流理念和物流服务管理模式;大胆尝试用工业化管理标准、质量保证系统运用在物流服务中,并取得了显著的成效;在行业中率先建立物流信息管理体系,以便客户能实时地、动态地了解整个物流运作状况;率先构建基于全球供应链双向一体化的现代大型物流基地。2006年宝供为福田汽车股份有限公司提供从物资零部件的供应和生产库存的管理、JIT生产物流支持以及整车运输到备件物流的供应链一体化管理,更是标志宝供时限汽车物流的供应链一体化物流管理服务进入新的里程碑。

宝供物流从1997年开始在国内物流行业中首家开发基于INTERNET的物流信息管理系统,二十年来宝供物流信息化一直处于行业前列,取得大量成功案例,多次获得行业最高荣誉。

宝供物流已自主建成国内领先的第三方物流集成平台,能通过EDI对接模块与客户ERP系统实现无缝对接。平台除了支持运输配送管理、仓储库存管理等物流基本管理功能外,还能支持分销管理、成本控制、运输线路规划、立体仓储位管理、材料生产加工管理(VMI)等物流增值服务。

宝供第三方物流信息平台是以订单为中心,通过组织架构、业务流程、IT技术等三方面的变革,最终实现物流信息在一个高效的系统内闭环管理,通过订单将运输管理、仓库管理、订单管理和财务管理模块全面整合到一个集成的物流信息管理平台,即宝供第三方物流信息平台。安全实用的第三方物流信息平台,实现了对物流订单的记录、调度、备货、发运、在途跟踪、客户签收、回单、财务结算、KPI考核、异常处理等各个环节的高效统一管理。

宝供物流在自主研发的第三方物流信息平台基础上,根据不同行业客户需求提供支持其产品特性和业务流程的系统定制服务。通过成立项目小组,自主规划、自主开发、自主实施,系统上线后根据业务需求不断完善并提供后续客户服务支持,使系统对业务达到贴身支持的境界,同时也形成了宝供化工、家电、食品、饮料、日化、汽车零配件等行业信息化解决方案。

**思考题:**

(1)宝供集团在业内的领先地位与其在各方面突出的管理水平息息相关,请总结一下宝供集团的管理优势在哪里。

(2)宝供物流的物流信息系统是如何帮助宝供物流在第三方物流企业中保持领先地位的?

(3)请思考物流企业是否都有必要开发自有物流信息系统,为什么?

# 项目三 物流功能要素

## 物流功能要素

### 学习目标

**【知识目标】**
1. 了解物流运输、仓储的地位和作用以及物流包装的新趋势；
2. 熟悉物流各功能要素之间有机联系以及物流各功能要素在物流活动中的应用；
3. 掌握物流各功能要素的概念、特点、分类以及物流运输方式的优缺点、适用范围和物流各功能要素合理化。

**【能力目标】**
1. 能利用所学知识选择合适的运输方式；
2. 能利用所学知识合理化储存商品。

### 学习任务提要

1. 物流功能的概念、特点和作用；
2. 物流运输方式的选择与合理化运输；
3. 物流仓库的概念和分类；
4. 装卸搬运合理化的途径。

### 工作任务提要

根据物流企业的实际功能以及场景，有针对性地提出改进及建议，完善企业流程，促进企业功能效率的提升。

### 建议教学时数

16 学时。

# 任务一　认知仓储

## 案例导入

小李是一名仓库管理员,主要负责仓库的各种事务。2016 年 2 月车间急需某种原料,而对应仓库内没有库存,这时原料刚好送到,正在检验区检验,于是车间就没有通过仓库,直接从检验区领料生产。这样的情况屡有发生,从而导致仓库账单和实际货物经常不符。

**案例思考**

1. 从管理学的角度分析库存管理的正确方法。
2. 如何建立并完善库存管理体系?

**知识链接**

### 一、仓储的概念和功能

#### (一) 仓储的概念

中华人民共和国国家标准《物流术语》(GB/T18354—2006)对仓储的定义是:"利用仓库及相关设施设备进行物品的入库、存贮、出库的活动。"仓储作业是商品流通的重要环节之一,也是物流活动的重要支柱之一。在社会分工和专业化生产的条件下,为保持社会再生产过程的顺利进行,必须储存一定量的商品,以满足一定时间内社会生产和消费的需要。为进一步理解物流中仓储的概念,需要区别库存、储备和储存几个概念。

**1. 库存**

库存是指在仓库中处于暂时停滞状态的物品。在这里需要强调两个方面:第一,物品所停滞的位置,是在仓库,不是在生产线上,也不是在车间,也不是在任何非仓库的位置。第二,物质的停滞状态可以是由任何原因引起的,而不一定是某种特殊原因。

**2. 储备**

商品储备是一种有目的的储存物品的行动,商品储备的目的是保证社会再生产连续不断地、有效地进行。所以,商品储备是一种主动的储存形式,或者说是有目的的在生产领域、流通领域中暂时停滞。

**3. 储存**

储存是包含库存和储备在内的一种广泛的经济现象,是一切社会形态都存在的经济现象。任何物品在没有进入生产加工、消费和运输活动之前或者在这些活动结束之后,都是要存放起来的,这就是储存。

> **重要提示**
>
> 仓储首先是一项物流活动,或者说物流活动是仓储的本质属性。仓储不是生产、不是交易,而是为生产与交易服务的物流活动中的一项。这表明仓储只是物流活动之一,物流还有其他活动,仓储应该融于整个物流系统之中,应该与其他物流活动相联系、相配合。这一点与过去的"仓库管理"是有重大区别的。

**想一想** 储存涉及哪几个概念?

### (二) 仓储的功能

仓储主要是对流通中的商品进行检验、保管、加工、集散和转换运输方式,并为解决供需之间和不同运输方式之间的矛盾,提供场所价值和时间效益,使商品的所有权和使用价值得到保护,加速商品流转,提高物流效率和质量,促进社会效益的提高。概括起来,仓储的功能可以分为如下几个方面:

#### 1. 调节功能

仓储在物流中起着"蓄水池"的作用。一方面仓储可以调节生产与消费的矛盾,如销售与消费的矛盾,使它们在时间上和空间上得到协调,保证社会再生产的顺利进行。另一方面,它还可以实现对运输的调节,因为产品从生产地向销售地流转,主要依靠运输完成,但不同的运输方式在流向、运程、运量及运输线路和运输时间上存在着差距。一般说来,很多商品从产地向销售地流转过程中,需要在中途改变运输方式、运输线路、运输规模、运输方法和运输工具,以及协调运输时间和完成产品倒装、转运、分装、集装等物流作业,这就需要在产品运输的中途停留储存,即仓储。

#### 2. 检验功能

在物流过程中,为了保障商品的数量和质量准确无误,明确事故责任,维护各方面的经济利益,要求必须对商品及有关事项进行严格的检验,以满足生产、运输、销售以及用户的要求,而物流过程中的检验,一般安排在仓库进货、储存或出货作业环节,仓储活动为组织检验提供了场地和条件。

#### 3. 集散功能

物流仓储把各生产企业的产品汇集起来,形成规模,然后根据需要分散发送到各消费地去。通过一集一散,衔接产需,均衡运输,提高了物流速度、物流效率与效益。

#### 4. 配送功能

仓储的配送功能是根据用户的需要,对商品进行分拣、组配、包装和配送等作业,并将配好的商品送货上门。也可以这样说,仓储配送功能是仓储保管功能的外延,它提高了仓储的社会服务效能。要使仓储的配送功能较好地实现,首先要确保仓储商品的安全,最大限度地保持商品在仓储中的使用价值,减少保管损失。其次是合理仓储,要保证货畅其流,要以不间断满足市场供应为依据,以此确定恰当的仓储定额和商品品种结构,实现仓储的合理化。否则仓储过多,就会造成商品的积压,增加占用资金,使仓储保管费用增加,造成商品在库损失,形成巨大的浪费。如果仓储过少,又会造成市场脱销,影响社会消费,最终也会影响国民经济的发展。因此,仓储的合理化具有很重要的意义。

> **知识拓展**
>
> ### 仓储的分类
>
> 　　从仓储的运营主体分析,可分为工商企业内部仓储与社会公共仓储。企业内部仓储是各个产业长期且普遍存在的物流活动,其好处在于仓储与供应链更方便地融为一体,但在全球竞争和全球经营的条件下,特别是在原材料和能源价格上升的压力下,企业要在持续增长的客户需求的前提下不断降低供应链成本,许多制造商、分销商或零售商都考虑到利用专业的公共仓储服务,发挥仓储集中利用储存空间资源、人力资源和知识资源的优势。社会公共仓储有一个长期不断发展与壮大的过程,也是经济全球化与供应链一体化环境下的一种发展趋势,但也面临如何更好地融入供应链管理,更好地满足供应链上下游需求的重大挑战。
>
> 　　从供应链的上下游分析,可分为原材料供应仓储、产成品中转仓储与末端配送中心。这种分析法的意义在于:供应链上下游的物品与客户需求有不同特点,仓储的运营者必须提供针对性的仓储服务;在实际发展中出现不同的仓储经营业态,也是因为上下游的物品与客户需求的不同特点;至于每个阶段的仓储运营主体是工商企业还是专业仓储企业则要视具体情况而定。
>
> 　　根据物品特性及其仓储条件的不同,可分为物品特性相近且对仓储条件没有特殊要求的通用仓储与物品特性明显且对仓库建筑、温湿度、安全设施以及储存方法等有特殊要求的专业仓储,如低温仓储、危险品仓储、粮食仓储都是专业性较强的仓储。物品特性的不同,决定了供应链上下游的需求不同,也就决定了仓储服务及其运营方式的不同。

国际著名邮购公司 Wehkamp 的现代物流系统

## 二、仓库的概念和功能

　　仓库是保管、存储物品的建筑物和场所的总称。仓库的概念可以理解为用来存放货物包括商品、生产资料、工具或其他财产,并对其数量和状态进行保管的场所或建筑物等设施,还包括用于减少或防止货物损伤而进行作业的土地或水面。仓库还应包括设置在仓库内,为仓储作业服务的设备和设施,如地坪、货架、衬垫、固定式提升设备、通风照明设备等。

　　仓库的一个最基本功能就是存储物资,并对存储的物资实施保管和控制。但随着人们对仓库概念的深入理解,仓库也负担着物资处理、流通加工、物流管理和信息服务等功能,其涵义远远超出了单一的储存功能。以系统的观点来看待仓库,仓库应该具备如下功能:

### (一)储存和保管的功能

　　仓库具有一定的空间,用于储存物品,并根据储存物品的特性配备相应的设备,以保持储存物品完好性。例如,储存挥发性溶剂的仓库,必须设有通风设备,以防止空气中挥发性物质含量过高而引起爆炸;贮存精密仪器的仓库,需防潮、防尘、恒温,因此,应设立空调、恒温等设备。在仓库作业时,还有一个基本要求,就是防止搬运和堆放时碰坏、压坏物品,从而要求搬运机具和操作方法的不断改进和完善,使仓库真正起到贮存和保管的作用。

### （二）调节供需的功能

创造物资的时间效用是物流的两大基本职能之一，物流的这一职能是由物流系统中的仓库来完成的。现代化大生产的形式多种多样，从生产和消费的连续性来看，每种产品都有不同的特点，有些产品的生产是均衡的，而消费是不均衡的；还有一些产品生产是不均衡的，而消费却是均衡不断地进行的。要使生产和消费协调起来，这就需要仓库负担起"蓄水池"的调节作用。

### （三）调节货物运输能力

各种运输工具的运输能力是不一样的。船舶的运输能力很大，海运船一般是万吨级，内河船舶也有几百吨至几千吨的。火车的运输能力较小些，每节车皮能装运 30～60t，一列火车的运量最多达几千吨。汽车的运输能力很小，一般每辆车装 4～10t。它们之间的运输衔接是很困难的，这种运输能力的差异，也是通过仓库进行调节和衔接的。

### （四）流通配送加工的功能

现代仓库的功能已处在由保管型向流通型转变的过程之中，即仓库从贮存、保管货物的中心向流通、销售的中心转变。仓库不仅要有贮存、保管货物的设备，而且还要增加分拣、配套、捆装、流通加工、信息处理等设施。这样，既扩大了仓库的经营范围，提高了物资的综合利用率，又方便了消费，提高了服务质量。

### （五）信息传递功能

伴随着以上功能的改变，导致了仓库对信息传递的要求。在处理仓储活动有关的各项事务时，需要依靠计算机和互联网，通过电子数据交换（EDI）和条形码等技术来提高仓储物品信息的传递速度，及时而又准确地了解仓储信息，如仓库利用水平、进出库的频率、仓库的运输情况、顾客的需求以及仓库人员的配置等。

**想一想**　根据所学知识，请你谈一谈物流仓储在国民经济中的作用。

## 三、仓库的分类

### （一）按使用范围分类

（1）自用仓库。自用仓库是生产或流通企业为本企业经营需要而修建的附属仓库，完全用于储存本企业的原材料、燃料、产成品等货物。

（2）营业仓库。营业仓库是一些企业专门为了经营储运业务而修建的仓库。

（3）公用仓库。公用仓库是由国家或某个主管部门修建的为社会服务的仓库，如机场、港口、铁路的货场、库房等仓库。

（4）出口监管仓库。出口监管仓库是经海关批准，在海关监管下存放已按规定领取了出口货物许可证或批件，已对外买断结汇并向海关办完全部出口海关手续的货物的专用仓库。

（5）保税仓库。保税仓库是经海关批准，在海关监管下专供存放未办理关税手续而入境或过境的货物的场所。

### （二）按保管物品种类分类

按照保管物品种类分为综合库和专业库，如图 3-1 所示。

（1）综合库。指用于存放多种不同属性物品的仓库。

（2）专业库。指用于存放一种或某一大类物品的仓库。

(a) 综合库

(b) 酒库

(c) 粮库

(d) 原糖库

图 3-1　按保管物品种类分类

（三）按仓库保管条件分类

按仓库保管条件可分为普通仓库，保温、冷藏、恒温恒湿库，特种仓库和气调仓库，如图 3-2 所示。

（1）普通仓库。指用于存放无特殊保管要求的物品的仓库。

（2）保温、冷藏、恒湿恒温库。指用于存放要求保温、冷藏或恒湿恒温的物品的仓库。

（3）特种仓库。通常是指用于存放易燃、易爆、有毒、有腐蚀性或有辐射性的物品的仓库。

（4）气调仓库。指用于存放要求控制库内氧气和二氧化碳浓度的物品的仓库。

(a) 普通仓库　　(b) 保温、冷藏、恒湿恒温库　　(c) 危险品仓库　　(d) 气调仓库

图 3-2　按仓库保管条件分类

（四）按仓库建筑结构分类

按仓库建筑结构可分为封闭式仓库、半封闭式仓库和露天式仓库，如图 3-3 所示。

（1）封闭式仓库。这种仓库俗称"库房"，该结构的仓库封闭性强，便于对库存物进行维护保养，适宜存放保管条件要求比较高的物品。

（2）半封闭式仓库。这种仓库俗称"货棚"，其保管条件不如库房，但出入库作业比较方便，且建造成本较低，适宜存放那些对温湿度要求不高且出入库频繁的物品。

（3）露天式仓库。这种仓库俗称"货场"，其最大优点是装卸作业极其方便，适宜存放较大型的货物。

(a) 封闭式仓库

(b) 半封闭式仓库

(c) 露天式仓库

图 3-3　按仓库建筑结构分类

### （五）按建筑形式分类

按建筑形式可分为平房仓库、楼房仓库、高层货架仓库、罐式仓库、简易仓库，如图 3-4 所示。

（1）平房仓库。平房仓库的构造比较简单，建筑费用便宜，人工操作比较方便。

（2）楼房仓库。楼房仓库是指二层楼以上的仓库，它可以减少土地占用面积，进出库作业可采用机械化或半机械化作业。

（3）高层货架仓库。在作业方面，高层货架仓库主要使用电子计算机控制，能实现机械化和自动化操作。

（4）罐式仓库。罐式仓库的构造特殊，呈球形或柱形，主要是用来储存石油、天然气和液体化工品等。

（5）简易仓库。简易仓库的构造简单、造价低廉，一般是在仓库不足而又不能及时建库的情况下采用的临时代用办法，包括一些固定或活动的简易货棚等。

(a) 平房仓库

(b) 楼房仓库

(c) 罐式仓库

(d) 简易仓库

(e) 高层货架仓库

图 3-4　按建筑结构分类

### （六）按库内形态分类

按库内形态分为地面型仓库、货架型仓库和自动化立体仓库，如图 3-5 所示。

（1）地面型仓库。一般指单层地面库，多使用非货架型的保管设备。

（2）货架型仓库。货架分固定货架和移动货架。

（3）自动化立体仓库。指出入库用运送机械存放取出，用堆垛机等设备进行机械化自动化作业的高层货架仓库。

(a) 地面型仓库

(b) 货架型仓库

(c) 自动化立体仓库

图 3-5　按库内形态分类

### （七）按建筑材料分类

现代化的高层楼房仓库，用钢筋混凝土的较多；一般平房仓库大部分仍采用砖石和木结构；一些特殊仓库如储油罐等，则用钢结构；也有一些新型材料建的仓库。

> **知识拓展**
>
> 物流仓库中的货物各式各样，又有其独特的属性，货物之间还有可能发生物理化学反应，所以储位分配安排一定要科学合理。具体说来，储位的安排要符合以下原则：

仓储与货物
分拨系统演示

（1）为方便出入库作业，物品必须面向通道进行保管。
（2）尽可能地向高处放物品，以提高空间利用率。
（3）出货频率高的物品放在入口处，出货频率低的物品放在仓库深处。
（4）重货放在入口处，轻型货在仓库深处。
（5）大型货物放在入口处，小型货物放在仓库深处。
（6）一般物品放在下层，贵重物品放在上层。
（7）实行"先入先出"的原则，以加快周转。

**想一想** 未来仓库会出现哪些新的变化？

## 任务二 | 认知运输

### 青岛啤酒的运输

6月的青岛，天气异常闷热。此时，青岛啤酒销售分公司的吕大海手忙脚乱地接着电话，应付着销售终端传来的一个又一个坏消息。

"车坏了，要过几天才能回来。""货拉错地点了，要隔一天才能送到。""没有空闲的车辆来运货了。"……当时身为物流经理的吕大海每天都把精力花在处理运输的麻烦事上，对于终端的销售支持简直就是有心无力。

都说到了炎炎夏季，正是啤酒巨头较劲的开始。而那时的青啤，却因为自己内部混乱的物流网络先输一着。

有时候仓库里明明没有货物了，还要签条子发货。而到了旺季，管理人员更是不知道仓库里还有没有货……

混乱的运输，高库存量的"保鲜"之痛。"当时我们在运输的环节上，简直可以用'失控'来形容。由于缺乏有效管理，送货需要走多长时间我们弄不清楚，司机超期回来我们也管不了。最要命的是，本应送到甲地的货物被送到了乙地，这一耽误又是好几天……"

随着啤酒市场的逐渐扩大，在青啤想发力的时候，混乱的物流网络却成了制约发展的瓶颈。

**案例思考**

案例中混乱的情况是物流运输中什么样的问题导致的？怎样才能避免此种情况的出现？

## 知识链接

### 一、运输的概念及其地位

**（一）运输的概念**

中华人民共和国国家标准《物流术语》(GB/T4122.1—1996)对运输的定义是："用专用运输设备将物品从一地点向另一地点运送。其中包括集货、分配、搬运、中转、装入、卸下、分散等一系列操作。"

**（二）运输的地位**

**1. 运输是物流的主要功能要素之一**

运输承担了改变空间状态的主要任务，运输是改变空间状态的主要手段，运输再配以搬运、配送等活动，就能圆满完成改变空间状态的全部任务。

**2. 运输是社会物质生产的必要条件之一**

运输是国民经济的基础和先行。马克思将运输称为"第四个物质生产部门"是将运输看成是生产过程的继续，这个继续虽然以生产过程为前提，但如果没有这个继续，生产过程则不能最后完成，所以将其看成一种物质生产部门。

**3. 运输可以创造"场所效用"**

通过运输，将"物"运到场所效用最高的地方，就能发挥"物"的潜力，实现资源的优化配置。从这个意义来讲，也相当于通过运输提高了物的使用价值，因此也具有增值的作用。

**4. 运输是"第三个利润源"的主要源泉**

这是指通过运输合理化可大大缩短运输吨公里数，从而获得比较大的利润。

**（三）运输的功能**

在物流中心的物流过程中，运输主要提供两大功能，即货物转移和货物储存。

**1. 货物移动**

显而易见，运输首先实现了货物在空间上移动的职能。运输通过改变货物的地点与位置而创造出价值，这是空间效用。另外，运输能使货物在需要的时间到达目的地，这是时间效用。运输的主要职能就是将货物从原产地转移到目的地，运输的主要目的就是要以最少的时间和费用完成物品的运输任务。

运输是一个增值的过程，通过创造空间效用与时间效用来创造价值。商品最终送到顾客手中，运输成本构成了商品价格的一个重要部分，运输成本的降低可以达到以较低的成本提供优质顾客服务的效果，从而提高竞争力。

**2. 短时货物库存**

对货物进行短时储存也是运输的职能之一，即将运输工具作为暂时的储存场所。如果转移中的货物需要储存，而短时间内货物又将重新转移的话，卸货和装货的成本也许会超过储存在运输工具中的费用，这时，便可考虑采用此法，只不过产品是移动的，而不是处于闲置状态。

## 二、运输的原理

### （一）规模经济原理

这是指装运规模的增长,会使每单位重量的运输成本下降。例如,整车运输的每吨成本低于零担运输。也可以说,诸如铁路或水路运输方式的运输能力较大,因而其每单位重量的运输费用要低于汽车或飞机之类运输能力较小的运输工具。

规模经济之所以存在,是因为转移一批货物有关的固定费用按整票货物的重量分摊时,该批货物越重,分摊到单位重量上的成本就越低。

### （二）距离经济

这是指每单位距离的运输成本随运输距离的增加而减少。这是因为货物提取与交付有关的固定费用,随运输距离增加,分摊到单位运输距离上的固定费用会降低。根据距离经济原理,长途运输的单位运距成本低,短途运输的单位运距成本高。

随着一次运输距离的增加,运输费用的增加会变得越来越缓慢,或者说单位距离的费用减少。运输距离经济通常称为递远递减原则,原因就是同样的固定成本在更远的距离上分摊,单位距离的运输成本自然就会减少。

## 三、物流运输方式

### （一）公路运输

#### 1. 公路运输的概念

公路运输是主要使用汽车或其他车辆(如人、畜力车)在公路上进行客货运输的一种方式,如图3-6所示。公路运输具有"门到门"运输、节约运输时间,而且在送货和提货之间无需转运的优势。

图3-6 公路运输

#### 2. 公路运输的特点

公路运输的主要优点是灵活性强,公路建设期短,投资较低,易于因地制宜,对收到站设施要求不高,可采取"门到门"运输形式,即从发站者门口直到收货者门口,而不需转运或反复装卸搬运。公路运输也可作为其他运输方式的衔接手段。公路运输的经济半径,一般在200km以内。

### 3. 公路运输的适用性

公路运输主要承担近距离、小批量的货运和水运、铁路运输难以到达地区的长途大批量货运及铁路、水运优势难以发挥的短途运输。由于公路运输具有灵活性，近年来，在有铁路、水运的地区，长途大批量运输也开始用公路运输。

> **知识拓展**
>
> **特种货物运输的相关知识**
>
> 特种货物运输，除应当符合普通货物运输的规定外，应当同时遵守下列相应的特殊要求：托运人要求急运的货物，经承运人同意，可以办理急件运输，并按规定收取急件运费；凡对人体、动植物有害的菌种、带菌培养基等微生物制品，非经民航总局特殊批准不得承运；凡经人工制造、提炼，进行无菌处理的疫苗、菌苗、抗菌素、血清等生物制品，如托运人提供无菌、无毒证明可按普货承运；微生物及有害生物制品的仓储、运输应当远离食品；植物和植物产品运输须凭托运人所在地县级（含）以上的植物检疫部门出具的有效"植物检疫证书"；骨灰应当装在封闭的塑料袋或其他密封容器内，外加木盒，最外层用布包装。

### （二）铁路运输

#### 1. 铁路运输的概念

铁路运输是使用铁路列车运送客货的一种运输方式，如图 3-7 所示。

图 3-7　铁路运输

#### 2. 铁路运输的特点

铁路运输优点是速度快，运输不大受自然条件限制，载运量大，运输成本较低。主要缺点是灵活性差，只能在固定线路上实现运输，需要以其他运输手段配合和衔接。铁路运输经济里程一般在 200km 以上。

#### 3. 铁路运输的适用性

铁路运输主要承担长距离、大数量的货运，在没有水运条件地区，几乎所有大批量货物都是依靠铁路，是在干线运输中起主力运输作用的运输形式。

> **知识拓展**
>
> **保价货物运输安全措施**
>
> 对保价运输货物,铁路从加强运输管理入手,采取以下安全防护措施:
>
> (1)保价运输的货物除按现行的货物运输有关规章办理外,铁道部还对保价货物运输制定了特殊的管理办法,能够有效地防范事故的发生和提高货物运输安全质量。
>
> (2)对保价运输的货物,铁路各级运输企业都设有专门的管理机构,专门管理保价货物的运输、安全防范和赔偿等各项工作。
>
> (3)对保价运输的货物,要求车站在受理时要严格按规章办事,认真检查货物包装和质量;车站应及时组织装车和挂运;运送途中严格交接检查;对装有贵重、易盗的整车货物,根据需要组织武装押运;要求装有保价货物的货车在站中转停留时间一般不超过24小时,零担、集装箱货物中转时间一般不超过36小时;保价货物运到站后要采取有效的防范措施,及时通知收货人领取。

(三)水路运输

**1. 水路运输的概念**

水路运输是使用船舶运送客货的一种运输方式,如图3-8所示。

图3-8 水路运输

**2. 水路运输的特点**

水运的主要优点是成本低,能进行低成本、大批量、远距离的运输。但是水运也有显而易见的缺点,主要是运输速度慢,受港口、水位、季节、气候影响较大,因而一年中中断运输的时间较长。

**3. 水路运输的适用性**

水运主要承担大数量、长距离的运输,是在干线运输中起主力作用的运输形式。在内河及沿海,水运也常作为小型运输工具使用,担任补充及衔接大批量干线运输的任务。

**4. 水路运输的分类**

(1)沿海运输。这是使用船舶通过大陆附近沿海航道运送客货的一种运输方式,一般使用中、小型船舶。

（2）近海运输。这是使用船舶通过大陆邻近国家海上航道运送客货的一种运输方式，视航程可使用中型船舶，也可使用小型船舶。

（3）远洋运输。这是使用船舶跨大洋的长途运输方式，主要依靠运量大的大型船舶。

（4）内河运输。这是使用船舶在陆地内的江、河、湖、川等水道进行运输的一种方式，主要使用中、小型船舶。

（四）航空运输

### 1. 航空运输的概念

航空运输是使用飞机或其他航空器进行运输的一种方式，如图3-9所示。

图3-9　航空运输

### 2. 航空运输的特点

航空运输的主要优点是速度快，不受地形的限制。在火车、汽车都达不到的地区也可依靠航空运输，因而有其重要意义。

### 3. 航空运输的适用性

航空运输的单位成本很高，因此，主要适合运载的货物有两类：一类是价值高、运费承担能力很强的货物，如贵重设备的零部件、高档产品等；另一类是紧急需要的物资，如救灾抢险物资等。

**知识拓展**

观看视频《机场全自动物流系统演示》《香港新国际机场物流作业系统》。

机场全自动物流系统演示

香港新国际机场物流作业系统

**想一想**　浙江杭州某丝绸厂向美国加利福尼亚出口一批丝绸衣物，选择哪种运输方式更为经济合理？

（五）管道运输

### 1. 管道运输的概念

管道运输是利用管道输送气体、液体和粉状固体的一种运输方式，如图3-10所示。其运输形式是靠物体在管道内顺着压力方向循序移动实现的，和其他运输方式重要区别在于，管道设备是静止不动的。这种运输方式适用于相对稳定的、大流量物体。将原油运送至港口或炼油厂,管道运输也许是最有效的方式。但应当注意的是,管道运输并不适合于汽油的运送,而用汽车运送汽油效果会更好一些。

图 3-10　管道运输

### 2. 管道运输的特点

管道运输的主要优点是,由于采用密封设备,在运输过程中可避免散失、丢失等损失,也不存在其他运输设备本身在运输过程中消耗动力所形成的无效运输问题。另外,运输量大,适合于大且连续不断运送的物资。

**想一想**　原油最适合哪种运输方式?为什么?

### 四、物流运输合理化

（一）物流运输合理化的涵义及意义

物流运输合理化就是在保证物资流向合理的前提下,在整个运输过程中,确保运输质量,以适宜的运输工具、最少的运输环节、最佳的运输线路、最低的运输费用使物资运至目的地。其意义体现在以下几个方面:

（1）物流运输合理化,可以充分利用运输能力,提高运输效率,促进各种运输方式的合理分工,以最小的社会运输劳动消耗,及时满足国民经济的运输需要。

（2）物流运输合理化,可以使货物走最合理的路线,经最少的环节,以最快的时间,取最短的里程到达目的地,从而加速货物流通,既可及时供应市场,又可降低物资部门的流通费用,加速资金周转,减少货损货差,取得良好的社会效益和经济效益。

（3）物流运输合理化,可以消除运输中的种种浪费现象,提高商品运输质量,充分发挥运输工具的效能,节约运力和劳动力。

（二）影响物流运输合理化的因素

物流运输合理化,是由各种经济的、技术的和社会的因素相互作用的结果。影响物流运输合理化的因素主要有:

（1）运输距离。在运输时运输时间、运输货损、运费、车辆周转等运输的若干技术经济指标,都与运输距离有一定比例关系,运输距离长短是运输是否合理的一个最基本因素。因此,物流公司在组织商品运输时,首先要考虑运输距离,尽可能实现运输路径优化。

（2）运输环节。运输业务活动需要进行装卸、搬运、包装等工作,多一道环节,就会多增加一笔运费。因此,减少运输环节,尤其是同类运输工具的运输环节,对合理运输有促进作用。

(3) 运输时间。"时间就是金钱,速度就是效益",运输不及时,容易失去销售机会,造成商品积压和脱销,尤其是在国际贸易市场。

(4) 运输工具。各种运输工具都有其使用的优势领域,对运输工具进行优化选择,要根据不同的商品特点,分别利用铁路、水运、汽运等不同的运输工具,选择最佳的运输线路合理使用运力,以最大发挥所用运输工具的作用。

(5) 运输费用。运费在全部物流费用中占很大比例,是衡量物流经济效益的重要指标,也是组织合理运输的主要目的之一。

上述因素,既相互联系,又相互影响,有的还相互矛盾。运输时间短了,费用却不一定省,这就要求进行综合分析,寻找最佳方案。在一般情况下,运输时间快,运输费用省,是考虑合理运输的关键,因为这两项因素集中体现了物流过程中的经济效益。

(三) 不合理运输的表现

物流不合理运输是针对合理运输而言的。不合理运输是违反客观经济效果,违反商品合理流向和各种动力的合理分工,不充分利用运输工具的装载能力,环节过多的运输是导致运力紧张,流通不畅和运费增加的重要原因,不合理的运输,一般有以下几个方面:

1. 对流运输

对流运输是指同一种物资或两种能够相互代用的物资,在同一运输线或平行线上,作相对方向的运输,与想对方向路线的全部或一部分发生对流。对流运输又分两种情况:一是明显的对流运输,即在同一运输线上对流。如一方面把甲地的物资运往乙地,而另一方面又把乙地的同样物资运往甲地,产生这种情况大都是由于货主所属的地区不同企业不同所造成的。二是隐蔽性的对流运输,即把同种物资采用不同的运输方式在平行的两条路线上,朝着相反的方向运输。

2. 倒流运输

倒流运输是指物资从产地运往销地,然后又从销地运回产地的一种回流运输现象。倒流运输有两种形式:一是同一物资由销地运回产地或转运地;二是由乙地将甲地能够生产且已消费的同种物资运往甲地,而甲地的同种物资又运往丙地。

3. 迂回运输

迂回运输是指可以选取短距离运输而不选取,却选择路程较长路线进行运输。物流过程中的计划不周、组织不善或调运差错都容易出现迂回现象。

4. 重复运输

重复运输是指某种物资本来可以从起运地一次直运达到目的地,但由于批发机构或商业仓库设置不当,或计划不周人为的运到中途地点(例如中转仓库)卸下后,又二次装运的不合理现象。重复运输增加了一道中间装卸环节,增加了装卸搬运费用,延长了商品在途时间。

5. 过远运输

过远运输是指舍近求远的运输现象,即销地本可以由距离较近的产地供应物资,却从远地采购进来;工产品不是就近供应消费地,却调给较远的其他消费地,违反了近产近销的原则。是由于某些物资的产地与销地客观上存在着较远的距离,这种远程运输是不合理的。

#### 6. 运力选择不当

选择运输工具时,未能运用其优势,如弃水走陆(增加成本),再如铁路和大型船舶的过近运输,运输工具承载能力不当等。

#### 7. 托运方式选择不当

如可以选择整车运输却选择了零担,应当直达却选择了中转运输,应当中转却选择了直达等,没有选择最佳托运方式。

### (四)物流运输合理化的有效措施

运输合理化是一个系统分析过程,常采用定性与定量相结合的方法,对运输的各个环节和总体进行分析研究,研究的主要内容和方法主要有以下几点:

#### 1. 合理选择运输方式

各种运输方式都有各自的使用范围和不同的技术经济特征,选择时应进行比较和综合分析。

#### 2. 合理选择运输工具

根据不同商品的性质、数量选择不同类型、额定吨位及对温度、湿度等有要求的运输车辆。

#### 3. 正确选择运输线路

运输线路的选择,一般应尽量安排直达、快速运输,尽可能缩短运输时间,否则可安排沿路和循环运输,以提高车辆的容积利用率和车辆的里程利用率,从而达到节省运输费用,节约运力的目的。

#### 4. 提高货物包装质量,并改进配送中的包装方法

货物运输线路的长短,装卸次数的多少都会影响到商品的完好,所以,应合理地选择包装物料,以提高包装质量。另外,有些商品的运输线路较短,且要采取特殊放置方法(如烫好的衣服应垂挂),则应改变相应的包装。货物包装的改进,对减少货物损失,降低运费支出,降低商品成本有明显的效果。

#### 5. 提高运输工具的实载率

实载率的含义有两个:一是单车实际载重与运距之乘积和标定载重与行驶里程之乘积的比率,在安排单车、单船运输时它是判断装载合理与否的重要指标;二是车船的统计指标,即在一定时期内实际完成的货物周转量(吨公里)占载重吨位与行驶公里乘积的百分比。

提高实载率如进行配载运输等,可以充分利用运输工具的额定能力,减少空驶和不满载行驶的时间,减少浪费从而求得运输的合理化。

#### 6. 减少劳力投入,增加运输能力

运输的投入主要是能耗和基础设施的建设,在运输设施固定的情况下,尽量减少能源动力投入,从而大大节约运费,降低单位货物的运输成本,达到合理化的目的。如在铁路运输中,在机车能力允许的情况下,多加挂车皮;在内河运输中,将驳船编成队行,由机运船顶推前进;在公路运输中,实行汽车挂车运输,以增加运输能力等。

#### 7. 发展社会化的运输体系

运输社会化要求发展运输的大生产优势,实行专业化分工,打破物流企业自成运输体系的状况。单个物流公司车辆自有,自我服务,不能形成规模,且运量需求有限,难于自我调

剂,因而经常容易出现空缺、运力选择不当、不能满载等浪费现象,且配套的接、发货设施、装卸搬运设施也很难有效地运行,所以浪费颇大。实行运输社会化,可以统一安排运输工具,避免对迂回、倒流、空驶,运力选择不当等多种不合理形式,不但可以追求组织效益而且可以追求规模效益,所以发展社会化的运输体系是运输合理化的非常重要的措施。

### 8. 在公路运输经济里程范围内,应利用公路运输

这种运输合理化的表现主要有两点:一是对于比较紧张的铁路运输,用公路分流后,可以得到一定程度的缓解,从而加大这一区段的运输通过能力;二是充分利用公路从门到门和在中途运输中速度快且灵活机动的优势,实现铁路运输难以达到的水平。目前在杂货、日用百货及煤炭等货物运输中较为普遍的运用公路运输。一般认为,目前的公路经济里程为200～500公里。随着高速公路的发展,高速公路网的形成,新型与特殊货车的出现,公路的经济里程有时可达1 000公里以上。

### 9. 尽量发展直达运输

直达运输,就是在组织货物运输过程中,越过商业、物资仓库环节或交通中转环节,把货物从产地或起运地直接运到销地或用户,以减少中间环节。直达的优势,尤其是在一次运输批量和用户一次需求量达到了一整车时表现最为突出。此外,在生产资料、生活资料运输中,通过直达,建立稳定的产销关系和运输系统,有利于提高运输的计划水平。

近年来,直达运输的比重逐步增加,它为减少物流中间环节创造了条件。特别需要一提的是,如同其他合理化运输一样,直达运输的合理性也是在一定条件下才会有所表现,如果从用户需求来看,批量大到一定程度,直达是合理的,批量较小时中转是合理的。

### 10. 配载运输

配载运输是充分利用运输工具载重量和容积,合理安排装载的货物及方法以求合理化的一种运输方式。

配载运输往往是轻重商品的合理配载,在以重质货物运输为主的情况下,同时搭载一些轻泡货物,如海运矿石、黄沙等重质货物,在上面捎运木材、毛竹等,在基本不增加运力的情况下,在基本不减少重质货物运输的情况下,解决了轻泡货的搭运,因而效果显著。

### 11. 提高技术装载量

依靠科技进步是运输合理化的重要途径。它一方面可以最大限度地利用运输工具的载重吨位,另一方面可以充分使用车船装载容量。如,专用散装及罐车,解决了粉状、液体物运输损耗大,安全性差等问题;大型拖挂车解决了大型设备整体运输问题;集装箱船比一般船能容纳更多的箱体;集装箱高速直达加快了运输速度等。

### 12. 进行必要的流通加工

有不少产品由于产品本身形态及特性问题,很难实现运输的合理化,如果针对货物本身的特性进行适当的加工,就能够有效解决合理运输的问题,例如将造纸材料在产地先加工成纸浆再行运输。

**想一想** 通过学习,请总结一下物流运输合理化的措施有哪些。

## 任务三 认知配送

### 案例导入

"618"源于2010年,最初为京东店庆。2013年天猫加入"618"大促,苏宁、国美紧随其后。此后,"618"成为电商价格战的战场,也成为全网狂欢的节日。

2018年,"618"与往年最大的不同,是当日达和次日达已经成为基础服务。菜鸟平台上,"分钟级配送"的门店发货受到追捧,业务高峰单量较日常剧增600%。常态化的"分钟级配送",当然离不开技术做保证。"618"期间,各大电商纷纷推出了更高效的物流配送服务,包括1小时达、无人配送等。大润发通过引入盒马的配送,实现在手淘淘鲜达内购买大润发商品三公里内1小时送达。在无人配送方面,各大电商也上线了新的服务。"618"当天,京东配送机器人在北京市海淀区开启全场景常态化配送运营,苏宁则推出油电混动的垂直起降固定翼无人机。同时,包裹与用户的最后"100米"距离,也不断涌现出了新物种。例如菜鸟网络不久前发布的智能快递箱菜鸟小盒,用户可通过淘宝、支付宝等手机客户端点击开箱,不用为家里无人收快递而苦恼。京东在宣布启动"618"活动时,也展现了科技能力。相比此前的无人机、无人车外,今年还推出了一款无人重型卡车,未来将大面积运用于京东物流。此外,据了解,菜鸟在无锡的"未来园区"里首次应用了IOT整体解决方案。这是该前沿技术全球范围内第一次大规模在物流领域应用。

**案例思考**
1. "分钟级配送"是如何成为新常态的?
2. 查找资料,了解物流新技术。

**知识链接**

### 一、配送概述

**(一)配送的定义**

中华人民共和国国家标准《物流术语》(GB/T18354—2006)将配送(distribution)定义为:"在经济合理区域范围内,根据客户要求,对物品进行拣送、加工、包装、分割、组配等作业,并按时送达指定地点的物流活动。"

**(二)配送的特点**

配送需要依靠信息网络技术来实现,它包括以下特点:

**1. 配送不仅仅是送货**

配送业务中,除了送货以外,在活动内容中还有"拣选""分货""包装""分割""组配""配货"等工作,这些工作难度很大,必须具有发达的商品经济和现代的经营水平才能做好。

在商品经济不发达的国家,很难按用户要求实现配货,要实现广泛的高效率的配货就更加困难。

### 2. 配送是送货、分货、配货等活动的有机结合体

配送是许多业务活动有机结合的整体,同时还与订货系统紧密联系。要实现这一点,就必须依赖现代情报信息,建立和完善整个大系统,使其成为一种现代化的作业系统。这也是以往的送货形式无法比拟的。

### 3. 配送的全过程有现代化技术和装备的保证

由于现代化技术和装备的采用,配送在规模、水平、效率、速度、质量等方面远远超过以往的送货形式。在活动中,由于大量采用各种传输设备及识码、拣选等机电装备,使得整个配送作业像工业生产中广泛应用的流水线,实现了流通工作的部分工厂化。

### 4. 配送是一种专业化的分工方式

以往的送货形式只是作为推销的一种手段,目的仅仅在于多销售一些商品,而配送则是一种专业化的分工方式,是大生产、专业化分工在流通领域的体现。因此,如果说一般的送货是一种服务方式的话,配送则可以说是一种体制形式。

> **知识拓展**
>
> **物流和配送的不同**
>
> 从物流来讲,配送几乎包括了所有的物流功能要素,是物流的一个缩影或在某小范围中物流全部活动的体现。一般的配送集装卸、包装、保管、运输于一身,通过这一系列活动完成将货物送达的目的。特殊的配送则还要以加工活动为支撑,所以包括的方面更广。但是,配送的主体活动与一般物流却有不同,一般物流是运输及保管,而配送则是运输及分拣配货。分拣配货是配送的独特要求,也是配送中有特点的活动,以送货为目的的运输则是最后实现配送的主要手段,从这一主要手段出发,常常将配送简化地看成运输中的一种。
>
> 从商流来讲,配送和物流不同之处在于,物流是商物分离的产物而配送则是商物合一的产物,配送本身就是一种商业形式。虽然配送具体实施时,也有以商物分离形式实现的,但从配送的发展趋势看,商流与物流越来越紧密地结合,是配送成功的重要保障。

### (三) 电子商务环境下物流配送的特点

#### 1. 物流配送信息化

物流配送信息化表现为物流配送信息的商品化、信息收集的数据库化和代码化、信息处理的电子化和计算机化、信息传递的标准化和实时化、信息存储的数字化等。条码技术(bar code)、数据库技术(database)、电子订货系统(electronic ordering system,EOS)、电子数据交换(electronic data interchange,EDI)、快速反应(quick response,QR)及有效的客户反映(effective customer response,ECR)、企业资源计划(enterprise resource planning,ERP)等在物流管理中得到广泛应用。没有物流的信息化,任何先进的技术设备都不可能应用于物流领域,信息技术在物流中的应用将会彻底改变世界物流的面貌。

### 2. 物流配送自动化

自动化的基础是信息化,自动化的核心是机电一体化,自动化的外在表现是无人化,自动化的效果是省力化,另外还可以扩大物流作业能力,提高劳动生产率,减少物流作业的差错等。物流自动化有:条码/语音/射频自动识别系统、自动分拣系统、自动存取系统、自动导向车、货物自动跟踪系统等。这些设施在发达国家已普遍用于物流作业流程中,而在我国由于物流业起步晚,发展水平低,自动化技术的普及还需相当长的时间。

### 3. 物流配送网络化

物流领域网络化的基础也是信息化,这里指的网络化有两层含义:一是物流配送系统的计算机通信网络,包括物流配送中心与供应商或制造商的联系要通过计算机网络,另外与下游顾客的联系也要通过计算机网络通信,比如配送中心向供应商提出订单这个过程,就可以使用计算机通信方式,借助于增值网(value-added network,VAN)上的电子定货系统(EOS)和电子数据交换技术(EDI)来自动实现,物流配送中心通过计算机网络收集下游客户的订货过程也可以自动完成;二是组织网络化,即所谓的企业内部网(Intranet)。

物流配送的网络化是物流信息化的必然,是电子商务下物流配送活动的主要特征之一。全球网络资源的可用性及网络技术的普及为物流的网络化提供了良好的外部环境,物流网络化不可阻挡。

### 4. 物流配送智能化

这是物流配送自动化信息化的一种高层次应用。物流配送作业过程大量的运筹和决策,如库存水平的确定、运输搬运路径的选择、自动导向车的运行轨迹和作业控制、自动分拣机的运行、物流配送中心经营管理的决策支持等问题都需要借助于大量的知识来解决。在物流自动化的进程中,物流智能化是不可回避的技术难题。目前专家系统、机器人等相关技术在国际上已经有比较成熟的研究成果,物流智能化已经成为电子商务下物流发展的一个新趋势。

### 5. 物流配送柔性化

柔性化原是生产领域为实现"以顾客为中心"而提出的,但要真正做到柔性化,即真正根据消费者需求的变化来灵活调节生产工艺,没有配套的柔性化的物流配送系统是不可能实现的。90年代以来,生产领域提出的FMS、CIMS、MRP、ERP等概念和技术的实质就是将生产、流通进行集成,根据需求端的需求组织生产,安排物流活动。柔性化物流正是适应生产、流通与消费的需求而发展起来的新型物流模式。它要求物流配送中心根据消费需求"多品种、小批量、多批次、短周期"的特点,灵活组织和实施物流作业。

> **想一想** 众所周知,近年来我国网上购物的数字惊人,在这个惊人的数字背后,我们可以看到网上购物的蓬勃发展。在现代社会中,网上购物已经成为了现代人生活的一部分,甚至颠覆了我们的传统生活方式。在网上购物中,两个流程最重要,一是商品的交易,一是交易后的物流配送。在物流配送对网上购物影响越来越重要的环境下,请同学们思考如何加强物流配送的管理,从而推动网上购物的发展。

> **知识拓展**
>
> **城市物流配送模式**
>
> 城市物流配送模式通常有以下几种：
>
> （1）自营配送模式。某些大型生产企业和连锁经营企业创建自营配送中心完全是为本企业的生产经营提供配送服务。选择自营配送模式有两个基础：一是规模基础，即企业自身物流具有一定量的规模，完全可以满足配送中心建设发展需要；二是价值基础，即企业自营配送，是将配送创造的价值提升到了企业的战略高度予以确定和发展。
>
> （2）协同配送模式。协同配送是指在城市里，为使物流合理化，在几个有定期运货需求的合作下，由一个卡车运输业者，使用一个运输系统进行的配送。协同配送也就是把过去按不同货主、不同商品分别进行的配送，改为不区分货主和商品集中运货的"货物及配送的集约化"。
>
> （3）外包配送模式。外包配送模式也就是社会化、专业化的物流配送模式，通过为一定市场范围的企业提供物流配送服务而获取盈利和自我发展的物流配送组织形式。
>
> （4）综合配送模式。综合配送模式是指企业以供应链管理为指导思想，全面系统地优化和整合企业内外部物流资源、物流业务流程和管理流程，对生产、流通过程中的各种环节实现全方位综合配送，充分提高产品在制造、流通过程的时空效应，并为此而形成的高效运行的物流配送模式。

## 二、配送的要素

### （一）集货

集货，即将分散的或小批量的物品集中起来，以便进行运输，配送的作业。集货是配送的重要环节，为了满足特定客户的配送要求，有时需要把从几家甚至数十家供应商处预订的物品集中，并将要求的物品分配到指定容器和场所。集货是配送的准备工作台或基础工作，配送的优势之一，就是可以集中客户的进行一定规模的集货。

### （二）分拣

分拣是将物品按品种、出入库先后顺序进行分门别类堆放的作业，如图 3-11 所示。分拣是配送不同于其他物流形式的功能要不得素，也是配送成败的一项重要支持性工作。它是完善送货、支持送货准备性工作，是不同配送企业在送货时进行竞争和提高自身经济效益的必然延伸。所以，也可以说分拣是送货向高级形式发展的必然要求。有了分拣，就会大大提高送货服务水平。

图 3-11　配送的分拣功能

快速分拣系统与服务

**知识拓展**

观看视频《快速分拣系统与服务》。

（三）配货

配货是使用各种拣选设备和传输装置,将存放的物品,按客户要求分拣出来,配备齐全,送入指定发货地点。

（四）配装

在单个客户配送数量不能达到车辆的有效运载负荷时,就存在如何集中不同客户的配送货物,进行搭配装载以充分利用运能、运力的问题,这就需要配装。跟一般送货不同处在于,通过配装送货可以大大提高送货水平及降低送货成本,所以配装也是配送系统中有现代特点的功能要素,也是现代配送不同于以往送货的重要区别之一。

（五）配送运输

配送运输,如图 3-12 所示,是运输中的末端运输、支线运输,和一般运输形态的主要区别

图 3-12　配送运输功能

在于：配送运输是较短距离、较小规模、额度较高的运输形式，一般使用汽车做运输工具。与干线运输的另一个区别是：配送运输的路线选择问题是一般干线运输所没有的，干线运输的干线是唯一的运输线，而配送运输由于配送客户多，一般城市交通路线又较复杂，如何组合成最佳路线，如何使配装和路线有效搭配等，是配送运输的特点，也是难度较大的工作。

（六）送达服务

将配好的货运输到客户还不算配送工作的结束，这是因为送达货和客户接货往往还会出现不协调，使配送前功尽弃。因此，要圆满地实现运到之货的移交，并有效地、方便地处理相关手续并完成结算，还应讲究卸货地点、卸货方式等。送达服务也是配送独具的特殊性。

（七）配送加工

配送加工，如图 3-13 所示，是按照配送客户的要求所进行的流通加工。在配送中，配送加工这一功能要素不具有普遍性，但往往是有重要作用的功能要素。这是因为通过配送加工，可以大大提高客户的满意程度。配送加工是流通加工的一种，但配送加工有它不同于流通加工的特点，即配送加工一般只取决于客户要求，其加工的目的较为单一。

图 3-13　蔬菜清洗配送加工

**想一想**　配送的要素有哪些？如何理解？

## 三、配送中心

（一）配送中心定义

中华人民共和国国家标准《物流术语》（GB/T18354—2006）中将配送中心（distribution centre）定义为："从事配送业务且具有完善信息网络的场所或组织。应基本符合下列要求：（1）主要为特定用户或末端客户提供服务；（2）配送功能健全；（3）辐射范围小；（4）提供高频率、小批量、多批次配送服务。"物流配送中心样式如图 3-14 所示。

图3-14 物流配送中心

现代化大型物流
配送中心：小包装
多品种操作演示

> **知识拓展**
>
> 观看视频《现代化大型物流配送中心：小包装多品种操作演示》。

（二）配送中心的类型

**1. 按配送中心的内部特性分**

（1）储存型配送中心。

储存型配送中心是具有很强储存功能的配送中心。一般来讲，在买方市场下，企业成品销售需要有较大库存支持，其配送中心一般有较强储存功能；在卖方市场下，企业原材料、零部件供应需要有较大库存支持，这种供应配送中心也有较强的储存功能。此外，大范围配送的配送中心，需要有较大库存，也可能是储存型配送中心。我国现今拟建的一些配送中心，都采用集中库存形式，库存量较大，多为储存型。

（2）流通型配送中心。

流通型配送中心基本上没有长期储存功能，是仅以暂存或随进随出方式进行配货、送货的配送中心。这种配送中心的典型方式是，大量货物整进并按一定批量零出，采用大型分货机，进货时直接进入分货机传送带，分送到各用户货位或直接分送到配送汽车上，货物在配送中心里仅做少许停滞。例如，日本的阪神配送中心，中心内只能暂存物品，大量储存则依靠一个大型补给仓库。

（3）加工配送中心。

这种配送中心是指具有加工职能，可以根据用户的需要或者市场竞争的需要，对配送货物进行加工之后再进行配送的配送中心。在这种配送中心内，有分装、包装、初级加工、集中下料、组装产品等加工活动。

世界著名连锁企业肯德基和麦当劳的配送中心，就是属于这种类型的配送中心。

**2. 按配送中心承担的流通职能分**

（1）供应配送中心。

这种配送中心执行供应的职能,是专门为某个或某些用户(例如连锁店、联合公司)组织供应的配送中心。例如,为大型连锁超市供应的配送中心;代替零件加工厂送货的零件配送中心,供应型配送中心的主要特点是,配送的用户有限并且稳定,用户的配送要求范围也比较确定,属于企业型用户。因此,配送中心集中库存的品种比较固定,配送中心的进货渠道也比较稳固,同时,可以采用效率比较高的分货式工艺。

(2)销售配送中心。

这种配送中心执行销售的职能,是以销售经营为目的,以配送为手段的配送中心。销售配送中心大体有三种类型:一种是生产企业将自己生产的产品直接销售给消费者的配送中心,在国外,这种类型的配送中心很多;另一种是流通企业作为本身经营的一种方式,建立配送中心以扩大销售,我国现今拟建的配送中心大多属于这种类型,国外的例证也很多;第三种是流通企业和生产企业联合建立的销售型配送中心。这种配送中心类似于国外的公用型配送中心。

### 3. 按照配送区域范围

(1)城市配送中心。

城市配送中心是以城市范围为配送范围的配送中心。由于城市范围一般处于汽车运输的经济里程,这种配送中心可直接配送到最终用户,且采用汽车进行配送。所以,这种配送中心往往和零售经营相结合,由于运距短,反应能力强,从事多品种、少批量、多用户的配送较有优势。我国已建的"北京食品配送中心"也属于这种类型。

(2)区域配送中心。

区域配送中心是以较强的辐射能力和库存准备,向省(市)际、全国乃至国际范围的用户配送的配送中心。这种配送中心配送规模较大,一般而言,用户也较大,配送批量也较大,而且,往往是配送给下一级的城市配送中心,也配送给营业所、商店、批发商和企业用户,虽然也从事零星的配送,但不是主体形式。这种类型的配送中心在国外十分普遍。

**知识拓展**

**降低配送成本的五种策略**

对配送的管理就是在一定的配送成本下尽量提高顾客服务水平,或在一定的顾客服务水平下使配送成本最小。下面着重介绍在一定的顾客服务水平下使配送成本最小的五种策略。

(1)混合策略。混合策略是指配送业务一部分由企业自身完成,其余外包给第三方物流完成。这种策略的基本思想是,尽管采用纯策略(即配送活动要么全部由企业自身完成,要么完全外包给第三方物流完成)易形成一定的规模经济,并使管理简化,但由于产品品种多变、规格不一、销量不等等情况,采用纯策略的配送方式超出一定程度不仅不能取得规模效益,反而还会造成规模不经济。而采用混合策略,合理安排企业自身完成的配送和外包给第三方物流完成的配送,能使配送成本最低。

(2)差异化策略。差异化策略的指导思想是:产品特征不同,顾客服务水平也不同。当企业拥有多种产品线时,不能对所有产品都按同一标准的顾客服务水平来配送,而应按产品的特点、销售水平,来设置不同的库存、不同的运输方式以及不同的储存地点,忽视产品的差异性会增加不必要的配送成本。

（3）合并策略。合并策略包含两个层次：一个是配送方法上的合并；另一个则是共同配送。企业在安排车辆完成配送任务时，充分利用车辆的容积和载重量，做到满载满装，是降低成本的重要途径。由于产品品种繁多，不仅包装形态、储运性能不一，在容重方面，也往往相差甚远。一车上如果只装容重大的货物，往往是达到了载重量，但容积空余很多；只装容重小的货物则相反，看起来车装得满，实际上并未达到车辆载重量。这两种情况实际上都造成了浪费。实行合理的轻重配装、容积大小不同的货物搭配装车，就可以不但在载重方面达到满载，而且也充分利用车辆的有效容积，取得最优效果。

（4）延迟策略。传统的配送计划安排中，大多数的库存是按照对未来市场需求的预测量设置的，这样就存在着预测风险，当预测量与实际需求量不符时，就出现库存过多或过少的情况，从而增加配送成本。延迟策略的基本思想就是对产品的外观、形状及其生产、组装、配送应尽可能推迟到接到顾客订单后再确定。一旦接到订单就要快速反应，因此采用延迟策略的一个基本前提是信息传递要非常快。

（5）标准化策略。标准化策略就是尽量减少因品种多变而导致附加配送成本，尽可能多地采用标准零部件、模块化产品。如服装制造商按统一规格生产服装，直到顾客购买时才按顾客的身材调整尺寸大小。采用标准化策略要求厂家从产品设计开始就要站在消费者的立场去考虑怎样节省配送成本，而不要等到产品定型生产出来了才考虑采用什么技巧降低配送成本。

### 4. 按配送中心配送货物的种类分

按配送中心配送货物的种类分，可以将配送中心分为食品配送中心、日用品配送中心、医药品配送中心、化妆品配送中心、家用电器配送中心、电子（3C）产品配送中心、书籍产品配送中心、服饰产品配送中心、汽车零件配送中心以及生鲜处理中心等。

### 5. 按照配送中心的专业程度分

（1）专业配送中心。

专业配送中心有两个含义：一是配送对象、配送技术是属于某一专业范畴，在某一专业范畴有一定的综合性。例如多数制造业的销售配送中心，我国现今在石家庄、上海等地建的配送中心大多采用这一形式。二是以配送为专业化职能。

（2）柔性配送中心。

在某种程度上和第一种专业配送中心对立的配送中心，这种配送中心不向固定化、专业化方向发展，而向能随时变化，对用户要求有很强适应性，不固定供需关系，不断向发展配送用户和改变配送用户的方向发展。

（3）特殊配送中心。

特殊配送中心是指某类配送中心进行配送作业时所经过的程序是特殊的，它不设存储库（或存储工序）的配送工艺流程和分货型配送中心。

**想一想**　配送中心还可以根据哪些标准进行分类？试举例说明。

## 任务四　认知装卸搬运

**云南双鹤医药的装卸搬运**

云南双鹤医药有限公司是西南地区经营药品品种较多、较全的医药专业公司。

虽然云南双鹤已形成规模化的产品生产和网络化的市场销售,但其产品流通过程中物流管理严重滞后,成为公司业务发展的"瓶颈"。

其中,在药品的装卸搬运活动方面问题尤其突出,主要表现为:搬运设备的现代化程度低,只有几个小型货架和手推车,大多数作业仍处于人工作业为主的原始状态,工作效率低,且易损坏物品;仓库设计不合理,造成长距离的搬运;库内作业流程混乱,形成重复搬运,大约有70%的无效搬运,这种过多的搬运次数,损坏了商品,也浪费了时间。

**案例思考**

1. 结合案例,以物流管理角度分析说明云南双鹤医药有限公司业务发展的"瓶颈"。
2. 面对云南双鹤医药有限的物流管理现状,你能提出哪些改进措施?

### 一、装卸搬运的概念和特点

**(一)装卸搬运的概念**

中华人民共和国国家标准《物流术语》(GB/T18354—2006)中对装卸(loading and unloading)的定义是:"物品在指定地点以人力或机械装入运输设备或卸下。"搬运(handing/carring)是:"在同一场所内,对物品进行水平移动为主的物流作业。"

在习惯使用中,物流领域(如铁路运输)常将装卸搬运这一整体活动称做"货物装卸";在生产领域中常将这一整体活动称做"物料搬运"。实际上,活动内容都是一样的,只是领域不同而已。

在实际操作中,装卸与搬运是密不可分的。因此,在物流科学中并不过分强调两者差别而是作为一种活动来对待。

**(二)装卸搬运活动的作用**

装卸搬运活动作业量大,方式复杂,作业不均衡,对安全性的要求高。但它是物流活动中不可缺少的环节,对物流发展和增加效益意义重大。

装卸搬运在物流活动中起着承上启下的作用。物流的各环节都必须进行装卸搬运作业,正是装卸活动把物流各个阶段连接起来,使之成为连续的流动的过程。在生产企业物流

79

中,装卸搬运成为各生产工序间连接的纽带,它是从原材料、设备等装卸搬运开始到产品装卸搬运为止的连续作业过程。

装卸搬运在物流成本中占有重要地位。在物流活动中,装卸活动是不断出现和反复进行的,它出现的频率高于其他物流活动,而且每次装卸活动都要花费很长时间,所以往往成为决定物流速度的关键。装卸活动所消耗的人力活动也很多,所以装卸费用在物流成本中所占的比重也较高。降低物流费用,装卸是个重要环节。

此外,进行装卸操作时往往需要接触货物,因此,这是在物流过程中造成货物破损、散失、损耗、混合等损失的主要环节。例如,袋装水泥纸袋破损和水泥散失主要发生在装卸过程中,玻璃、机械、器皿、煤炭等产品在装卸时最容易造成损失。

**知识拓展**

**"数"说装卸搬运**

(1)据我国统计,火车货运以500公里为分界点,运距超过500公里,运输在途时间多于起止的装卸时间;运距低于500公里,装卸时间则超过实际运输时间。

(2)美国与日本之间的远洋船运,一个往返需25天,其中运输时间13天,装卸时间12天。

(3)我国对生产物流的统计显示,机械加工企业每生产1吨成品,需进行252吨次的装卸搬运,其成本为加工成本的15.5%。

**想一想** 装卸搬运在物流活动中的重要作用有哪些?

(三)装卸搬运的特点

**1. 装卸搬运是附属性、伴生性的活动**

装卸搬运是物流每一项活动开始及结束时必然发生的活动,是物流其他操作时的附属性、伴生性的活动。例如,一般而言的"汽车运输",就实际包含了相随的装卸搬运,仓库中泛指的保管活动,也含有装卸搬运活动。

**2. 装卸搬运是支持、保障性活动**

装卸搬运的附属性不能理解成被动的,实际上,装卸搬运对其他物流活动有一定决定性。装卸搬运会影响其他物流活动的质量和速度,例如,装车不当,会引起运输过程中的损失;卸放不当,会引起货物转换成下一步运动的困难。许多物流活动在有效的装卸搬运支持下,才能实现高水平。

**3. 装卸搬运是衔接性的活动**

在任何其他物流活动互相过渡时,都是以装卸搬运来衔接,因而,装卸搬运往往成为整个物流的"瓶颈",是物流各功能之间能否形成有机联系和紧密衔接的关键,而这又是一个系统的关键。建立一个有效的物流系统,关键看这一衔接是否有效。比较先进的系统物流方式——联合运输方式就是着力解决这种衔接而实现的。

## 二、装卸搬运的分类

### （一）按装卸搬运的场所或运载工具分类

以此可分为仓库装卸、铁路装卸、港口装卸、汽车装卸等。

（1）仓库装卸，主要配合出库、入库、维护保养等活动进行，并且以堆垛、上架、取货等操作为主。

（2）铁路装卸，如图 3-15 所示，是对火车车皮的装进及卸出，特点是一次作业就实现一车皮的装进或卸出，很少有像仓库装卸时出现的整装零卸或零装整卸的情况。

（3）港口装卸，如图 3-16 所示，包括码头前沿的装船，也包括后方的支持性装卸运，有的港口装卸还采用小船在码头与大船之间"过驳"的办法，因而其装卸的流程较为复杂，往往经过几次的装卸及搬运作业才能最后实现船与陆地之间货物过渡的目的。

图 3-15 铁路装卸

图 3-16 港口装卸

（4）汽车装卸，如图 3-17 所示，一般一次装卸批量不大。由于汽车的灵活性，可以少或完全减去搬运活动，而直接、单纯利用装卸作业达到车与物流设施之间货物过渡的目的。

图 3-17 汽车装卸

## (二)按装卸搬运的机械及机械作业方式分类

以此可分成使用吊车的"吊上吊下"方式,使用叉车的"叉上叉下"方式,使用半挂车或叉车的"滚上滚下"方式,"移上移下"方式及散装方式等。

(1)"吊上吊下"方式,如图3-18所示,采用各种起重机械从货物上部起吊,依靠起吊装置的垂直移动实现装卸,并在吊车运行的范围内或回转的范围内实现搬运或依靠搬运车辆实现小搬运。由于吊起及放下属于垂直运动,这种装卸方式属垂直装卸。

(2)"叉上叉下"方式,如图3-19所示,采用叉车从货物底部托起货物,并依靠叉车的运动进行货物位移,搬运完全靠叉车本身,货物可不经中途落地直接放置到目的处。这种方式垂直运动不大而主要是水平运动,属水平装卸方式。

图3-18 吊上吊下方式

图3-19 叉上叉下方式

(3)"滚上滚下"方式,如图3-20所示,主要指港口装卸中的一种水平装卸方式,是利用叉车或半挂车、汽车承载货物,连同车辆一起开上船,到达目的地后再从船上开下。利用叉车的滚上滚下方式,在船上卸货后,叉车必须离船;利用半挂车、平车或汽车,则拖车将半挂车、平车拖拉至船上后,拖车开下离船而载货车辆连同货物一起运到目的地,再原车开下或拖车上船拖拉半挂车、平车开下。

滚上滚下方式需要有专门的船舶,对码头也有不同要求,这种专门的船舶称"滚装船"。

(4)"移上移下"方式,如图3-21所示,是在两车之间(如火车及汽车)进行靠接,然后利用各种方式,不使货物垂直运动,而靠水平移动从一个车辆上推移到另一车辆上。这种方式需要使两种车辆水平靠接,因此,对站台或车辆货台需进行改变,并配合移动工具实现这种装卸。

| 图 3-20 滚上滚下方式 | 图 3-21 移上移下方式 |

（三）按被装物的主要运动形式分类

以此可分为垂直装卸、水平装卸两种形式，如图 3-23 所示。

图 3-22 垂直装卸　　　　　图 3-23 水平装卸

（四）按装卸搬运对象分类

以此可分成：散装货物装卸，如图 3-24 所示；单件货物装卸，如图 3-25 所示；集装货物装卸，如图 3-26 所示。

图 3-24　散装货物装卸

图 3-25　单件货物装卸

图 3-26　集装货物装卸

图 3-27　连续装卸

### (五) 按装卸搬运的作业特点分类

图 3-28　间歇装卸

以此可分成连续装卸和间歇装卸两类。连续装卸,如图 3-27 所示,主要是同种大批量散装或小件杂货通过连续输送机械,连续不断地进行作业,中间无停顿,货间无间隔。在装卸量较大、装卸对象固定、货物对象不易形成大包装的情况下适用采取这一方式。

间歇装卸,如图 3-28 所示,有较强的机动性,装卸地点可在较大范围内变动,主要适用于货流不固定的各种货物,尤其适合包装货物、大件货物。如果配以抓斗、集装袋等辅助工具,也可以对散状的物品进行装卸搬运。

> **想一想**　在我们的日常生活中,有哪些装卸搬运活动?装卸搬运在物流活动中有什么作用?

### 三、装卸搬运合理化

装卸搬运合理化是指以尽可能少的人力和物力消耗,高质量、高效率地完成仓库的装卸搬运任务,保证供应任务的完成。装卸搬运合理化,是针对装卸不合理而言。合理与不合理是相对的,由于各方面客观条件的限制,不可能达到绝对合理。装卸搬运合理化的措施有以下几方面:

(一)防止和消除无效作业

所谓无效作业是指在装卸作业活动中超出必要的装卸、搬运量的作业。显然,防止和消除无效作业对装卸作业的经济效益有重要作用。为了有效地防止和消除无效作业,可从以下几个方面入手:

(1)尽量减少装卸次数。要使装卸次数降低到最小,要避免没有物流效果的装卸作业。

(2)提高被装卸物料的纯度。物料的纯度,指物料中含有水分、杂质与物料本身使用无关的物质的多少。物料的纯度越高则装卸作业的有效程度越高;反之,则无效作业就会增多。

(3)包装要适宜。包装是物流中不可缺少的辅助作业手段。包装的轻型化、简单化、实用化会不同程度地减少作用于包装上的无效劳动。

(4)缩短搬运作业的距离。物料在装卸、搬运当中,要实现水平和垂直两个方向的位移,选择最短的路线完成这一活动,就可避免超越这一最短路线以上的无效劳动。

(二)提高装卸搬运的灵活性

所谓装卸、搬运的灵活性是指对装卸作业中的物料进行装卸作业的难易程度。所以,在堆放货物时,事先要考虑到物料装卸作业的方便性。

### 知识拓展

根据物料所处的状态,即物料装卸、搬运的难易程度,可将装卸搬运的灵活性分为不同的级别。

0 级——物料杂乱地堆在地面上的状态。

1 级——物料装箱或经捆扎后的状态。

2 级——箱子或被捆扎后的物料,下面放有枕木或其他衬垫后,便于叉车或其他机械作业的状态。

3 级——物料被放于台车上或用起重机吊钩钩住,即刻移动的状态。

4 级——被装卸搬运的物料,已经被起动、直接作业的状态。

从理论上讲,活性指数越高越好,但也必须考虑到实施的可能性。装卸搬运的活性分析,除了上述指数分析法外,还可采用活性分析图法。分析图法是将某一物流过程通过图示来表示出装卸搬运活性程度,薄弱环节容易被发现和改进。

(三)合理组织装卸搬运设备,提高装卸搬运作业的机械化水平

装卸搬运设备的合理组织是以完成装卸任务为目的,并以提高装卸设备的生产率、装卸质量和降低装卸搬运作业成本为中心的技术组织活动。它包括下列内容:

(1)确定装卸任务量。根据物流计划、经济合同、装卸作业不均衡程度、装卸次数、装/卸车时限等,来确定作业现场年度、季度、月、旬、日平均装卸任务量。装卸任务量有事先确

定的因素,也有临时变动的可能。因此,要合理地运用装卸设备,就必须把计划任务量与实际装卸作业量两者之间的差距缩小到最低水平。同时,装卸作业组织工作还要把装卸作业的物资对象的品种、数量、规格、质量指标以及搬运距离尽可能地做出详细的规划。

(2)根据装卸任务和装卸设备的生产率,确定装卸搬运设备需用的台数和技术特征。

(3)根据装卸任务、装卸设备生产率和需用台数,编制装卸作业进度计划。它通常包括装卸搬运设备的作业时间表、作业顺序、负荷情况等详细内容。

(4)下达装卸搬运进度计划,安排劳动力和作业班次。

(5)统计和分析装卸作业成果,评价装卸搬运作业的经济效益。

随着生产力的发展,装卸搬运的机械化程度定将不断提高。此外,由于装卸搬运的机械化能把工人从繁重的体力劳动中解放出来,尤其对于危险品的装卸作业,机械化能保证人和货物的安全,也是装卸搬运机械化程度不断得以提高的优势。

(四)推广组合化装卸搬运

在装卸搬运作业过程中,根据不同物料的种类、性质、形状、重量的不同来确定不同的装卸作业方式。处理物料装卸搬运的方法有三种形式:将普通包装的物料逐个进行装卸,叫做"分块处理";将颗料状物资不加小包装而原样装卸,叫做"散装处理";将物料以托盘、集装箱、集装袋为单位进行组合后进行装卸,叫做"集装处理"。对于包装的物料,尽可能进行"集装处理",实现单元化装卸搬运,可以充分利用机械进行操作。组合化装卸具有很多优点:

(1)装卸单位大、作业效率高,可大量节约装卸作业时间。

(2)能提高物料装卸搬运的灵活性。

(3)操作单元大小一致,易于实现标准化。

(4)不用手去触及各种物料,可达到保护物料的效果。

**想一想** 广州某快运公司的总经理曾谈起这样一件案例:从香港报关进口的一件大木箱,内装精密设备,要求运输途中不能倾倒。当木箱运至客户手中时,货主认为货物肯定已经倾斜了,因为木箱外包装上的标识变成红色——原来该货物倾斜45度时,外包装的标识就会变红。因此,引进装卸技术,提高装卸人员素质,规范装卸作业标准等都会相应的促进物流的合理化。通过此案例请你思考如何实现装卸搬运的合理化呢?

**知识拓展**

### 合理地规划装卸搬运方式和装卸搬运作业过程

装卸搬运作业过程是指对整个装卸作业的连续性进行合理的安排,以减少运距和装卸次数。

装卸搬运作业现场的平面布置是直接关系到装卸、搬运距离的关键因素,装卸搬运机械要与货场长度、货位面积等互相协调。要有足够的场地集结货场,并满足装卸搬运机械工作面的要求,场内的道路布置要为装卸搬运创造良好的条件,有利于加速货位的周转。使装卸搬运距离达到最小平面布置是减少装卸搬运距离的最理想的方法。

提高装卸搬运作业的连续性应做到：作业现场装卸搬运机械合理衔接；不同的装卸搬运作业在相互联结使用时，力求使它们的装卸搬运速率相等或接近；充分发挥装卸搬运调度人员的作用，一旦发生装卸搬运作业障碍或停滞状态，立即采取有力的措施补救。

## 任务五　熟知物流包装和流通加工

### 案例导入

**UPS、Fedex 的包装测试实验室**

UPS 和 FedEx 等物流公司都有自己的包装测试实验室。他们的包装工程师采用标准的测试方法来决定托运人的产品是否能够承受运输中的种种困难，例如震动或者防水等。FedEx 在美国雇佣了 50 多名包装工程师，UPS 在美国和加拿大拥有 4 个包装测试实验室。对承运人来说，参与包装技术改革意义重大。通过帮助托运人改进包装，承运人可以减少货物的丢失率和索赔的费用，当包装尺寸改变时，他们也能因体积缩小而在运输的空间利用率上获利。

### 案例思考

你认为物流企业为何如此重视物流包装？物流包装有何重要作用？

### 知识链接

#### 一、包装的概述

（一）包装的概念

中华人民共和国国家标准《物流术语》（GB/T18354—2006）中对包装的定义是："为在流通过程中保护商品、方便运输、促进销售，按照一定技术方法而采用的容器、材料和辅助物等的总体名称。也指为了达到上述目的而采用容器、材料和辅助物的过程中施加一定技术方法等的操作活动。"这一定义除了说明包装是一种技术和方法外，进一步强调了包装在商品流通中的作用，明确指出包装是一个过程，它可以使商品处于稳定的状态，使商品在运输、保管、装卸搬运时保持完好无损并便于销售。

（二）包装的基本功能

**1. 包装的货物保护功能**

包装的货物保护功能主要包括：

（1）防止商品破损变质。要求包装能承受在装卸、运输、保管过程中各种力的作用。

(2)防止商品发生化学变化。要求包装能在一定程度上起到阻隔水分、溶液、潮气、光线、空气中酸性气体的作用。

(3)防止腐朽、霉变、鼠咬虫食。要求包装有阻隔霉菌、虫、鼠侵入的能力,形成对生物的防护作用。

(4)包装还有防止异物混入、污物污染,防止丢失、散失的作用。

### 2. 包装的效率提高功能

所有物流系统的作业都受包装效果的影响。物流生产率是指物流活动的产出与投入之比,几乎所有的物流活动的生产率都能用包装所组成的货物单元来描述。按照商品外型和标准订单数量来包装商品有助于提高物流活动的生产率。

### 3. 包装的信息传递功能

最明显的信息传递作用是识别包装的物品。信息通常包括制造厂、商品名称、容器类型、个数、通用的商品代码等数字。在收货入库、拣选和出运查验过程中,箱上的信息用来识别商品。信息易识别是主要要求,同时操作人员应能从各个方向,在合适的距离看到标签。物流包装能在收货、储存、取货、出运的各个过程中跟踪商品。价格低廉的扫描设备和代码的标准化提高了跟踪能力和效率。另外,物流包装还提供了有关装卸和防止货损的说明书,书为专门的商品装卸提出容器、温度限制、堆垛要求、潜在的环境要求等。

### 4. 包装的促进销售功能

产品包装具有识别和促销的作用。显而易见,包装能起到广告宣传的效果。良好的包装,往往能为广大消费者或用户所瞩目,从而激发其购买欲望,成为产品推销的一种主要工具和有力的竞争手段。产品包装后,可与同类竞争产品相区别。精美的包装,不易被仿制假冒、伪造,有利于保持企业的信誉。另外,通过改进包装,可以使旧产品给人带来一种新的印象。由此可见,包装能够有效地帮助产品上市行销,维持或扩大市场占有率。

**想一想** 某民营企业在1998年收购一家生产酱醋调味食品的乡镇集体企业后,组织了对经营性亏损原因的排查,其结果显示,包装管理列在市场营销管理之后,成为亏损的第二大原因。表现为:一是包装成本高。原企业酱醋年产量200万瓶,包装成本高达318万元,平均每瓶包装成本达1.59元,企业全年包装成本约占总销售的45%。二是包装价值低。由于包装装潢设计效果差,包装材质差,导致高质量产品只能低价销售且缺乏竞争力。三是缺乏包装管理。企业没有专人负责包装,把采购包装看成肥缺,轮流坐庄,导致包装采购成本高,在使用包装时没有责任和责任制度,包装损坏现象普遍。

如果你是这家企业的管理人员,你将如何降低企业成本?

## 二、包装的类型

### (一)按包装在流通中作用分类

#### 1. 商业包装

商业包装是指以促进销售为主要目的的包装,这种包装的特点是外形美观,有必要的装潢,包装单位适于顾客的购买量以及商店陈设的要求。

#### 2. 运输包装

运输包装是指强化输送、保护产品为主要目的的包装。运输包装的重要特点,是在满足物流要求的基础上使包装费用越低越好。为此,必须在包装费用和运输中的损失两者之间寻找最优的效果。为了降低包装费,包装的防护性也往往随之降低,商品的流通损失就必然增加,这样就会降低经济效果。

相反,如果加强包装,商品的流通损失就会降低,而包装费用就必然增加。如果完全不允许存在流通损失,就必然存在所谓的"过剩包装",物流及包装费用必然会大大增加,由此带来的支出的增加会大于不存在过剩包装时必然的损失。因此,对于普通商品,包装程度应当适中,才会有最优的经济效果。

（二）按包装适用的广泛性分类

**1. 专用包装**

专用包装是指根据被包装物特点进行专门设计、专门制造、只适用于某种专门产品的包装。

**2. 通用包装**

通用包装是指不进行专门设计制造,而根据标准系列尺寸制造的用以包装各种标准尺寸的产品包装。

（三）按包装容器分类

（1）按包装容器的抗变形能力分为硬包装和软包装两类。硬包装又称刚性包装,包装体有固定形状和一定强度；软包装又称柔性包装,包装体可有一定程度变形,且有弹性。

（2）按包装容器形状分为包装袋、包装箱、包装盒、包装瓶、包装罐等。

（3）按包装容器结构形式分为固定式包装和拆卸折叠式包装两类。固定式包装尺寸、外形固定不变,可拆卸折叠式包装通过折叠拆卸在不需包装时缩减容积以利于管理及返运。

（4）按包装容器使用次数分为一次性包装和多次周转包装两类。

（四）按包装技术分类

（1）按包装层次及防护要求分为个装、内装、外装三类。

（2）按包装的保护技术分为防潮包装、防锈包装、防虫蚀包装、防腐包装、防震包装、危险品包装等。

**知识拓展**

观看视频《产品包装》。

产品包装

### 三、包装材料

用于物流包装的材料很多,从传统的纤维纸板到最新的记忆性塑料带,可谓应有尽有。按不同用途,包装材料可分为以下几类：(1) 容器材料,用于制作箱子、瓶子、罐子,有纸制品、塑料、木料、玻璃、陶瓷、各类金属等；内包装材料,用于隔断物品和防震,有纸制品、泡沫塑料、防震用毛等；包装用辅助材料,如各类接合剂、捆绑用细绳（带）等。下面仅介绍几种常见包装材料。

## (一) 木质包装

木材是最传统的包装材料,至今仍有较广的使用。木材较多地用于制作木桶、木箱和胶合板箱三类容器。木材的另一个用途是制作托盘。如图3-29所示。

图3-29 木质包装

### 知识拓展

**美国对木质包装材料要求**

美国海关边境保护局2006年7月5日全面执行于2005年9月16日生效的木质材料包装规例,所有以有关木质材料为包装(包括装货托板、装货箱、盒子、货垫、木块、垫木等)的货品均受影响(豁免除外)。处理及标记规定:国际货物所使用的木质包装材料必须经过加热处理,最低木心温度为摄氏56度,最少需处理30分钟,或以甲基溴进行熏蒸约16小时。此外,木质包装材料必须加上国际植物保护公约标记,以及国际标准化组织ISO的双字母国家编码,显示处理木质包装材料的国家。标记又必须包括由国家植物保护机构向负责公司分配的独有号码,确保木质包装材料已经适当处理。

## (二) 纸制包装

纸的品种是很多的,有专用包装纸,一般指牛皮纸,用途多半为制成纸袋。纸袋为3~6层的多层叠合构造。如果需要,还可以作防潮处理,把牛皮纸和塑料薄膜制成复合多层构造。大型纸袋通常用于水泥、肥料、谷物等粉粒状货物的包装。牛皮纸的强度与每平方米纸张的重量有关,一般有四种规格:75g、78g、81g、84g。它的特性项目包括抗拉强度、抗裂强度、伸长率、耐水率等,均有国家标准。

纸板是指用牛皮纸浆、化学纸浆、旧纸浆等为原料制成的厚纸板的总称。根据不同用途可分为:瓦楞原纸、白板纸、黄板纸等,其中瓦楞原纸的用途最广泛,产量也最大。

瓦楞原纸分为中芯原纸和内衬原纸,前者用于制造瓦楞波形部分,后者贴在外侧,两者粘合制成瓦楞纸板。瓦楞波形有波高和波数两个参数,波高用毫米计量,一般在2.5~5mm左右,波数用30cm宽度内的波的数量计量,一般有36~50波左右,不同参数组合有不同强度,分成A、B、C、D四种槽形。根据不同用途和方式可制成不同层数的瓦楞纸板,一般有单面瓦楞纸板、双面瓦楞纸板、两层双面瓦楞纸板和三层双面瓦楞纸板。

图3-30 纸质包装

### (三) 塑料包装

塑料在包装中被广泛使用,如图 3-31 所示,可用于单个包装、内包装、外包装,用于运输包装时可制成各种塑料容器。聚乙烯塑料袋是最常见的包装物,以替代 20~30kg 包装用纸袋。聚乙烯和聚丙烯塑料编织袋(俗称蛇皮袋),以替代包装用麻袋。

图 3-31　塑料包装

在箱袋结合的运输包装中,将塑料制成各种盛液体的容器,以替代玻璃瓶、金属罐、木桶等,再把塑料容器放入瓦楞纸箱内。

成型容器(塑料罐、箱)也是塑料包装的重要领域,受价格和成型难易影响,多数用聚乙烯材料制成,国家在容量、尺寸、强度等方面都有规定。另外,用于替代木箱的运输用塑料箱也有大量使用,一般用在食品、饮料等物品的运输包装方面。

图 3-32　金属包装

### (四) 金属包装

用作包装的金属容器有罐和桶,用镀锌铁板制成,如图 3-32 所示。罐有方形和圆形两种,主要用于食品、药品、石油类、涂料类及油脂类物品包装;桶主要用于以石油为主的非腐蚀性半流体、粉末体、固体等物品的包装,容量为 20~200L。

**想一想**　请你为下列物品的运输选择包装方法:

1. 平板玻璃;
2. 钢材;
3. 电脑。

**知识拓展**

1. 草制包装材料。这是一种较落后的包装材料。用一些天然生的草类植物,编制成草席、蒲包、草袋等包装材料。其防水、防潮能力较差,强度也很低,已逐渐被淘汰。

2. 纤维包装材料。指用各种纤维制作的袋状容器。天然生的纤维有黄麻、红麻、大麻、青麻、罗布麻、棉花等。经工业加工的有合成树脂、玻璃纤维等。

3. 陶瓷与玻璃包装材料。此类包装材料的优点是耐风化、不变形、耐热、耐酸、耐磨等,尤其适合各种液体货物的包装。可回收复用,有利于包装成本的降低,易洗刷、消毒、灭菌。缺点是易碎。

4. 复合包装材料。复合材料就是将两种以上具有不同性质的材料复合在一起，以改进单一包装材料的性能。应用最广泛的合成材料是与玻璃纸复合、塑与塑、金属箔与塑料；金属箔和塑料及玻璃纸复合；纸与塑料复合等。

5. 绿色包装。也称环保包装，指包装节省资源，用后可回收利用，焚烧时无毒害气体，填埋时少占耕地并能生物降解和分解的包装。国外有人形象地把绿色包装归纳为"4R"，即：① Reduce，减少包装材料消耗量；② Refill，大型容器可再次填充使用；③ Recycle，可循环使用；④ Recovery，可回收使用。

### 四、流通加工概述

（一）流通加工的定义

中华人民共和国国家标准《物流术语》（GB/T18354—2006）中对流通加工的定义是："物品在从生产地到使用地的过程中，根据需要施加包装、分割、计量、分拣、刷标志、拴标签、组装等简单作业的总称。"

图 3-33　常见的流通加工形式

（二）流通加工的作用

**1. 提高原材料利用率**

通过流通加工进行集中下料，可以优材优用、小材大用、合理套裁，明显地提高原材料的利用率，有很好的技术经济效果。例如将钢板进行剪板、切裁；木材加工成各种长度及大小的板、方等。

**2. 方便用户**

用量小或满足临时需要的用户，不具备进行高效率初级加工的能力，通过流通加工可以使用户省去进行初级加工的投资、设备、人力，方便了用户。目前发展较快的初级加工有：将水泥加工成生混凝土、将原木或板、方材加工成门窗、钢板预处理、整形等加工。

**3. 加工效率及设备利用率**

在分散加工的情况下，加工设备由于生产周期和生产节奏的限制，设备利用时松时紧，使得加工过程不均衡,设备加工能力不能得到充分发挥。而流通加工面向全社会,加工数量大,加工范围广,加工任务多。这样可以通过建立集中加工点,采用一些效率高、技术先进、加工量大的专门机具和设备,一方面提高了加工效率和加工质量,另一方面还提高了设备利用率。

**知识拓展**

> 阿迪达斯公司在美国有一家超级市场,设立了组合式鞋店,摆放着不是做好了的鞋,而是做鞋用的半成品。这批半成品款式花色多样,有6种鞋跟、8种鞋底,均为塑料制造,鞋面的颜色以黑、白为主,搭带的颜色有80种,款式有百余种,顾客进来可任意挑选自己所喜欢的各个部位,交给职员当场进行组合,只要10分钟,一双崭新的鞋便唾手可得。这家鞋店昼夜营业,职员技术熟练,鞋子的售价与成批制造的价格差不多,有的还稍便宜些,所以顾客络绎不绝,销售金额比邻近的鞋店多达数倍。

### (三) 流通加工在物流中的地位

#### 1. 有效地完善了流通

流通加工在实现时间效用和场所效用这两个重要功能方面,确实不能与运输和保管相比,因而,流通加工不是物流的主要功能要素。另外,流通加工的普遍性也不能与运输、保管相比,流通加工不是对所有物流活动都是必需的。但这绝不是说流通加工不重要,实际上它也是不可轻视的,它具有补充、完善、提高与增强的作用,能起到运输、保管等其他功能要素无法起到的作用。流通加工的地位可以描述为:提高物流水平,促进流通向现代化发展。

#### 2. 它是物流的重要利润来源

流通加工是一种低投入、高产出的加工方式,往往以简单加工解决大问题。实践中,有的流通加工通过改变商品包装,使商品档次升级而充分实现其价值;有的流通加工可将产品利用率大幅提高30%,甚至更多。实践证明,流通加工提供的利润并不亚于从运输和保管中挖掘的利润,因此我们说流通加工是物流业的重要利润来源。

#### 3. 它是重要的加工形式

流通加工在整个国民经济的组织和运行方面是一种重要的加工形式,对推动国民经济的发展、完善国民经济的产业结构具有一定的意义。

## 五、常见的流通加工形式

### (一) 为适应多样化需要而进行的流通加工形式

生产部门为了实现高效率、大批量的生产,其产品往往不能完全满足用户的要求。这样,为了满足用户对产品多样化的需要,同时又要保证高效率的大生产,可将生产出来的单一化、标准化的产品进行多样化的改制加工。例如,对钢材卷板的舒展、剪切加工;平板玻璃按需要规格的开片加工;木材改制成枕木、板材、方材等加工。

### (二) 为方便消费、省力而进行的流通加工形式

根据下游生产的需要将商品加工成生产直接可用的状态。例如,根据需要将钢材定尺、定型,按要求下料;将木材制成可直接投入使用的各种型材;将水泥制成混凝土拌合料,使用时只需稍加搅拌即可使用等。

### (三)为保护产品而进行的流通加工形式

在物流过程中,为了保护商品的使用价值,延长商品在生产和使用期间的寿命,防止商品在运输、储存、装卸搬运、包装等过程中遭受损失,可以采取稳固、改装、保鲜、冷冻、涂油等方式。例如,水产品、肉类、蛋类的保鲜保质的冷冻藏加工、防腐加工等;丝、麻、棉织品的防虫、防霉加工等。还有,木材的防腐朽、防干裂加工;煤炭的防高温自燃加工;水泥的防潮、防湿加工等。

**知识拓展**

> 深海捕鱼时,轮船一出海至少一个月才能返回,为了防止海产品腐烂变味,也为了减少占用空间,渔民们在轮船上对鱼进行分选、挖膛等加工,这叫鱼的流通加工;钢卷在流通中心进行剪切、套裁、弯曲、压型等工序也是流通加工,叫钢材流通加工;水泥搅拌站将沙石、水泥和添加剂加以搅拌后,再运往工地浇注,也同样是流通加工,叫水泥流通加工;将砍下来的原木运到木材厂加工成板材、板坯或制成复合材料等也是流通加工,叫木材流通加工。

### (四)为弥补生产加工不足而进行的流通加工形式

由于受到各种因素的限制,许多产品在生产领域的加工只能到一定程度,而不能完全实现终极的加工。例如,木材如果在产地完成加工或制成木制品的话,就会给运输带来极大的困难,所以,在生产领域只能加工到圆木、板、方材这个程度,进一步的下料、切裁、处理等加工则由流通加工完成;钢铁厂大规模的生产只能按规格生产,以使产品有较强的通用性,从而使生产能有较高的效率,取得较好的效益。

### (五)为促进销售而进行的流通加工形式

流通加工也可以起到促进销售的作用。比如,将过大包装或散装物分装成适合一次销售的小包装的分装加工;将以保护商品为主的运输包装改换成以促进销售为主的销售包装,以起到吸引消费者、促进销售的作用;将蔬菜、肉类洗净切块以满足消费者要求;等等。

### (六)为提高加工效率而进行的流通加工形式

许多生产企业的初级加工由于数量有限,加工效率不高。而流通加工以集中加工的形式,解决了单个企业加工效率不高的弊病。它以一家流通加工企业的集中加工代替了若干家生产企业的初级加工,促使生产水平有一定的提高。

### (七)为提高物流效率而进行的流通加工形式

有些商品本身的形态使之难以进行物流操作,而且商品在运输、装卸搬运过程中极易受损,因此需要进行适当的流通加工加以弥补,从而使物流各环节易于操作,提高物流效率,降低物流损失。例如,造纸用的木材磨成木屑的流通加工,可以极大提高运输工具的装载效率;自行车在消费地区的装配加工可以提高运输效率,降低损失;石油气的液化加工,使很难输送的气态物转变为容易输送的液态物,也可以提高物流效率。

### (八)为衔接不同运输方式而进行的流通加工形式

在干线运输和支线运输的结点设置流通加工环节,可以有效解决大批量、低成本、长距离的干线运输与多品种、少批量、多批次的末端运输和集货运输之间的衔接问题。在流通加工点与大生产企业间形成大批量、定点运输的渠道,以流通加工中心为核心,组织对多个用户的配送,也可以在流通加工点将运输包装转换为销售包装,从而有效衔接不同目的的运输方式。比如,散装水泥中转仓库把散装水泥装袋、将大规模散装水泥转化为小规模散装水泥的流通加工,就衔接了水泥厂大批量运输和工地小批量装运的需要。

(九)生产—流通一体化而进行的流通加工形式

依靠生产企业和流通企业的联合,或者生产企业涉足流通,或者流通企业涉足生产,形成的对生产与流通加工进行合理分工、合理规划、合理组织,统筹进行生产与流通加工的安排,这就是生产—流通一体化的流通加工形式。这种形式可以促成产品结构及产业结构的调整,充分发挥企业集团的经济技术优势,是目前流通加工领域的新形式。

(十)为实施配送而进行的流通加工形式

这种流通加工形式是配送中心为了实现配送活动,满足客户的需要而对物资进行的加工。例如,混凝土搅拌车可以根据客户的要求,把沙子、水泥、石子、水等各种不同材料按比例要求装入可旋转的罐中。在配送路途中,汽车边行驶边搅拌,到达施工现场后,混凝土已经均匀搅拌好,可以直接投入使用。

## 任务六 辨识物流信息

### GPS 在汶川地震中打开了生命线的通路

"5·12"的伤痛,需要几代人去平复,然而科技的发展让我们听到了人类向自然灾难宣战的号角,GPS 就是其中震天的一响。

"5·12"汶川大地震几乎对整个四川都造成了灾害,四川大部分运输企业和营运车辆都遭受了不同程度的损失,成都网络信息技术有限公司也受到地震的破坏,但工作人员不顾余震的危险坚守在工作岗位上,在公司服务的近 40 000 辆营运车辆中有四川的 800 余家企业的 16 000 辆车使用了其 GPS 系统,工作人员积极与行业管理部门、运输企业配合工作,对车辆进行实时定位、有效调度,协助救灾物资的精确发放。

正是由于该系统的有效使用,使不少企业在此次地震灾害中都能及时查找、从容调度车辆,及时投入抢险救灾,将灾害所带来的损失明显降低。

**案例思考**

1. 你认为信息技术在物流中有哪些作用?
2. 你认为物流信息技术将来的发展趋势是什么?

## 知识链接

### 一、物流信息

**（一）信息的概念**

所谓信息是指能够反映事物内涵的知识、资料、情报、图像、数据、文件、语言和声音等。信息是事物的内容、形式及其发展变化的反映。

**（二）物流信息的概念**

物流信息是反映物流各种活动内容的知识、资料、图像、数据和文件的总称。物流信息是在物流活动中生成的，它与物流过程中的运输、存储、装卸、包装等各种物流功能有机地结合在一起，推动整个物流活动顺利进行。

### 二、物流信息技术

**（一）物流信息技术定义**

物流信息技术（logistics information technology）是现代信息技术在物流各个作业环节中的综合应用，是现代物流区别传统物流的根本标志，也是物流技术中发展最快的领域，尤其是计算机网络技术的广泛应用使物流信息技术达到了较高的应用水平。物流信息技术的发展也改变了企业应用供应链管理获得竞争优势的方式，成功的企业通过应用信息技术来支持它的经营战略并选择它的经营业务。

**（二）物流信息技术的意义**

物流信息技术是物流现代化的重要标志，也是物流技术中发展最快的领域，从数据采集的条形码系统，到办公自动化系统中的微机、互联网，各种终端设备等硬件以及计算机软件都在日新月异地发展。同时，随着物流信息技术的不断发展，产生了一系列新的物流理念和新的物流经营方式，推进了物流的变革。在供应链管理方面，物流信息技术的发展也改变了企业应用供应链管理获得竞争优势的方式，企业通过应用信息技术来支持它的经营战略并选择它的经营业务，提高供应链活动的效率性，增强整个供应链的经营决策能力。

**（三）物流信息技术组成**

**1. 条码技术**

条码技术是在计算机的应用实践中产生和发展起来的一种自动识别技术，为我们提供了一种对物流中的货物进行标识和描述的方法。条形码技术具有输入速度快、可靠准确、成本低、信息量大等特点。条码是实现POS系统、EDI、电子商务、供应链管理的技术基础，是物流管理现代化、提高企业管理水平和竞争能力的重要技术手段。

**2. EDI技术**

EDI是指通过电子方式，采用标准化的格式，利用计算机网络进行结构化数据的传输和交换。构成EDI系统的三个要素是EDI软硬件、通信网络以及数据标准化。工作方式大体如下：用户在计算机上进行原始数据的编辑处理，通过EDI转换软件将原始数据格式转换为平面文件，再通过翻译软件将平面文件变成EDI标准格式文件，然后在文件外层加上通信信封，通过通信软件发送到增值服务网络或直接传送给对方用户，对方用户则进行相反的处理过程，最后成为用户应用系统能够接收的文件格式。

### 3. 射频技术

射频识别技术是一种非接触式的自动识别技术,它是基于电磁感应、无线电波或微波进行非接触双向通信,从而达到识别和交换数据的目的。识别工作无须人工干预,可工作于各种恶劣环境。短距离射频产品不怕油渍、灰尘污染等恶劣的环境,可以替代条码,例如用在工厂的流水线上跟踪物体。长距离射频产品多用于交通上,识别距离可达几十米,如自动收费或识别车辆身份等。

### 4. GIS 技术

GIS 是多种学科交叉的产物,它以地理空间数据为基础,采用地理模型分析方法,适时地提供多种空间的和动态的地理信息,是一种为地理研究和地理决策服务的计算机技术系统。其基本功能是将表格型数据(无论它来自数据库、电子表格文件或直接在程序中输入)转换为地理图形显示,然后对显示结果浏览、操作和分析。其显示范围可以从洲际地图到非常详细的街区地图,显示对象包括人口、销售情况、运输线路和其他内容。

### 5. GPS 技术

全球定位系统 GPS 具有在海、陆、空进行全方位实时三维导航与定位能力。GPS 在物流领域可以应用于汽车自定位、跟踪调度、铁路运输管理、军事物流等。

### 6. 智能技术

智能技术是利用计算机科学、脑科学、认知科学等方面的知识对物流信息进行分析处理的技术,在物流中的应用主要是人工智能、商业智能、专家系统和智能交通系统等。

**想一想** 你认为未来物流信息技术发展的趋势是什么?

**知识拓展** 观看视频《机器手工作》和《法德兰的物流技术服务与现代物流作业系统解决方案》。

机器手工作

法德兰的物流技术服务与现代物流作业系统解决方案

### (四)物流信息技术的应用现状

在国内,各种物流信息应用技术已经广泛应用于物流活动的各个环节,对企业的物流活动产生了深远的影响。

#### 1. 自动化设备技术的应用

物流自动化设备技术的集成和应用的热门环节是配送中心,其特点是每天需要拣选的物品品种多、批次多、数量大。因此在国内超市、医药、邮包等行业的配送中心部分地引进了物流自动化拣选设备。此外,自动化立体仓库和与之配合的巷道堆垛机在国内发展迅速,在机械制造、汽车、纺织、铁路、卷烟等行业都有应用。

#### 2. 设备跟踪和控制技术的应用

物流设备跟踪主要是指对物流的运输载体及物流活动中涉及到的物品所在地进行跟踪。物流设备跟踪的手段有多种,可以用传统的通信手段如电话等进行被动跟踪,可以用 RFID 手段进行阶段性的跟踪,但目前国内用的最多的还是利用 GPS 技术跟踪。GPS 技术跟踪就是利用 GPS 物流监控管理系统,跟踪货运车辆与货物的运输情况,使货主及车主随时了解车辆与货物的位置与状态,保障整个物流过程的有效监控与快速运转。

### 3. 动态信息采集技术的应用

企业竞争的全球化发展、产品生命周期的缩短和用户交货期的缩短等都对物流服务的可得性与可控性提出了更高的要求,实时物流理念也由此诞生。动态的货物或移动载体本身具有很多有用的信息,例如货物的名称、数量、重量、质量、出产地,移动载体(如车辆、轮船等)的名称、牌号、位置、状态等信息。这些信息可能在物流中反复地使用,因此,正确、快速读取动态货物或载体的信息并加以利用可以明显地提高物流的效率。流行的物流动态信息采集技术应用中,一、二维条码技术应用范围最广,其次还有磁条(卡)、语音识别、便携式数据终端、射频识别(RFID)等技术。

图3-34　一维条码

(1) 一维条码技术。一维条码,如图3-34所示,是由一组规则排列的条、空、相应的数字组成,这种用条、空、数字组成的数据编码可以供机器识读,而且很容易译成二进制数和十进制数。因此此技术广泛地应用于物品信息标注中。因为符合条码规范且无污损的条码的识读率很高,所以一维条码结合相应的扫描器可以明显地提高物品信息的采集速度。加之条码系统的成本较低,操作简便,又是国内应用最早的识读技术,所以在国内有很大的市场,国内大部分超市都在使用一维条码技术。但一维条码表示的数据有限,条码扫描器读取条码信息的距离也要求很近,而且条码上损污后可读性极差,所以限制了它的进一步推广应用,同时一些其他信息存储容量更大、识读可靠性更好的识读技术开始出现。

图3-35　二维条码

(2) 二维条码技术。由于一维条码的信息容量很小,如商品上的条码仅能容纳几位或者十几位阿拉伯数字或字母,商品的详细描述只能依赖数据库提供,离开了预先建立的数据库,一维条码的使用就受到了局限。基于这个原因,人们发明一种新的码制,除具备一维条码的优点外,同时还有信息容量大(根据不同的编码技术,容量是一维的几倍到几十倍,从而可以存放个人的自然情况及指纹、照片等信息)、可靠性高(在损污50%仍可读取完整信息)、保密防伪性强等优点。这就是在水平和垂直方向的二维空间存储信息的二维条码技术,如图3-35所示。二维条码继承了一维条码的特点,条码系统价格便宜,识读率强且使用方便,所以在国内银行、车辆等管理信息系统上开始应用。

(3) 磁条技术。磁条(卡)技术以涂料形式把一层薄薄的由定向排列的铁性氧化粒子用树脂粘合在一起并粘在诸如纸或塑料这样的非磁性基片上。磁条从本质意义上讲和计算机用的磁带或磁盘是一样的,它可以用来记载字母、字符及数字信息。优点是数据可多次读写,数据存储量能满足大多数需求,使之在很多领域得到广泛应用,如信用卡、银行ATM卡、机票、公共汽车票、自动售货卡、会员卡等。但磁条卡的防盗性能、存储量等性能比起一些新技术如芯片类卡技术还是有差距。

(4) 声音识别技术。这是一种通过识别声音达到转换成文字信息的技术。其最大特点就是不用手工录入信息,这对那些采集数据同时还要完成手脚并用的工作场合、或键盘上打字能力低的人尤为适用。但声音识别的最大问题是识别率,要想连续地高效应用有难度,它更适合语音句子量集中且反复应用的场合。

(5) 视觉识别技术。视觉识别技术是指通过对一些有特征的图像的分析和识别,能够对限定的标志、字符、数字等图像内容进行信息的采集。视觉识别技术的应用障碍也是对于一些不规则或不够清晰图像的识别率问题,而且数据格式有限,通常要用接触式扫描器扫描,随着自动化的发展,视觉技术会朝着更细致,更专业的方向发展,并且还会与其他自动识别技术结合起来应用。

(6) 接触式智能卡技术。智能卡是一种将具有处理能力、加密存储功能的集成电路芯板嵌装在一个与信用卡一样大小的基片中的信息存储技术,通过识读器接触芯片可以读取芯片中的信息。接触式智能卡的特点是具有独立的运算和存储功能,在无源情况下,数据也不会丢失,数据安全性和保密性都非常好,成本适中。智能卡与计算机系统相结合,可以方便地满足对各种各样信息的采集传送、加密和管理的需要,它在国内外的许多领域如银行、公路收费、水表煤气收费等得到了广泛应用。

(7) 便携式数据终端。便携式数据终端(PDT)一般包括一个扫描器、一个体积小但功能很强并有存储器的计算机、一个显示器和供人工输入的键盘,所以是一种多功能的数据采集设备。PDT 存储器中的数据可随时通过射频通信技术传送到主计算机。

(8) 射频识别(RFID)。射频识别技术是一种利用射频通信实现的非接触式自动识别技术。RFID 标签具有体积小、容量大、寿命长、可重复使用等特点,可支持快速读写、非可视识别、移动识别、多目标识别、定位及长期跟踪管理。RFID 技术与互联网、通讯等技术相结合,可实现全球范围内物品跟踪与信息共享。从上述物流信息应用技术的应用情况及全球物流信息化发展趋势来看,物流动态信息采集技术应用正成为全球范围内重点研究的领域。中国作为物流发展中国家,已在物流动态信息采集技术应用方面积累了一定的经验,例如条码技术、接触式磁条(卡)技术的应用已经十分普遍,但在一些新型的前沿技术,例如 RFID 技术等领域的研究和应用方面还比较落后。

**知识拓展**

观看视频《自动分拣与条形码应用》。

自动分拣与条形码应用

**知识拓展**

**智能物流:物流信息化的下一站**

要实现物流行业长远发展,就要实现从物流企业到整个物流网络的信息化、智能化,因此,发展智能物流成为必然。

智能物流的未来发展将会体现出几大特征:物流智能化、物流一体化和物流层次化、物流柔性化与物流社会化。其主要表现为:在智能物流作业过程中的大量运筹与决策智能化;以物流管理为核心,实现物流过程中运输、存储、包装、装卸等环节的一体化和智能物流系统的层次化;智能物流的发展会更加突出"以顾客为中心"的理念。智能物流的发展将会促进区域经济的发展和世界物流资源优化配置,实现物流高科技和信息化。

一家物流公司在每辆配送车辆上都安装了 GPS 定位系统,而且在每件货物的包装中嵌入 RFID 芯片,通过芯片,物流公司和客户都能从网络了解货物所处的位置和环境。同时在运输过程中物流公司可根据客户的要求,对货物进行及时地调整和调配,实时全程监控货物,防止物流遗失、误送等,优化物流运输路线,缩短中间环节,减少运输时间。通过货物上的芯片,装载时自动收集货物信息,卸货检验后,用嵌有 RFID 的托盘,经过读取的通道,放置到具有读取设备的货架,物品信息就自动记入了信息系统,实现精确定位,缩短了物流作业时间,提高了物流运营效率,最终减少物流成本。利用智能物流技术,结合有效的管理方式,这家物流公司在整个物流过程中,能够对货物状态实时掌控,对物流资源有效配置,从而提供高效而准确的物流服务。

通过上述物流案例,我们可以看到,新技术使整个物流供应链更加透明化。通过智能物流,物流仓库的管理变得高效、准确,物流人力需求大大节约。在大型高等级物流仓库,甚至可以实现除了入口收验货人员以外,物流仓库内"无人"全自动化操作,仓库可仅安排计算机屏幕前的监控人员。

### 三、物流信息系统

#### (一)物流信息系统的概念

物流信息系统是指由人员、设备和程序组成的、为物流管理者执行计划、实施、控制等职能提供信息的交互系统,它与物流作业系统一样都是物流系统的子系统。所以,物流信息系统实际上是物流管理软件和信息网络结合的产物,小到一个具体的物流管理软件,大到利用覆盖全球的互联网将所有相关的合作伙伴、供应链成员连接在一起提供物流信息服务的系统,都叫做物流信息系统。对一个企业而言,物流信息系统不是独立存在的,而是企业信息系统的一部分,或者说是其中的子系统,即使对一个专门从事物流服务的企业也是如此。例如,一个企业的 ERP 系统,物流管理信息系统就是其中一个子系统。

**知识拓展**

**什么是物流互联网?**

随着物联网、云计算、大数据、移动互联网等现代信息技术在物流领域应用的深入,现实物理世界的物流实体运作与网上虚拟的物流信息开始了全方位融合,现代物流进入了 4.0 时代。

什么是物流互联网?简单地说,物流互联网就是实体物理世界的物流系统与线上互联网世界的物流信息系统实现一体化融合的互联网。在这一系统中,互联网成为物流实体运作的主导与控制核心,成为物流系统的"大脑"和神经系统,并通过物流信息互联网向网下物流系统延伸和无缝对接,实现物理世界物流系统全方位的互联互通。目前,物流互联网的飞速发展已经引发了一场新的物流领域的革命,使现代物流真正进入"智慧物流时代"。

物联网技术是物流互联网的基础,现代物流的自动识别领域是物联网技术的发源地,基于RFID/EPC和条码自动识别等技术、各类传感器的感知技术、GPS/GIS的定位追踪技术,实现了物流系统的信息实时采集与上网,实现了"物与物自动通信(M2M)",从而使得物理世界的实体物流网络"地网"才能够与虚拟世界的互联网的"天网"对接与融合。

互联网与移动互联网是物流互联网的中枢系统,是物流实体世界的神经系统传输系统,进入互联网的物流信息通过在互联网中集合、运算、分析、优化、运筹,再通过互联网分布到整个物流系统,实现对现实物流系统的管理、计划与控制。

大数据、云计算是物流互联网的智慧分析与优化系统,是物流互联网的大脑,是物流信息系统的计算与分析中心,其计算与分析模式是分布式的和网格式的云计算模式,适应了现代物流实体网络体系的运作。

智能物流技术装备是物流互联网的根本,物流互联网的实体运作与应用要通过各类智能设备来完成。智能设备是指嵌入了物联网技术产品的物流机械化和自动化的设备,也可以是普通的物流技术产品,其核心是这些设备与技术产品一定要可以实时接入互联网。如嵌入了智能控制与通讯模块的物流机器人、物流自动化设备,嵌入了RFID的托盘与周转箱,安装了视频及RFID系统的货架系统等。

### (二)物流信息系统的功能

物流信息系统作为企业信息系统中的一类,可以理解为对通过与物流相关信息的加工处理来达到对物流、资金流的有限控制和管理,并为企业提供信息分析和决策支持的人机系统。由人员、计算机硬件、软件、网络通信设备及其他办公设备组成的人机交互系统,其主要功能是进行物流信息的收集、存储、传输、加工整理、维护和输出,为物流管理者及其他组织管理人员提供战略、战术及运作决策的支持,以达到组织的战略竞优,提高物流运作的效率与效益。

物流信息系统是物流系统的神经中枢,它作为整个物流系统的指挥和控制系统,可以分为多种子系统或者多种基本功能。通常,可以将其基本功能归纳为以下几个方面:

#### 1. 数据收集

物流数据的收集首先是将数据通过收集子系统从系统内部或者外部收集到预处理系统中,并整理成为系统要求的格式和形式,然后再通过输入子系统输入到物流信息系统中。这一过程是其他功能发挥作用的前提和基础,如果一开始收集和输入的信息不完全或不正确,在接下来的过程中得到的结果就可能是与实际情况完全相左,这将会导致严重的后果。因此,在衡量一个信息系统性能时,应注意它收集数据的完善性、准确性,以及校验能力、预防和抵抗破坏能力等。

#### 2. 信息存储

物流数据经过收集和输入阶段后,在其得到处理之前,必须在系统中存储下来。即使在处理之后,若信息还有利用价值,也要将其保存下来,以供以后使用。物流信息系统的存储功能就是要保证已得到的物流信息能够不丢失、不走样、不外泄、整理得当、随时可用。无论哪一种物流信息系统,在涉及信息的存储问题时,都要考虑到存储量、信息格式、存储方式、使用方式、存储时间、安全保密等问题。如果这些问题没有得到妥善的解决,信息系统是不可能投入使用的。

### 3. 信息传输

物流信息在物流系统中,一定要准确、及时地传输到各个职能环节,否则信息就会失去其使用价值。这就需要物流信息系统具有克服空间障碍的功能。物流信息系统在实际运行前,必须要充分考虑所要传递的信息种类、数量、频率、可靠性要求等因素。只有这些因素符合物流系统的实际需要时,物流信息系统才是有实际使用价值的。

### 4. 信息处理

物流信息系统的最根本目的就是要将输入的数据加工处理成物流系统所需要的物流信息。数据和信息是有所不同的,数据是得到信息的基础,但数据往往不能直接利用,而信息是从数据加工得到,它可以直接利用。只有得到了具有实际使用价值的物流信息,物流信息系统的功能才能发挥。

### 5. 信息输出

信息的输出是物流信息系统的最后一项功能,也只有在实现了这个功能后,物流信息系统的任务才算完成。信息的输出必须采用便于人或计算机理解的形式,在输出形式上力求易读易懂,直观醒目。

这五项功能是物流信息系统的基本功能,缺一不可。而且,只有五个功能都没有出错,最后得到的物流信息才具有实际使用价值,否则会造成严重的后果。

---

**知识拓展**

#### 电子标签在物流中应用的两种方式

电子标签在现代物流中正发挥越来越大的作用。与传统出库方式相比,利用电子标签拣货可以实现无纸化作业,大大提高作业效率和准确率,使商品的出库时间大大减少。在日本和韩国,电子标签已成为大部分物流配送中心的标准配置。

电子标签拣货系统又称 CAPS(Computer Assisted Picking System),其工作原理是通过电子标签进行出库品种和数量的指示,从而代替传统的纸张拣货单,提高拣货效率。电子标签在实际使用中,主要有两种方式——DPS 和 DAS。DPS(Digital Picking System)方式就是利用电子标签实现摘果法出库。首先要在仓库管理中实现库位、品种与电子标签对应。出库时,出库信息通过系统处理并传到相应库位的电子标签上,显示出该库位存放货品需出库的数量,同时发出光、声音信号指示拣货员完成作业。DPS 使拣货人员无需费时去寻找库位和核对商品,只需核对拣货数量,因此在提高拣货速度、准确率的同时,还降低了人员劳动强度。采用 DPS 时可设置多个拣货区,以进一步提高拣货速度。

DAS(Digital Assorting System)方式是另一种常见的电子标签应用方式。同 DPS 一样,DAS 也可多区作业,提高效率。电子标签用于物流配送,能有效提高出库效率,并适应各种苛刻的作业要求,尤其在零散货品配送中有绝对优势,在连锁配送、药品流通场合以及冷冻品、服装、服饰、音像制品物流中有广泛应用前景。而 DPS 和 DAS 是电子标签针对不同物流环境的灵活运用。一般来说，DPS 适合多品种、短交货期、高准确率、大业务量的情况；而 DAS 较适合品种集中、多客户的情况。据统计，采用电子标签拣货系统可使拣货速度至少提高一倍，准确率提高 10 倍。

### 四、物流信息技术的发展趋势

**（一）RFID 将成未来关键技术**

专家分析认为，RFID 技术应用于物流行业，可大幅提高物流管理与运作效率，降低物流成本。另外，从全球发展趋势来看，随着 RFID 相关技术的不断完善和成熟，RFID 产业将成为一个新兴的高技术产业群，成为国民经济新的增长点。因此，RFID 技术有望成为推动现代物流加速发展的新品润滑剂。

**（二）物流动态信息采集技术将成为下一个技术突破点**

在全球供应链管理趋势下，及时掌握货物的动态信息和品质信息已成为企业盈利的关键因素。但是由于受到自然、天气、通讯、技术、法规等方面的影响，物流动态信息采集技术的发展一直受到很大制约，远远不能满足现代物流发展的需求。借助新的科技手段，完善物流动态信息采集技术，将成为物流领域下一个技术突破点。

**（三）物流信息安全技术将是重大挑战**

借助网络技术发展起来的物流信息技术，在享受网络飞速发展带来巨大好处的同时，也时刻饱受着可能遭受的安全危机，例如网络黑客无孔不入地恶意攻击、病毒的肆掠、信息的泄密等。应用安全防范技术，保障企业的物流信息系统或平台安全、稳定地运行，将是企业长期面临的一项重大挑战。

## 项目小结

物流作为一个系统由若干子系统构成，其基本功能包括运输、仓储、装卸搬运、包装、配送等方面以及物流基础设施活动。运输是物流的支柱功能之一，它克服了生产和消费的时间间隔问题。仓储有三个基本功能：移动、储存和储备。包装是生产的终点，也是物流活动的起点，包装具有保护商品、方便顾客、促进销售和信息传递的功能。配送是降低物流成本、提高物流服务水平的有效途径。流通加工属于加工范畴，也属于物流活动的一部分。流通加工有为运输方便的加工，有满足用户多样化需要的加工，有为了综合利用而进行的分解、分类的加工。流通加工的内容一般包括袋装、定量化小包装、配货、拣选、分类、混装等。生产的外延流通加工包括剪断、打孔、折弯等。各种物流活动频繁发生，为了提高物流活动的效率，各种现代化信息技术应用于物流业中，形成物流信息技术，并成为物流行业发展最快的领域。

## 项目巩固

### 一、名词解释

1. 物流
2. 装卸搬运
3. 配送
4. 物流信息

### 二、单项选择

1. 以下能够创造物流形质效用的物流活动是( )。
   A. 运输　　　　B. 流通加工　　　C. 仓储　　　　D. 装卸搬运
2. 物资的运输过程的功能是创造物资的( )。
   A. 空间效用　　B. 时间效用　　　C. 形质效用　　D. 社会效用
3. 按物流研究范围大小分类,物流分为( )。
   A. 企业物流、社会物流和国际物流　　　B. 企业物流、社会物流和分销物流
   C. 分销物流、社会物流和国际物流　　　D. 企业物流、分销物流和国际物流
4. 物流活动的三大支柱是( )。
   A. 运输、储存和加工　　　　　　　　　B. 运输、储存和包装
   C. 运输、储存和装卸　　　　　　　　　D. 运输、储存和信息活动
5. 在物流管理过程中,运输主要提供( )两大功能。
   A. 货物转移和货物储存　　　　　　　　B. 货物转移和货物生产
   C. 货物转移和货物流通　　　　　　　　D. 货物转移和货物配送
6. 影响运输方式选择的因素有( )。
   A. 价格、运输时间、灭失与损坏　　　　B. 价格、运输时间、运输质量
   C. 价格、运输质量、灭失与损坏　　　　D. 运输质量、运输时间、灭失与损坏
7. 管道运输是使用管道来输送( )。
   A. 流体货物　　B. 液体货物　　　C. 气体货物　　D. 固体货物
8. 以下可以提供"门到门"运输的运输方式是( )。
   A. 铁路运输　　B. 公路运输　　　C. 航空运输　　D. 水路运输
9. 物流每一项活动开始及结束时必然发生的活动是( )。
   A. 装卸搬运　　B. 配送　　　　　C. 分拣　　　　D. 配装
10. 防锈包装的首选技术是使用( )。
    A. 防锈剂　　　B. 防锈材料　　　C. 惰性气体　　D. 干燥剂

### 三、多项选择题

1. 物流研究的内容包括运输、储存保管、装卸搬运、( )等。
   A. 流通加工　　B. 配送　　　　　C. 包装　　　　D. 物流信息
2. 储存合理化具体包括( )。
   A. 储存条件合理化　　　　　　　　　　B. 储存品种结合理化
   C. 储存数量合理化　　　　　　　　　　D. 储存时间合理化

E. 运输合理化

3. 货物在储存期间会发生的变化有（　　）。
A. 质量变化  B. 价值变化
C. 货物丢失  D. 货物自燃
E. 货物破损

4. 按实施配送的结点不同进行分类，配送可分为（　　）。
A. 配送中心配送  B. 仓库配送
C. 商店配送  D. 生产企业配送
E. 定时配送

5. 配送中心的作用有（　　）。
A. 存储功能  B. 分拣功能
C. 集散功能  D. 衔接功能
E. 流通加工功能

6. 配送的基本作业包括的内容有（　　）。
A. 进货作业  B. 搬运作业
C. 盘点作业  D. 拣选作业
E. 配送作业

7. 以下属于自动识别输入技术的有（　　）。
A. 条形码技术  B. 磁条(卡)技术
C. 声音识别技术  D. 视觉识别技术
E. 智能卡

8. 物流信息系统的基本内容为（　　）。
A. 物流信息传递的标准化和实时化  B. 信息技术的商业化
C. 存储的数字化  D. 物流信息处理的计算机化
E. 信息管理的自动化

9. 包装的功能有（　　）。
A. 货物保护功能  B. 效率提高功能
C. 信息传递功能  D. 使用功能
E. 增值功能

10. 按照在流通中的作用分类，包装可分为（　　）。
A. 商业包装  B. 运输包装
C. 木材包装  D. 纸箱包装
E. 塑料包装

11. 常用的包装材料有（　　）。
A. 纸质包装材料  B. 木材包装材料
C. 草制包装材料  D. 金属包装材料
E. 纤维包装材料

## 四、判断题

1. 简言之，仓储就是在特定的场所储存物品的行为。（　　）

2. 金属制品的防锈,主要是针对影响金属锈蚀的内在因素进行的。（  ）
3. 采用定时配送的物品,用户可以实现保险储备为零的零库存。（  ）
4. GPS系统主要包括三大部分,即空间部分、地面控制部分、用户控制部分。（  ）
5. POS系统包含前台POS系统和后台POS系统两大基本部分。（  ）
6. 公路运输的主要优点是灵活性强,公路建设期长,投资较高,易于因地制宜,对收到站设施要求不高,不可采取"门到门"运输形式。（  ）
7. 物资的生产过程是通过人的劳动,将旧物资改造成新物资的过程。（  ）
8. 物流的发展过程,大体上经历了三个不同的阶段,即初级阶段、开发阶段和物流现代化阶段。（  ）
9. 配装时货物可以混装,货物装车后重心要低、放置紧密、充分利用车辆的载重能力和体积。（  ）
10. 装车时应在不同客户或门店之间作区别标示。（  ）

## 五、简答题

1. 简述流通加工的作用。
2. 举例说明物流系统中的"效益背反"现象。
3. 简述配送中心的功能。
4. 简述包装的功能。

**实战演练**

### 物流运输方式的选择

1. 实训内容

（1）浙江杭州某丝绸厂向法国里昂市出口一批丝绸衣物,用哪些运输方式可以将货物运送到目的地?

（2）山西的煤炭是我国的重要能源物资,而北京、广东、浙江等地是煤炭的消耗地。向北京、广东、浙江等地区运输的煤炭应该分别采用哪些运输方式？为什么？

（3）克拉玛依位于准噶尔盆地的西北缘,是中华人民共和国成立后的第一个大油田,被誉为准噶尔盆地的明珠,自它在亘古荒原建立的那天起,就与荣誉与神秘相伴,它是新中国的第一个大油田,使中国走出了贫油论的阴影。请问原油运输的方式是什么？

2. 实训要求

（1）全班同学自由分组,每组5人。
（2）各组分别进行集体讨论,明确组内分工。
（3）按照分工进行资料收集、整理、分析。
（4）根据研究结论,提出改进方案。
（5）各组分别选一代表进行展示。

3. 实训考评

表 3-1　评分表

| 考评班级 | | 考评时间 | |
|---|---|---|---|
| 考评小组 | | 被考评小组 | |
| 考评内容 | | 物流企业认知实训 | |
| 考核标准 | 内　容 | 分值(分) | 实际得分(分) |
| | 工作分工 | 20 | |
| | 工作演示 | 40 | |
| | 工作成果 | 40 | |
| 合计 | | 100 | |

# 物流主要模式

## 学习目标

**【知识目标】**
1. 了解各种物流模式产生的原因和发展的现状；
2. 熟悉各种物流模式的运作过程；
3. 掌握各种物流模式的内涵、分类及主要特点。

**【能力目标】**
1. 能够正确区分各种物流模式，分析其在经济发展中的作用；
2. 能够针对不同物流模式中具体存在的问题提出切实可行的优化建议。

## 学习任务提要

1. 企业物流内涵及运作；
2. 第三方、第四方物流内涵及运作；
3. 国际物流内涵及发展；
4. 绿色物流的实现。

## 工作任务提要

在对物流主要模式有一定认知的基础上，完成对企业物流和第三方物流运作情况的调研，进一步深化对典型物流模式的理解，强化物流整体运作的思维。

## 建议教学时数

8 学时。

## 任务一　认知企业物流

### 案例导入

**青岛啤酒厂内物流的提升策略**

"喝啤酒就喝新鲜的青岛啤酒",这不是一句空洞的广告词,背后支撑它的是青岛啤酒内部高效的物流运作。深圳青岛啤酒朝日有限公司(以下简称深圳青啤)主要生产纯生品牌,属于较少几家能生产纯生品牌的工厂,其产品辐射区域为全国。深圳青啤在物流信息化、搬运装卸集装化、储位精细化、设施布局科学化等方面形成了一条符合自身特色的物流管理之路。

一、改进了包装

走进工厂内部,首先看到的是整整齐齐堆放成一板一板的直立空瓶(青岛纯生必须用新瓶),这是深圳青啤 2013 年下半年起对供应商的新要求,之前全用麻袋运输和装卸,不仅物流效率低下,更重要的是上灌装线(生产线)时需按上线的要求进行人工转换,增加了物流环节,使得成本高、效率低。如今通过托盘化运作,最小流通单位由袋改为板,整个物流过程中的搬运、装卸、储存、运输、上线等均以集装化方式运作,效率得到提高,可以直接到生产线边。

二、提高了仓容利用率

深圳青啤的成品仓有三个,与成品罐装线形成"凸"字格局,总面积 24 000 平方米的仓库相当于三个足球场的面积,库存能力达 16 000 吨,仅由 13 人管理,平均每人管理 1 800 平方米。而在此之前的管理比较粗放,仓容利用率不高,见空就放使得库内通道堵塞、耽误查找,常出现发货延迟的现象。随着产量持续走高,仓储资源显得严重不足。2011 年物流管理系统被全面引入,通过精细测量,整体规划出储位和通道,使得仓储能力提高 20% 以上。

因生产批次数量有多有少,对储位能力的需求大小不一,为了提高仓容利用率,更好实现先进先出,管理者将仓库储位分为标准的大储位(比如某区 60 板为一个储位)和随机的小储位来实现仓储能力的柔性管理,从而满足多样化的需求。

三、实施了托盘标准化

由于啤酒是重货,堆放高度和空间利用率形成矛盾,深圳青啤从平面到空间进行了各方面的优化与挖潜。为充分利用仓库高度,深圳青啤经过优化托盘码放,加强了底层的承受力,将托盘定为三层标准。在考虑充分利用面积的前提下,深圳青啤先后选用过 1 200mm × 1 000mm 和 1 000mm × 1 000mm 规格的托盘,但最终选定为 1 100mm × 1 100mm 的规格,一方面是因为与啤酒小箱包装吻合度最高,另一方面可与集装箱或箱式货车的 2 300mm 宽度匹配。

四、建立了可追溯信息系统

为满足客户差异化的需求,青啤的库存单品达 80 种之多。如何将合适的产品放在合适的地方,并能快速拣出来? 这曾经是一个难题,而青岛啤酒通过自行开发的仓储管理信息系统(WMS)使得这一问题得到了有效解决。

首先，WMS 会进行数据分析，统计比较出不同品类的进出库频率。对于大进大出的品类，则将其储位规划在靠近进出货口的地方，流量低、周转慢的品类的储位则离出入口稍微远些。其次，每支瓶装啤酒在灌装后，由专用激光机在瓶盖上打上具有唯一性的条码。在装箱后，每支啤酒瓶上的条码与纸箱上的条码建立集装关联；接着装上托盘，纸箱条码又与托盘的板条码建立关联。等叉车来取货入库时，车载终端使托盘的板条码与库位条码之间建立关联。这一系列关联最终形成了数据库，为 WMS 提供数据分析依据，支持物料在厂内的流动距离最短，并将客户交付的内部前置期缩到最少。最后，叉车司机按照包含产品批号的出货指令从储位取出货物，装上提货车辆，物流承运商的车辆又通过自带车载终端与货物建立关联（青啤对物流承运商的车辆信息化有要求）。

通过信息化系统，青岛啤酒将厂内物流延伸到厂外，可追溯到产品运到下游的中央物流中心、区域物流中心、终端物流中心以及经销商的全过程。

**案例思考**

1. 案例中深圳青啤进行了哪些物流活动？
2. 在这些物流活动中，都实施了哪些物流管理策略？

现代企业面临竞争激烈的市场环境，企业如何改善经营管理，提高产品或者服务的质量和效率、及时掌握市场信息、降低成本，成为企业关注的重点，而运用先进的物流技术已经成为企业今后提高效益和市场应变能力的重要途径。如何规划合理的物流路线，实施优化的流通方式，缩短各生产工艺阶段之间的停滞时间；如何使企业各经营环节顺畅衔接，保持生产系统的连续性和节奏性，减少企业流动资金的占用，降低物料在流转中的损坏、保证产品质量，减少无效劳动等都成为企业关注的对象，而这些无一例外都和企业物流有关。企业物流对增加企业效益，提升企业市场竞争力发挥着至关重要的作用。接下来，我们一起揭开企业物流的神秘面纱。

### 一、企业物流的涵义

企业在生产经营过程中，从原材料的采购供应、商品生产、销售到回收及再利用的整个过程，会发生运输、储存、装卸搬运、包装、配送、信息处理等物流活动。在整个过程中，部分物流活动是在企业内部完成的，属于企业物流。

企业物流（internal logistics）是指生产企业或流通企业在其经营范围内，在生产或服务活动中形成的物资实体的空间和时间转移。它表现为企业内部的物品实体流动以及完成物品实体流动的各种物流活动，是以企业生产经营为核心的物流活动，属于微观物流。

从整体上分析，企业物流构成了一个系统。企业生产经营活动始于供应活动，通过对原材料、设备、人力和资金等的投入，经过加工运营，转换为最终的产品或服务，并通过销售活动提供给客户。该系统具有投入—转换—产出的功能，它处于企业生产经营活动之中，伴随企业生产经营活动的全过程，如图 4-1 所示。

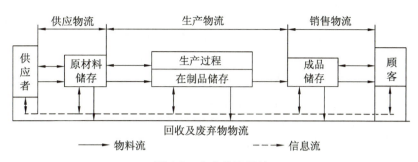

图 4-1　企业物流系统

**想一想**　观看视频《企业物流的内涵》并根据图 4-1 描述企业物流系统的构成。

企业物流的内涵

### 二、企业物流的分类

按照不同的标准，企业物流主要有以下分类。

#### （一）企业物流按照行业分类

企业物流按照行业分类，可以分为生产企业物流和流通企业物流。生产企业物流是伴随生产企业经营全过程发生的物流活动。流通企业物流是伴随商品流通过程而发生的物流，在流通企业运作过程中占有很重要的位置。

**1. 生产企业物流**

生产企业物流是从购进生产所需要的原材料和设备为始点，经过加工，形成新产品，最后供应给社会需要部门的全过程，需要经过原材料及设备采购供应、生产和销售三个阶段。在生产企业物流中，加工活动和物流活动是企业生产系统的两个支柱。通过物流活动把原材料运进生产系统，并使其依次在各个加工点之间流动，逐步形成半成品、成品直至出厂。没有加工，生产系统就会失去存在的意义；没有物流，生产系统将无法正常运作。

**2. 流通企业物流**

流通企业物流是指从事商品流通的企业和专门从事实物流通的企业内部的物流。根据经营特点的不同，又可以分为：

（1）批发企业的物流：是批发企业以实现批发销售为主体的物流活动。

（2）零售企业的物流：零售是将商品直接卖给消费者的商业活动。零售企业物流是以零售商店据点为核心，以实现零售销售为主体的物流活动。

（3）仓储企业的物流：仓储企业是以储存业务为盈利手段的企业。仓储企业的物流是以接运、入库、储存保管、发运为主的物流活动，其中储存保管是其主要的物流功能。

（4）配送中心的物流：配送中心是从事配送业务的物流节点，它是集储存、流通加工、分货、拣选、配货和运输于一体的综合性物流过程。

（5）"第三方物流"企业的物流："第三方物流"又称为合同制物流，是一种由除供方和需方以外的企业提供物流服务的业务模式。

#### （二）企业物流按照企业经营活动的过程分类

企业物流按照企业经营活动的过程，可以分为供应物流、生产物流、销售物流、回收物流和废弃物物流。对一个具体的企业来说，按照其物流活动发生的先后次序，具体介绍如下：

### 1. 供应物流

供应物流（supply logistics）是企业购入原材料、零部件或商品的物流过程。它是企业物流过程的起始阶段，是保证企业生产经营活动正常进行的前提。现代企业供应物流不仅应保证供应，而且应追求成本最低、消耗最少的原则。是否适时、适量地完成供应活动是保证企业顺利进行经营活动的基础。为了解决这个问题，企业必须建立稳定的供应网点并采用高效的供应方式，力争做到库存为零。供应物流具体包括一切生产资料或商品的采购、供应、库存管理等。

（1）采购。

采购是根据企业生产计划或商业企业的销售计划所要求的供应计划从而制订采购计划并进行原材料或商品外购的业务。它是供应物流与社会物流的衔接点，除了完成将采购的物资运输到企业内的物流活动之外，还要承担市场资源、市场供求和供应厂家等信息的采集和反馈任务。

（2）供应。

对生产企业而言，供应是供应物流与生产物流的衔接点，是根据材料供应计划、物资消耗定额、生产作业计划对生产部门提供生产用的原材料的活动；对商业企业而言，供应是根据销售计划提供商品的活动。

供应方式一般有两种基本形式：一是传统的领料制，对生产企业而言，是用料单位根据生产计划到供应部门（或供应仓库）领取生产资料；对商业企业而言，是销售部门根据销售计划到供应部门（或供应仓库）领取商品。二是供应部门定时定量发料，对生产企业而言，是根据生产作业信息、作业安排或销售信息，按生产中需要的物料或者商品的数量、时间、次序和生产进度进行配送供应的方式；对商业企业而言，是根据销售信息进行配送供应。

（3）库存管理。

库存管理是供应物流的核心部分。其功能主要有两个方面：一方面，它要依据生产企业的生产计划或商业企业的销售要求和库存情况，制订物资采购计划，控制库存结构和数量，并指导供应物流的合理运行，保证生产或销售的计划性、平稳性以消除或避免生产突发情况，或者销售波动的影响，保证适当库存量的同时节约库存成本；另一方面，库存管理又是供应物流的转折点，它要完成生产资料或商品的接货、验收、保管和保养等具体功能。企业供应物流系统如图 4-2 所示。

图 4-2　企业供应物流流程

**想一想**　试分析在供应物流中我们需要关注哪些问题。

### 2. 生产物流

企业生产物流（production logistics），也称厂区物流或车间物流等，是指在生产过程中，原材料、在制品、半产品和产成品等在企业内部的实体流动。企业生产物流不仅表现为伴随生产加工过程各个环节而存在的运动,更重要的是在生产加工过程中表现为具有自身特性的系统运动,生产物流包括生产计划与控制、厂内运输(搬运)、在制品仓储与管理等活动。生产物流是生产企业物流的核心部门,是创造价值的过程。它是制造类企业所特有的,与生产流程同步。企业生产物流流程如图4-3所示。

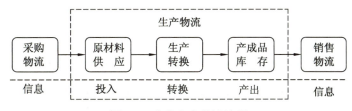

图4-3 企业生产物流流程

生产物流管理

**想一想** 观看视频《生产物流管理》,试分析在生产物流中哪些环节会影响企业的生产效率。

**知识拓展**

为了提高生产效率、提升企业竞争力,20世纪50年代初,日本丰田汽车公司创造出独特的"丰田生产方式",其核心措施包括:(1)全面质量管理;(2)通过不断改善,消除一切浪费。

**3. 销售物流**

销售物流(distribution logistics)是指生产企业、流通企业出售商品时,商品在供方与需方之间的实体流动。这一过程包括产成品或商品库存管理、仓储发货运输、订货处理与客户服务等活动。销售物流是企业伴随商品销售活动的过程,是实现商品使用价值有效转移的物流活动的最后一个环节,是企业实现价值的过程。企业销售物流流程如图4-4所示。

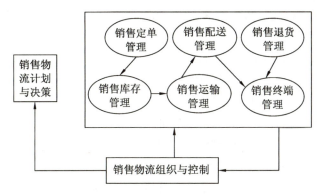

图4-4 企业销售物流流程

**4. 回收物流**

回收物流(returned logistics)是指不合格物品的返修、退货,以及周转使用的包装容器从需方返回到供方所形成的物品实体流动。企业在生产、供应、销售的活动中总会产生各种边角料和废料,这些东西的回收是需要伴随物流活动的,同时回收的物品中有再利用价值的部

分可以加以分拣、加工、分解，使其中有用的物质重新进入生产和消费领域。而且，在一个企业中，如果回收物品处理不当，往往会影响整个生产环境，甚至影响产品质量，会占用很大空间，造成浪费。

**想一想** 请举例说明企业回收物流，并分析回收物流对社会资源及社会环境有怎样的影响。

#### 5. 废弃物物流

废弃物物流（waste material logistics）是指在经济活动中对已经失去使用价值的物品，根据实际需要进行收集、分类、处理等物质实体流动。对于废弃物从环境保护的角度，对其进行妥善处理，避免造成环境污染。随着生态文明建设的加强，废弃物物流问题受到越来越多的关注。

> **重要提示**
> 生产企业物流包含以上5个部分，商业企业物流包含供应物流、销售物流和回收物流，但有时商业企业也会有一些少量的流通加工。

综上，根据企业活动过程，企业物流从物料采购开始，必须经过生产过程的转换活动才能形成具有一定使用价值的产成品，最终到达消费者手中。物料经历着从一个生产状态流入另一个生产状态，按照一定工艺的流程要求，组成企业内部生产物流，始终体现着物流实体的转换过程，因此企业物流的优化对企业经济效益及竞争力的提升有着重要的意义。

### 三、企业物流合理化

#### （一）企业物流合理化的内涵

企业物流合理化的实质就是以合理的物流成本获取较高水平的物流服务。企业物流合理化需要通过"整体思考"，包括企业从原材料的采购计划到向最终消费者提供产成品等环节，不仅是每个部门的活动而且是将各部门活动有效结合发挥综合效益的活动。根据各物流活动要素之间的关系，将各物流活动要素作为一个系统来规划、组织和管理，达到企业采购物流、生产物流和销售物流等整体最优的效果。

#### （二）实现企业物流合理化的途径

企业物流合理化的途径在不同类型的企业、不同时期以及不同的环境条件下，选择不尽相同，但主要的途径包括提高物流管理水平和推广物流技术两个方面。

##### 1. 提高物流管理水平

企业物流管理水平是实现企业物流合理化的关键途径，从企业物流合理化的角度来看，企业物流管理水平主要体现在企业生产过程管理、库存管理和供应链管理等方面。

（1）生产过程管理。

从物流管理的角度来看，企业生产过程管理就是通过合理制订生产计划使企业物流达到均衡的状态，同时减少库存和物流中间环节，有效缩短生产周期，保证产成品的交货期，加快资金周转。均衡生产的主要措施是科学地制订生产计划和加强生产的组织管理。物料需求计划（MRP）以及准时制生产（JIT）是在生产物流计划与控制中经常采用的管理方法。MRP的主要任务是从最终产品的生产计划导出相关物料的需求量和需求时间，根据物料的需求时间和生产周期确定其开始生产的时间。JIT则是在精确测定生产各环节作业效率的前提下，按订单准确制订计划，以消除一切无效作业和浪费的管理模式。在良好的生产过程中，生产物流达到理想状态，从原材料投入到成品产出的全过程，在制品始终处于连续的、不堆积和有节奏的流动状态，生产组织方式表现为工序间在制品存储量趋于零库存的趋势，从而达到整个生产过程的合理化。

**知识拓展**

零库存技术（zero-inventory technology）是指在生产和流通领域，按照准时制组织物资供应，使整个过程库存最小化的技术的总称。

（2）库存管理。

库存管理的重点是适时地控制库存，ABC分类方法、定量订货法以及定期订货法，都是优化库存管理常用的方法。在企业的原材料、在制品和产成品库存满足生产经营要求的前提下，将库存按照重要程度及需求特点，控制在合理的范围内，减少流动资金的占用将对整个企业物流起到至关重要的作用。

（3）供应链管理。

现代物流活动不再是单个生产、销售部门或单个企业的活动，而是包括供应商、批发商、生产商、零售商等相关企业在内的关系网的共同活动。现代企业物流管理通过供应链管理强化了企业之间的关系，并以实现"双赢"和"多赢"为目的。

供应链管理通过企业计划的衔接、企业信息的衔接、在库风险承担的衔接等管理机制，使供应链包含了这一流通过程所有的相关部门。企业资源计划（ERP）从整体最优化的角度出发，运用科学方法，对企业的各种制造资源和企业生产经营各环节实行合理有效的管理，追求流通生产全过程效率的提高，使产需结合在时空上比以前任何时候都要紧密，同时促使企业由建立在市场预测基础上的投机型经营向根据市场实际需求进行生产的实需型经营转变。高度发达的信息网络和信息支撑成为实需型经营的前提，信息也成为物流管理的核心。

**2. 推广物流技术**

企业物流技术是指由物流装备支撑的企业物流流通技术或输送技术。企业物流技术是提高企业物流系统效率的主要手段，它是反映企业物流系统水平的主要标志，也是企业物流规模化、系统化、网络化等现代物流技术的重要支撑。企业物流技术可以划分为物流硬技术、物流软技术和物流信息技术。

（1）物流硬技术。

物流硬技术是组织物资流通或输送的物流设备、设施及其应用技术，它是企业物流合理化的前提和保障。物流硬技术包括物流活动所需要的各种机械设备、运输工具、仓库建筑、站场设施以及服务于物流的电子计算机、通信网络设备等。

提高企业物流技术水平就是要以企业物流作业的省力化、机械化、自动化为目标，加强现有物流设备、设施的技术改造，积极采用集装、条形码、立体库等现代物流技术，逐步实现企业物流装备技术的现代化。

(2)物流软技术。

物流软技术是指为了构建高效率的物流系统而使用的物流技术。物流软技术主要包括生产设施的合理布置、物流设备的合理配置、物流活动的合理规划,以及对物流效率的有效评价等方面的技术。

提高物流技术水平必须加强企业生产和服务系统的设备、设施的空间规划设计,这是企业物流合理化的前提。工厂内各车间的相对位置以及车间内各台设备的相对位置一经确定,则物流路线随之确定。合理布置的目的是为了减少物流的迂回、交叉以及无效的往复运输和装卸,并避免物流运输和装卸中的混乱、路线过长等现象。

(3)物流信息技术。

物流信息技术是现代信息技术在物流各个作业环节中的综合应用。物流信息技术是现代物流区别传统物流的根本标志,也是物流技术中发展最快的领域,尤其是计算机网络技术的广泛应用使物流信息技术达到了较高的应用水平。企业物流信息系统要逐步由人工系统向计算机系统转化,由分散管理向系统管理转化,由业务型向决策型转化,由计算机单机系统向网络系统转化。企业要建立完善的物流信息系统,根据企业外部原材料供应市场和产成品销售市场等信息,合理制订生产计划,控制生产物流节奏,压缩库存,合理调度运输和搬运设备,保持企业内部物流的顺畅。

## 任务二 熟谙第三、第四方物流

### 苏宁物流的发展

苏宁物流始于1990年,早期主要为苏宁提供物流服务,2012年苏宁物流从苏宁的内部服务体系中剥离出来,转型成为第三方物流公司,苏宁物流目前业务涉及供应物流、仓配物流、揽件速递、冷链物流及跨境物流,后续还将继续扩大开展农村电商。

2018年,是电商消费快速增长的一年。早在"双十一"前,各快递公司就纷纷宣布涨价,其原因有二:(1)加盟商体制中,收发利益需要重新平衡,尤其在收单明显少于派单的"双十一",需要增加派单费鼓励高效派单,我们不妨将此理解为弹性成本增加来刺激效率;(2)虽然当下前置仓、流转仓正在成为趋势,也在很大程度上降低周转率提高配送效率,但由于"双十一"大促中,订单较为分散,现阶段此两种模式尚未真正发挥潜力。

但是苏宁物流在"双十一"并未上涨费用,原因在于积极的门店前置仓工作。2018年苏宁物流第三季度财报披露,截至9月30日,苏宁物流各类门店共计6 228家(不计香港和日本地区),其中苏宁小店达到1 744家,渗透于物流末端网络,如此,便加大了门店对最后三公里的辐射能力,可提前备货,降低物流周转次数,提高效率,减轻主仓的压力,提前对商品销量及购买人群进行预测,科学备货,保障"双十一"期间用户体验不打折。

在过去的"双十一"期间,苏宁物流创造了一个个纪录:11月11日,小件包裹用时不到7小时,大件商品不到6小时,仓库拣选作业量就超过去年"双十一"全天拣选作业量;苏宁小店线上订单即时配送服务,平均送达时间只有18分钟;"双十一"当天,在全国范围内实现了97%区域的时效领先;自营运费全免;苏宁物流准时达扩至100城……

苏宁物流在物流建设方面采取了积极的开拓策略,其中快递网点增长迅速,可以看到商品配送网络进一步下沉县镇市场的趋势,换言之,物流体系配合苏宁零售商业的市场走向,完善了商品的配送网络。

主干物流建设与终端配送网络相结合,这是苏宁有效整合物流资源的基础,而前端门店密布的数量,又决定了苏宁物流服务的丰富性和个性化,如结合门店网络优势,推出即时配、自提、包裹派送、家电安维等服务内容,为社区用户提供更加便捷的物流及售后服务。

此外,苏宁物流持续发力"无人领域",无人配送小车"卧龙一号"先后在北京、南京、成都实现常态化运营,加上为解决偏远地区难精准投递问题而打造的无人机配送网络,苏宁物流真正实现了"仓运配"全流程无人化,"无人军团"愈发壮大。而亚洲第一、世界前三的智慧物流基地——"苏宁云仓"更是在仓储规模、日出货量、自动化水平等整体科技能力和智能化水平方面,打破了整个亚洲物流行业的纪录。

### 案例思考

1. 苏宁物流凭借怎样的发展策略在众多第三方物流企业中脱颖而出?
2. 第三方物流企业必须具备哪些功能?

### 知识链接

## 一、第三方物流的涵义

### (一)什么是第三方物流

第三方物流(third party logistics,3PL 或 TPL)是 20 世纪 80 年代中期由欧美学者提出的。在 1988 年美国物流管理委员会的一项顾客服务调查中,首次提到"第三方物流服务提供者"一词。

2006年中华人民共和国国家标准《物流术语》(GB/T18354—2006)中将第三方物流定义为:"独立于供方和需方以外的,为客户提供专项或全面的物流系统设计或系统运营的物流服务模式。"根据定义,第三方物流主要由以下两个要件构成:第一,主体要件,即在主体上是指"第三方",表明第三方物流是独立的第三方企业,而不是依附于供方或需方等任何一方的非独立性经济组织。第二,行为要件,即在行为上是指"物流",表明第三方物流从事的是专项或全面的物流系统设计和运营活动,而不是传统意义上的运输、仓储等。

为了更全面的理解第三方物流的概念,做以下角度解读。

### 1. 从物流服务提供者角度

第三方物流是指物流的实际供给方(假定为第一方)和物流的实际需求方(假定为第二方)之外的第三方通过合约向第二方提供部分或全部的物流服务,强调物流服务的提供者是实物交易之外的第三方。

第三方物流实际上是相对于第一方和第二方物流而言的。

第一方物流是由卖方、生产者或供应方组织的物流。这些组织的核心业务是生产和供应商品,为了自身生产和销售业务需要而进行自身物流网络、设施和设备的投资、经营与管理。

第二方物流是由买方、销售者组织的物流。这些组织的核心业务是采购并销售商品,为了销售业务需要投资建设物流网络、设施和设备,并进行具体的物流业务运作的组织和管理。

第三方物流则是专业的物流组织进行的物流,其中的"第三方"是指物流交易双方的部分或全部物流功能的服务提供者,即物流企业。物流企业是独立于第一方、第二方之外的组织,具有比这二者更明显的资源优势,是承担物流业务、组织物流运作的主体。其三者的关系如图4-5所示。

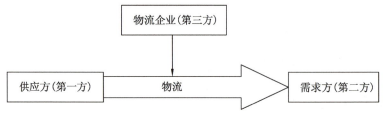

图4-5 第三方物流理解图示

### 2. 从与客户达成交易的形式角度

第三方物流又称为合同物流、契约物流,是服务提供者按合同在特定时期内向使用者提供个性化的物流服务,强调物流服务的提供者与客户是基于长期的合作,同时它是实现物流专业化"商物分离"的重要体现,其关系如图4-6所示。

### 3. 从所提供的物流服务功能范围角度

第三方物流是提供特定的、定制化的综合物流服务,强调物流服务的提供者提供的是全程物流服务,而非一般性的物流服务。同时,第三方物流服务不是某一企业内部专享的服务,第三方物流供应商面向社会众多企业提供专业服务,因此具有社会化的性质,可以说是物流专业化的一种形式。最常见的3PL服务包括设计物流系统、EDI能力、报表管理、货物集运、选择承运人、货代人、海关代理、信息管理、储存、咨询、运费支付、运费谈判等。

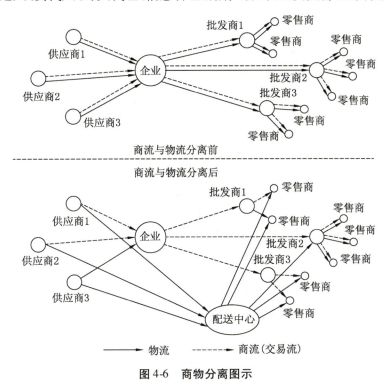

图 4-6　商物分离图示

## （二）第三方物流的特征

第三方物流接近半个世纪的发展,已经形成了鲜明的特征,主要表现在：

### 1. 关系契约化

首先,第三方物流是通过契约形式来规范物流经营者与物流消费者之间关系的。物流经营者根据契约规定的要求,提供多功能直至全方位一体化的物流服务,并以契约来管理所有提供的物流服务活动及过程。其次,第三方物流发展物流联盟也是通过契约的形式来明确各物流联盟参加者之间权责利相互关系的。

### 2. 服务个性化

首先,不同的物流消费者存在不同的物流服务要求,第三方物流需要根据不同物流消费者在企业形象、业务流程、产品特征、顾客需求特征、竞争需要等方面的不同要求,提供针对性强的个性化物流服务和增值服务。其次,从事第三方物流的物流经营者也因为市场竞争、物流资源、物流能力的影响需要形成核心业务,不断强化所提供物流服务的个性化和特色化,以增强物流市场竞争能力。

### 3. 功能专业化

第三方物流所提供的是专业的物流服务。从物流设计、物流操作过程、物流技术工具、物流设施到物流管理必须体现专门化和专业水平,这既是物流消费者的需要,也是第三方物流自身发展的基本要求。

### 4. 管理系统化

第三方物流应具有系统的物流功能,这是第三方物流产生和发展的基本要求,第三方物流需要建立现代管理系统才能满足运行和发展的基本要求。

### 5. 信息网络化

信息技术是第三方物流发展的基础,具体表现为物流信息的商品化、物流信息收集的数据化和代码化、物流信息处理的电子化和自动化、物流信息传递的标准化和实时化、物流信息储存的数字化等。信息化能更好地协调生产与销售、运输、储存等各个环节的联系。常用的技术有 EDI 技术、实现资金快速支付的 EFT 技术、条形码技术、电子商务技术及全球定位系统等。在第三方物流服务过程中,信息技术的发展实现了信息实时共享,促进了物流管理的科学化,极大地提高了物流效率和物流效益,如图 4-7 所示。

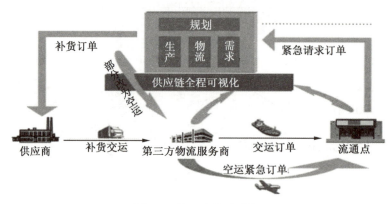

图 4-7　第三方物流举例

**想一想**　结合图 4-7,深入分析理解第三方物流的特征。

## 二、第三方物流产生的原因和发展历程

### (一) 第三方物流产生的原因

#### 1. 将非核心业务外包的直接结果

第三方物流的概念源于业务外包(outsourcing)。20 世纪 80 年代以来,现代通信、交通技术日新月异,经济全球化的趋势日益凸显,企业为了提升自身核心竞争力,就需要将企业的资金、人力、物力投入到其核心业务上去,寻求社会化分工协作,而专业化分工的结果导致许多非核心业务从企业生产经营活动中分离出来,其中就包括物流业。将物流业务委托给专门的物流公司承担,以达到降低成本,增加效益的目的——第三方物流就应运而生了。

**想一想**　什么是企业的核心业务和核心竞争力?举例说明。

#### 2. 新型管理理念的要求

进入 20 世纪 90 年代后,信息技术特别是计算机技术的高速发展与社会分工的进一步细化,推动着管理技术和思想的迅速更新,由此产生了供应链、虚拟企业等一系列强调外部协调和合作的新型管理理念。这增加了物流活动的复杂性,也对物流活动提出了零库存、准时制、快速反应、有效的客户反应等更高的要求,使一般企业很难承担此类业务,由此产生了专业化物流服务的需求。第三方物流的思想正是为满足这种需求而产生的。它的出现一方面迎合了个性需求时代企业间专业合作(资源配置)不断变化的要求,另一方面实现了进出

物流的整合,提高了物流服务质量,加强了对供应链的全面控制和协调,促进供应链达到整体最佳性。

**3. 物流领域的竞争激化导致综合物流业务的发展**

随着经济自由化和贸易全球化的发展,物流领域的政策不断放宽,同时也导致物流企业自身竞争的激化,物流企业不断地拓展服务内涵和外延,从而导致第三方物流的出现。

第三方物流产生的原因如图 4-8 所示。

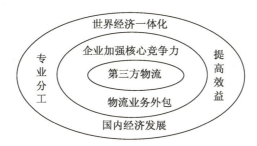

图 4-8 第三方物流产生的原因

> **重要提示**
>
> 物流企业和企业物流的区别:发生在企业外部的物流活动总称为社会物流,它是超越一家一户的、以整个社会为范畴、面向社会的物流,这种社会性很强的物流往往是由专业的物流组织来承担的,也就是物流企业(logistics enterprise),第三方物流企业就是它的典型表现。而企业物流(internal logistics)则是发生在企业内部的物流活动的总称,是具体的、微观的物流活动的典型领域。

**(二)第三方物流发展历程**

第三方物流的产生过程大致分为以下三个阶段。

**1. 流通市场时期**

在这一阶段,现代意义上的物流活动尚未产生。一个企业要完成物流活动,就必须在流通市场上与运输、仓储、包装、装卸搬运、流通加工、配送等不同的服务提供商交易,此时企业的交易成本最大。

**2. 物流行为的产生时期**

在这一阶段,产生了现代意义上的物流活动。相对于第一阶段而言,企业内物流事业部的物流行为是对传统运输、仓储等功能的系统集成。物流事业部以完成本企业物流活动为宗旨,其对市场的初级替代大大降低了交易成本。但是,生产企业物流事业部并不具备第三方物流的独立主体构成要件。所以在这一阶段真正意义上的第三方物流并未产生。

**3. 独立的第三方主体的产生时期**

在这一阶段,产生了独立于供方和需方的第三方物流企业。相对于第二阶段而言,第三方物流企业对市场的最终替代更大程度地降低了交易成本。

在过去几十年中,物流活动是否高效对企业在市场上能否取胜的决定作用变得越来越明显。从本质上说,企业在市场上的表现主要是由产品的质量、价格以及产品的供给三个因素决定,而这三个因素都直接或者间接受到物流的影响。世界经济将在纵向上对工业、供应商、客户、贸易和物流公司进行重新分工，物流公司介入生产以及销售环节将是物流业发展的必然趋势。第三方物流给供应链各参与者带来了很多好处和方便，因而受到了极大的欢迎，市场潜力巨大，必将成为未来物流业的主流。

> **知识拓展**
>
> **全球排名前三的第三方物流公司**
>
> 第一名，UPS联合包裹速递服务公司：该公司是世界上最大的快递承运商与包裹递送公司，同时也是专业的运输、物流、资本与电子商务服务的领导性的提供者。
>
> 第二名，FedEx联邦快递：隶属于美国联邦快递集团（FedEx Corp），设有环球航空及陆运网络，通过相互竞争和协调管理的运营模式，提供了一套综合的商务应用解决方案。
>
> 第三名，德国邮政：通过企业收购（收购DHL、邮政银行、Danzas等）构建起德国邮政国际网。当前主要业务有四个方面：邮件、快递、物流和金融。

## 三、第三方物流的利益来源及绩效评价指标

### （一）第三方物流的利益来源

第三方物流服务供应商必须提供良好的服务，来满足客户的期望。这些期望就是要使客户在作业利益、经济利益、管理利益和战略利益等方面都能获益。

#### 1. 作业利益

第三方物流服务能为客户提供的第一类利益是"作业改进"。这类利益主要包括两种因作业改进而产生的利益。

一是通过第三方物流服务，客户可以获得自己组织物流活动所不能提供的服务。企业自行组织物流活动时，或者限于组织物流活动所需要的专业知识，或者限于技术条件，企业内部的物流系统并不能完全满足物流活动的需要。而要求企业自行解决所有的问题显然是不经济的，更何况技术，尤其是信息技术，虽然正以极快的速度发展，但终究不是每一个企业也没有必要要求每一个企业都能掌握。这也就是要求第三方物流服务为客户提供的利益。

二是通过第三方物流服务，有可能改善前述企业内部管理的运作表现。这种作业改进的表现形式可能是增加作业的灵活性、提高产品质量或服务、提高速度和服务的一致性及效率等。物流服务商为客户提供更加专业化的服务，专业化意味着服务商要对每一个物流活动进行开发，以获得更多的优势。例如，在仓储业务上的专业化取决于足够的设施与设备，及熟练的运作技能。不断地投入和开发使物流服务商的操作强于客户企业自营物流的效果，得以提高物流运作的效率和效益。

#### 2. 经济与财务利益

通过第三方物流，可以使生产企业将不变成本转变成可变成本，避免盲目投资从而降低成本。稳定的成本使得规划和预算手续更为简便，生产企业中一个环节的成本一般来讲难以清晰地与其他环节区分开来，但是通过将物流服务外包，因为物流提供商要申明成本或费用，成本的明晰性就增加了。

## 知识拓展

第三方物流服务是有偿服务,被服务的公司要向第三方物流服务商支付一定的服务费。按照国际惯例,服务提供商在合同期内按照提供的物流成本加上需求方毛利额的20%收费。

**想一想** 观看视频《第三方物流运作》,思考第三方物流和企业自建物流,哪个更节约成本?

第三方物流运作

### 3. 管理利益

正如在作业改进部分所说的,物流外包既可以用来获得本公司缺乏的管理技能,也有助于将公司的内部管理资源用于更需要的用途上,从而使得公司的人力资源集中于公司核心活动中,同时可获益于第三方物流公司的核心经营能力。

### 4. 战略利益

物流外包还能产生战略性利益,这种战略利益主要体现在灵活性方面,包括物流服务地理范围跨度的灵活性以及根据环境变化进行其他调整的灵活性。

### (二)第三方物流绩效评价指标

生产企业是否选择和第三方物流企业合作,以及选择和怎样的第三方物流企业合作,都是企业管理者需要思考的问题,我们可以通过一些定量的绩效指标来对第三方物流企业的服务进行全面的评估,从而为管理者做决策提供依据,如表4-1所示。

表4-1 第三方物流企业物流绩效评价指标

| 绩效评价 | 项目 | 评价内容或要求 | |
|---|---|---|---|
| 物流内部绩效评价 | 物流成本评价 | 总成本分析<br>单位成本<br>销售量百分比<br>仓储费用<br>采购运输费用<br>配送运输费用 | 行政管理费用<br>订货处理费用<br>人力成本<br>实际绩效与预算比较<br>成本趋势分析<br>商品的直接利润率 |
| | 物流客户服务评价 | 填写单据的速度<br>是否有现货<br>运送错误<br>及时发送 | 订货完成时间<br>顾客反馈<br>销售部门反馈<br>顾客调查 |
| | 物流成本评价 | 每个员工发货的单位<br>与以往数据对比<br>目标实现的情况 | |
| | 物流资产管理评价 | 库存周转<br>库存成本<br>库存水平<br>过期库存 | 车辆利用<br>仓储设施利用<br>资产投资回报<br>净资产收益 |

续表

| 绩效评价 | 项 目 | 评价内容或要求 |
|---|---|---|
| 物流内部绩效评价 | 物流质量评价 | 损坏频率<br>损坏金额<br>顾客退货率<br>退货费用<br>客户投诉 |
| 外部客户绩效评价 | 顾客服务水平要求<br>交货时间<br>送货频率<br>时间区间<br>准时交货<br>送货准确性<br>送货人员服务态度<br>信息提供<br>交货地点废弃物处理 | 订货截止时间<br>订货单位<br>确定货物送达限额<br>订货损坏情况<br>提供紧急订货服务<br>客户投诉的反应速度<br>流通加工服务<br>退货管理 |

## 四、解读第四方物流

### (一) 什么是第四方物流

第四方物流源于第三方物流。在第三方物流的运作过程中,提供多样化的服务,必然会遇到自身资源、运作能力、专业技能、专业人才以及客户关系处理等方面的限制。那么,如何打破传统第三方物流企业核心竞争优势的限制,建立一种新的服务模式呢?1998年,美国安德森(今埃森哲)咨询公司提出第四方物流,并将其定义为:一个调配和管理组织自身的及具有互补性的服务提供商的资源、能力与技术,来提供全面的供应链解决方案的供应链集成商。强调其使命就是提供包括第三方物流服务在内的一整套供应链解决方案。

更确切的理解,第四方物流是一个供应链资源整合的方案咨询商。这里的供应链资源包括参与成员企业拥有的一切可以利用的资源。第四方物流的作用有两个:一是把供应链系统内部彼此相关但又分离的资源进行组织和协调,以形成一个高效运作的体系,达到提升顾客所需产品或服务的满意水平;二是在提升供应链系统整体运作效率、增加收益的同时,降低各成员之间的协作风险。

### (二) 第四方物流的运作模式

#### 1. 超能力组合(1+1>2)的协同运作模式

该模式下,第四方物流是在第三方物流企业的内部工作,并通过第三方物流企业来实施第四方物流的管理思想和具体策略。双方共同开发市场,第四方物流向第三方物流提供一系列服务,如技术、供应链策略、进入市场的能力和项目管理的专业能力等,他们的合作关系往往采用商业合同的方式或者战略联盟的形式。如图4-9所示。

#### 2. 方案集成商模式

该模式下,第四方物流作为一个枢纽,集成多个物流服务商的能力为顾客服务,为顾客提供运作和管理整个供应链的解决方案,第四方物流对自身及第三方物流的资源、能力和技术进行综合管理,借助第三方物流为客户提供全面的、集成的供应链方案。如图4-10所示。

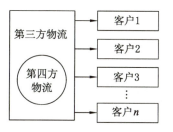

图4-9 第四方物流的协同运作模式

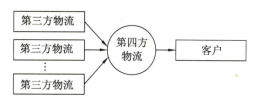

图4-10 第四方物流的方案集成商模式

### 3. 行业创新者模式

与方案集成商模式不同，在此模式下，第四方物流为多个行业的客户开发和提供供应链解决方案，以整合整个供应链的职能为重点。该模式运作如图4-11所示。

（三）发展第四方物流应关注的问题

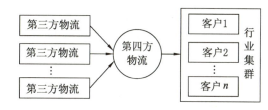

图4-11 第四方物流的行业创新者运作模式

第四方物流的出现弥补了物流发展过程中的缺陷，它依靠优秀的第三方物流技术供应商、管理咨询顾问和其他增值服务商为客户提供有针对性的供应链解决方案，具有广阔的前景。但我们也应该清醒地认识到，成为第四方物流提供商的门槛是非常高的，经验表明，要想进入该领域，企业必须在一个或几个方面已经具备很强的核心能力和竞争优势，并且有能力通过战略合作伙伴关系很容易地进入其他领域。以下是我们应该关注的问题。

### 1. 统筹规划，整合资源，搞物流基础建设

积极鼓励出台社会资源整合、一体化平台建设的政策，使物流设施和物流企业在空间上集中、合理、有序地发展；实行专业化、集约化、一体化和规模化运营，积极推广物流信息技术的应用；建立一种贯通物流全程的新物流体系，不断提高合作的意识。

### 2. 积极培养物流管理高端人才

企业的供应链往往是跨区域、跨行业、跨国界的复杂系统网络，设计、构建、管理、运营以及控制这样一个复杂系统，需要懂技术、懂管理、懂经济、懂法律、懂贸易、懂文化的复合型人才或者组合型团队，这是第四方物流运作的核心保证。

### 3. 建立全面物流公共信息平台

积极加速电子商务与现代物流产业的融合，建立统一规范的网络平台，整合不同物流企业的资源，增加物流信息的透明度，给客户提供更加全面的供应链集成服务。

> **知识拓展**
>
> 深圳市怡亚通供应链股份有限公司（简称"怡亚通"），是中国第一家上市的供应链服务企业，致力于以物流为基础，供应链服务平台为载体，互联网为共享手段，联合供应链各环节参与者，构建一个跨界融合、共融共生的供应链商业生态圈。

## 任务三 探索国际物流

### "丝绸之路经济带"亚欧大陆桥国际物流研讨会

2017年10月19日,由中国交通运输协会亚欧大陆桥物流分会主办、连云港港口控股集团有限公司协办的2017年"丝绸之路经济带"亚欧大陆桥国际物流研讨会在连云港召开。

中国交通运输协会常务副会长王德荣在会上作了致辞。他表示,开发运营好中欧班列,是深化我国与沿线国家经贸合作的重要载体和推进"一带一路"建设的重要抓手。2016年,为推进中欧班列建设健康发展,我国推进"一带一路"建设工作领导办公室印发了《中欧班列建设发展规划》,全面部署今后几年中欧班列建设发展任务。近年来,随着中哈两国关系全面发展,中欧(中亚)班列快速发展,其开行质量、规模效益逐年向好。当前,中国经济正处于增速换挡和发展转型的关键时期,各地区既面临社会经济转型发展的重大挑战,也面临区域间开放合作的重大机遇。

连云港港口控股集团总裁朱向阳在会上作了致辞。他在致辞中说道,连云港是新亚欧大陆桥东方桥头堡,是中国国际集装箱海铁联运和亚欧跨境运输事业的开拓者。自大陆桥运营25年来,共累计发运国际班列10 000列、95万标箱,是亚欧大陆桥运输"第一港"。在"一带一路"合作倡议框架下,连云港港口与中远海集团、中铁总公司、哈国铁等国内外知名物流企业合作建设中哈物流合作基地、上合组织出海基地,初步形成了深水大港、远洋干线、中欧班列、物流场站的无缝对接,开创了跨国界、跨行业、多元发展、多式联运的全新物流服务模式,在亚欧大陆桥国际物流运输合作中发挥着日益重要的作用。特别是2017年6月8日,习近平主席作出"将连云港—霍尔果斯串联起的新亚欧陆海联运通道打造成为'一带一路'合作倡议标杆和示范项目"的重要指示。港口在社会各界的关心与支持下,紧扣"总量最大、效率最快、辐射最广"的工作目标,围绕"信息通联高效、合作模式多元、协调机制顺畅"的实施路径,不断延伸"带"的宽度与厚度,努力增加"路"的长度与密度。

**案例思考**

1. 结合中国"一带一路"发展战略,分析国际物流的发展趋势。
2. 试分析新时代下,国际物流的特点。

 知识链接

## 一、国际物流的涵义

### (一)国际物流的定义

国际物流是在不同国家之间的、跨国界的、流通范围扩大了的物品的实体流动,是国内物流的延伸和进一步扩展。国际物流也是国际贸易的一个重要组成部分,因为各国之间的相互贸易实际上最终都将通过国际物流来实现。

国际物流有广义和狭义之分。广义的国际物流包括贸易性国际物流和非贸易性国际物流。其中贸易性国际物流是指组织国际贸易货物(进出口货物)在国际间的流动。非贸易性国际物流是指各种会展物品、行李物品、办公用品、捐助、援外物资等非贸易货物在国际间的流动。

狭义的国际物流是指贸易性的国际物流,即当商品的生产和销售分别在两个或两个以上的国家(地区)独立进行时,为了克服生产与销售之间的空间距离和时间间隔,对商品进行时间和空间转移的活动,即卖方交付货物和单证、收取货款,买方支付货款、接受单证和收取货物的过程。

国际物流的发展促进了世界范围内物资的合理流动,促使国际间物资或商品的流动路线最佳、流通成本最低、效益最高;同时国际物流通过物流的合理组织也促进了各国经济乃至世界经济的发展。

### (二)国际物流的特点

#### 1. 物流环境差异性大

国际物流一个显著的特点是各国物流环境存在较大差异。这些差异主要表现为:不同国家物流适用的法律以及基础设施的不同使国际物流的差异性远高于一国国内物流;经济和科技发展水平的不同会造成不同国家的国际物流科技水平的差异,当出现物流技术不能在某一国家应用时,也会导致国际物流的整体水平下降;由于不同国家的标准不同,也会造成国际间无法接轨的窘境,从而使国际间的物流系统难以建立;不同国家的历史人文环境和风俗习惯对国际物流的发展也会产生不同程度的影响。

#### 2. 物流系统面广,风险更大

国际物流涉及不同国家,面临各种内外复杂因素,业务环节复杂,物流过程所需时间更长,不确定性因素和风险也随之增大。同时,由于国际物流涉及面广、环节多,因而风险性也大。国际物流中可能遇到的风险包括政治风险、经济风险、自然风险和意外事故等。例如,在国际物流运输中,由于运输距离长、时间增加、中途转运、装卸频繁等原因,物品遭受灭失、损坏的风险明显增大;由于汇率的变化、外商资信问题等原因,国际物流运作过程中还必然面临更多的信用及金融风险。

#### 3. 国际物流运输形式多样

国际物流中,由于货物运输环节多、路线长、气候多变,货物在运输途中的保管、存放要求高,因此海洋运输、航空运输尤其是国际多式联运(international multinational transport)是其主要运输方式,具有一定的复杂性。国际多式联运是由一个联运经营人使用一份多式联运的合同将至少两种不同的运输方式连接起来进行货物在不同国家间的转移。

> **知识拓展**
> 
> 观看视频《国际多式联运》。

国际多式联运

### 4. 国际信息系统建立要求更高

在国际物流中,生产企业或货主会在很大程度上依靠物流企业经营者提供物流服务和信息,而这些信息交流的工作必须得到国际化信息系统的支持。国际化信息系统是国际物流非常重要的支持手段。国际信息系统建立主要有两大难题:一是管理困难,二是投资巨大。同时世界各国(地区)物流信息化发展水平参差不齐,使得国际信息系统的建立更为困难。

### 5. 国际标准化要求更高

统一国际物流标准是国际物流顺畅进行非常重要的保障。目前,美国和欧洲各国基本实现了物流工具、设施标准的统一,如托盘采用1 000 mm×1 200 mm,集装箱采用有限的几种统一规格及条码技术等,这样大大降低了物流费用和转运的难度。向这一标准靠拢的国家,必然能在转运、换车底等许多方面节省大量的时间和费用,从而提高其国际竞争力。在物流信息传递技术方面,欧洲各国不仅实现了企业内部的标准化,而且实现了企业之间及欧洲统一市场的标准化,这就使欧洲各国之间的物流业务交流比其他亚洲、非洲等各国的交流更简单、更有效。

综上所述,国际物流和国内物流的对比,如表4-2所示。

表4-2 国际物流与国内物流特征对比

|  | 国内物流 | 国际物流 |
| --- | --- | --- |
| 成　　本 | 成本较低 | 成本较高 |
| 运输模式 | 主要靠公路和铁路 | 主要靠远洋和航空运输,有多种多样的联运方式 |
| 库　　存 | 库存水平较低,反映短期订货、前置期需要及改善的运输能力 | 库存水平较高,反映较长的前置期、较大的需求和不稳定的运输 |
| 代理机构 | 适当使用代理机构,主要是铁路方面 | 对货运代理商、报关行有较强的依赖性 |
| 财务风险 | 较小 | 财务风险较高,是汇率、通货膨胀水平不同等造成的 |
| 运输风险 | 较小 | 运输风险较高,是国际运输时间长、转运困难、装卸频繁以及不同国家的基础设施水平不同造成的 |
| 政府机构 | 主要是关于危险货物、重量、安全等全面的法律以及关税问题 | 许多机构介入,如海关、商业部门、农业部门、运输部门等 |
| 管　　理 | 涉及的单据较少 | 涉及大量的单据 |

续表

| | 国内物流 | 国际物流 |
|---|---|---|
| 沟通 | 口头的或书面的系统就足够了,现在越来越多的使用EDI | 口头或书面的成本很高,且常常无效,EDI又因为各国的标准不同而受到一定程度的限制 |
| 文化差异 | 文化背景类似,因而不需要对产品做出较大的改动 | 文化差异要求对产品和市场工作做出较大的改动 |

### (三) 国际物流的产生和发展

国际物流是伴随着国际贸易的发展而产生的,是国际贸易的具体实现途径和方式。国际贸易(international trade)是指世界各国(地区)之间的商品、服务和技术的交换活动,包括出口和进口两个方面。从一个国家的角度看这种交换活动,称为该国的对外贸易(foreign trade)。从国际上看,世界各国对外贸易的总和,就构成了国际贸易,也称世界贸易(world trade)。

第二次世界大战以后,随着跨国投资的兴起,发展中国家生产力水平的提高,发达国家与发展中国家之间的贸易以及跨国生产企业内部的国际贸易发展迅速,国际贸易总量以及运作水平上有了新的变化。适应这一变化,国际物流也逐渐在数量、规模以及技术能力上有了长足的发展。

国际物流的发展经历了以下几个发展阶段:

第一阶段:20世纪50年代,国际物流发展的准备阶段。第二次世界大战结束后,在世界银行、国际货币基金组织等国际经济组织的推动下,国与国之间的经济交往越来越多。在这种新的形势下,原有的仅满足运送必要货物的运输观念已不能适应新的要求,系统物流开始进入国际领域。

第二阶段:20世纪60年代,国际物流设备、工具大型化阶段。随着国际贸易的增长,60年代开始形成了国际间的大规模物流,在物流技术上出现了大型物流工具,如20万吨的油轮、10万吨的矿石船等。

第三阶段:20世纪70年代,国际货物包装集装箱化,集装箱船、集装箱港口快速发展阶段。国际集装箱及国际集装箱运输的发展,国际间各主要航线的定期班轮都投入了集装箱船,一下子把散杂货的物流水平提了上去,使物流服务水平得到了很大提高。20世纪70年代中后期,国际物流对质量和速度的要求进一步提高,这个时期在国际物流领域出现了航空物流大幅度增加的趋势,同时出现了更高水平的国际联运物流形式。

第四阶段:20世纪80年代,国际货物多式联运、自动化搬运、装卸技术发展阶段。这一时期,物流量不断扩大的情况下出现了"精细物流"的概念,物流的机械化、自动化水平显著提高。同时,伴随着新时代人们需求观念的变化,国际物流的重心开始转向"小批量、高频度、多品种"的物流,并随之产生了不少新技术、新方法,从而使现代物流不仅覆盖了大量的货物、集装杂货,而且也覆盖了多品种的货物,解决了大部分物流对象的现代物流问题。20世纪80年代在国际物流领域的另一大发展,是伴随着国际物流,尤其是国际多式联运物流出现的物流信息系统和电子数据交换(EDI)系统。

第五阶段:20世纪90年代,国际物流信息化时代。由于Internet、条码及卫星定位通信技术的发展,这些高新技术在国际物流中应用越来越普及,极大地提高了物流信息化和物流服务水平，使国际物流进入了一个高度发展的时代。

第六阶段：进入 21 世纪，随着物流信息化的迅速发展，物流的标准化、网络化、大数据、云计算、智能化、低碳化，日益成为国际物流快熟发展的显著标志和变革要求。

## 二、国际物流的业务构成

国际间进行商品买卖，双方达成国际货物买卖合同之后，为了保证合同规定的货物按质、按量，准时而无差错地从卖方处所转移到买方指定地点，也就成为国际物流的核心业务内容。国际物流业务包括跨国境的商品运输、装卸搬运、仓储、检验通关、包装、流通加工、信息处理等各项活动。

### （一）国际货物运输

国际货物运输是国际物流的重要业务，主要通过国际货物运输实现商品由发货方到收货方的转移，以实现物流的空间效应。国际货物运输是国内运输的延伸和扩展，同时又是衔接出口国运输和进口国运输的桥梁与纽带。现代物流业的迅速发展与运输业的技术革命紧密相关，特别是集装箱技术的推广应用给国际物流业的发展带来了一场深刻的革命，极大地提高了国际物流的效率。在运输过程中，运输方式的选择、运输单据的处理和投保方面的保障也是国际运输能否顺利进行的保证。

### （二）进出口商品装卸与搬运

在物流系统中，装卸与搬运主要指垂直运输和短距离运输，其主要作用是衔接物流其他环节的作业。货物的装船、卸船、进库、出库，以及在库内的搬、倒、清点、查库、转运转装等都是装卸与搬运的重要内容。在国际物流中，提高装卸、搬运的作业质量和效率，可以有效地减少物流各环节之间的摩擦，从而提高物流系统的效率，降低物流成本。

### （三）进出口商品储存

进出口商品流通是一个由分散到集中，再由集中到分散的流通过程，主要通过储存保管解决外贸商品使用价值在时间上的差异，以创造商品的时间价值。进出口商品的储存地点可以是在各国的保税区和保税仓库进行，也可以是在流通仓库或国际转运站点，而在港口储存的时间则取决于港口装运系统与国际运输作业进行衔接的效率。由于商品在储存进程中有可能降低其使用价值，而且需要消耗管理资源，因此必须尽量缩短储存时间、加快周转速度。

### （四）进出口商品的包装

在国际物流活动中，在对出口商品包装进行设计及具体包装作业的过程中，应将包装、储存、装卸搬运、运输等物流各环节进行系统地分析和全面规划，以实现现代国际物流系统所要求的"包、储、运一体化"，从而提高整个物流系统的效率。商品的商标与包装不仅反映了企业的经营水平与风格，也是一个国家科技文化综合水平的直接反映。

### （五）进出口商品的流通加工

商品在流通过程中的加工，不仅可以促进商品销售，提高物流效率和资源利用率，而且还能通过加工过程保证并提高进出口商品的质量，扩大出口。流通加工既包括分装、配装、拣选、刷唛等出口贸易商品服务，也包括套裁、拉拔、组装、服装烫熨等生产性外延加工。这些加工不仅能最大限度地满足客户的多元化需求，还能增加外汇收益。

### （六）进出口商品的检验通关

国际贸易具有风险高、周期长等特点，为了避免交货以后双方因货物品质、数量、质量等方面的问题发生争执，商品检验成为国际物流系统中重要环节，进出境检验检疫包括进出口商品检验、进出境动植物检疫和国境卫生检疫等。国际物流的一个重要特点就是跨越关境，对于国际物流而言，熟悉各国通关制度及其变更，建立安全有效的快速通关系统是提高国际物流效率的重要方面。

### （七）国际配送

国际配送是指一国企业利用对外贸易政策或保税区的特殊政策，对进出口货物、保税货物及各种国际快件进行分拣、分配、分销、分送等配送分拨业务，或进行增值加工后向国内外配送。国际配送是国际贸易进一步发展、国际分工进一步深化的结果，已经成为国际物流活动的重要形式和内容。

### （八）国际物流信息系统

进出口商品在国际间流转，对于信息情报的采集、处理及传递是非常重要的，国际物流信息主要包括进出口单证的作业过程、支付方式信息、客户资料信息、市场供求信息等。在国际贸易中EDI技术的应用和发展，建立了国际贸易和跨国经营的信息高速公路，极大地提升了国际物流的效率。

## 三、国际物流节点

整个国际物流过程是由多次的"运动—暂停—运动—暂停"所组成的。而暂停的过程一般都是在物流节点中，在整个国际物流网络中，国际物流节点对提高物流的增值服务水平和综合服务功能起到至关重要的作用。它不仅执行着一般的物流职能，而且也越来越执行着指挥调度、采集信息等神经中枢的职能。

### （一）国际物流节点的功能和分类

国际物流节点一般采用以下手段来衔接物流：通过转换运输方式来衔接不同的运输手段；通过加工，衔接干线物流及配送物流；通过储存，衔接不同时间的供应物流和需求物流；通过集装箱、托盘等集装处理，衔接整个"门到门"运输，因此它具有衔接功能。同时国际物流中的每个节点都是物流信息系统的一个点，若干个这种类型的信息点和物流系统的信息中心结合起来，便构成了指挥、管理、调度整个物流系统的信息网络，因此它还具有信息功能。

在国际物流中，根据节点在整个物流网络中的地位和作用不同，分为以下几种类型：

（1）转运型节点。转运型节点以连接运输方式为主要职能，停留时间短，如铁路货运站、海运码头港口、公路货场、航运机场、不同运输方式之间的转运站、终点站和口岸等。货物在这类节点上停滞的时间较短。

（2）储存型节点。储存型节点以货物储存为主要职责，停留时间长，如储备仓库、营业仓库、中转仓库、港口和口岸仓库等。货物在这类节点上停滞的时间较长。

（3）流通型节点。流通型节点以组织货物在物流系统中的运动为主要职能，如流通仓库、配送中心、流通中心等。

（4）综合型节点。综合型节点是指将若干功能有机结合成一体的集约型节点。例如，国际物流中心、自由贸易区、保税区、出口加工区就有综合型物流节点的功能；港口码头、保

税仓库、外贸仓库也可以成为物流中心。

> **重要提示**
>
> 近年来,随着跨境电商的迅速发展而兴起的海外仓物流模式使得跨境电商为国外市场提供本土服务成为可能,并将成为推动跨境零售出口加速发展的新动力。海外仓是从事出口跨境电子商务的企业在国外自建或租用仓库,将货物批量发送至国外仓库,实现国外销售、配送的跨国物流形式。

### (二) 典型国际物流节点介绍

#### 1. 口岸

口岸物流是国际物流的组成部分,指由国家指定对外经贸、政治、外交、科技、文化、旅游和移民往来,并供往来人员、货物和交通工具出入国(边)境的港口、机场、车站的通道。简单地说,口岸是国家指定对外往来的门户。口岸从不同的角度有不同的分类,按照批准开放的权限可以分为一类口岸和二类口岸。从我国来说,一类口岸是指国务院批准开放的口岸(包括中央管理的口岸和由省市自治区管理的部分口岸);二类口岸是指省级人民政府批准开放并管理的口岸。按照出入境的交通方式,可将口岸分为港口口岸、陆地口岸和航空口岸三种。港口口岸指国家在江河湖海沿岸开设的供人员和货物出入国境及船舶往来停靠的通道。陆地口岸指国家在陆地上开设的供人员和货物出入国境及陆上交通运输工具停站的通道。航空口岸又称空港口岸,指国家在开辟有国际航线的机场上开设的供人员和货物出入国境及航空器起降的通道。

#### 2. 港口

港口是内地的货物、旅客运往海外,或船舶靠岸后起卸客货运送至本地或内陆各地的交汇地。因此港口的功能可以归纳为以下几个方面:

(1) 货物装卸和转运功能。这是港口的最基本功能,即货物通过各种运输工具转运到船舶或从船舶转运到其他各种运输工具,实现货物空间位置的有效转移,开始或完成水路运输的全过程。

(2) 商业功能。在商品流通过程中,货物的集散、转运和一部分储存都发生在港口。港口介于远洋航运业与本港腹地客货的运输机构之间,便利客货的运送和交接。港口的存在既是商品交流和内外贸易存在的前提,又促进了它们的发展。

(3) 工业功能。随着港口的发展,临江、临海工业迅猛发展。通过港口,由船舶运入原料,再由船舶输出加工制造的产品,前者使工业生产得以进行,后者使工业产品的价值得以实现。港口的存在是工业存在和发展的重要前提,在许多地方,港口和工业已融为一体。

> **知识拓展**
>
> 2016年6月,中港网发布的2015年全球十大港口货物吞吐量统计排名显示,2015年,全球港口货物吞吐量前十大港口排名顺序依次为:宁波—舟山港、上海港、新加坡港、天津港、苏州港、广州港、唐山港、青岛港、鹿特丹港、黑德兰港。进入十大港口之列的中国港口数量为7个。

### 3. 自由港或自由贸易区

自由港（Free Port）又称自由口岸。自由贸易区（Free Trade Zone）也称为对外贸易区、自由区、工商业自由贸易区等。

无论自由港或自由贸易区都划在关境以外，对进出口商品全部或大部分免征关税，并且准许在港内或区内开展商品自由储存、展览、拆散、改装、重新包装、整理、加工和制造等业务活动，以便本地区的经济和对外贸易的发展，增加财政收入和外汇收入。

## 任务四　迈向绿色物流

### 快递包装污染惊人！

2017年"双十一"天猫最终交易额定格在1 682亿，创下历史新高。据大数据公司星途数据统计显示，2017年"双十一"全网总销售额达2 539.7亿元，产生包裹13.8亿个。"剁手党"们狂欢的背后，是"爆仓"的快递和让人拆到手抽筋的包装。

2017年11月2日，国家邮政局、国家发改委、科技部等10部门联合发布《关于协同推进快递业绿色包装工作的指导意见》，明确了推进快递业绿色包装工作的三大目标和七项任务，提出到2020年，可降解的绿色包装材料应用比例将提高到50%，并规定，今后将每年11月第一周作为"绿色快递宣传周"。

层层叠叠的快递包装为啥引人关注，背后隐藏着怎样的环境危害？给快递包装"瘦身"难在哪儿？在您翘首期盼商品到货的同时，快递包装背后的"绿色警钟"已敲响。

近年来，快递包装增量速度惊人。据统计，从2012年到2016年，我国快递业务量已经从56亿件飙升至312亿件，相当于每个中国人一年要收发24个快递。按目前的增量预计，今年全国的快递业务量或将达400亿，而到2020年，这个数字可能会变成700亿。

不断飙升的快递业务量背后，是包装物料的巨大消耗。根据国家邮政局去年发布的《中国快递领域绿色包装发展现状及趋势报告》，2015年全年约消耗编织袋31亿条、塑料袋82.68亿个、封套31.05亿个、包装箱99.22亿个、胶带169.85亿米、内部缓冲物29.77亿个。以每个包裹使用1米胶带计算，2015年中国快递行业使用的胶带可以绕地球赤道425圈。而据2017年发布的《报告》统计，2016年全年约消耗编织袋32亿条，99%为快递企业"直接使用"；塑料袋147亿个，其中快递"直接使用"占比为46%。

**案例思考**

1. 上述案例给了我们哪些警示？
2. 试分析物流各环节可能存在的环境污染问题，可以用什么手段解决这些问题。

## 知识链接

近十几年,中国物流需求不论是绝对量还是增长速度都是世界罕见的,如何实现物流产业的可持续发展,如何实现循环经济和可持续发展,如何在物流产业中落实生态文明建设,在我国显得尤为重要。"绿色化"作为推动物流产业健康发展的方式之一,是我国经济发展的现实需要,同时也是对人类生存环境应负的责任。

### 一、绿色物流的涵义

（一）绿色物流的定义

中华人民共和国国家标准《物流术语》（GB/T18354—2001）将绿色物流界定为:在物流过程中抑制物流对环境造成危害的同时,实现对物流环境的净化,使物流资源得到充分利用。

我国有学者认为绿色物流是指以降低污染排放物、减少资源消耗为目标,通过先进的物流技术和面向环境管理的理念,进行物流系统的规划、控制、管理和实施的过程。从微观层面看,绿色物流应该在保证物流作业的时效性和安全性前提下,以减少资源消耗量、提高资源使用效率和降低环境污染程度为目标,通过政策、管理和技术手段来净化物流活动过程,实现物流产业本身的可持续发展。从宏观层面看,绿色物流则应通过对城市、区域乃至国家的产业布局和人口布局进行调控,尽可能降低物流发生量,避免重复物流活动,从而减少物流对社会和环境的压力,实现物流与环境的持续稳定发展。

（二）绿色物流产生的原因

20世纪90年代我国兴起的"绿色浪潮",以可持续发展为目标,引领人们进行一场意义深远的"绿色革命",其影响力迅速从有形产品渗透到无形产品。物流作为一项复合型的服务产业,当其发展受到环境因素制约时,对其进行"绿色化"改造,无疑是符合时代发展要求的。事实上,为了物流产业的可持续发展,在"绿色"概念扩散的早期就已经产生了"绿色物流"的概念。一般认为,绿色物流是以可持续发展为目标的"绿色运动"向物流领域的渗透,它强调物流系统效益、企业经济利益与生态环境利益的协调和平衡,是一种资源节约型和综合利用型的共生型物流。物流与环境关系呈现了三种状态,如图4-12所示。

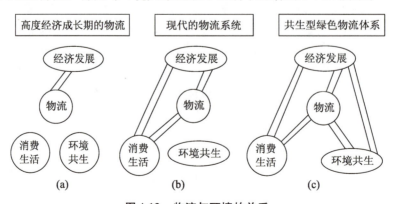

图4-12 物流与环境的关系

项目四 物流主要模式

### (三) 绿色物流的基本功能要素

绿色物流的实现必须深入到具体的物流环节中去。一般认为,物流的基本功能要素包括运输、储存、装卸搬运、包装、流通加工等内容,相应地,绿色物流的基本功能要素也应包括绿色运输、绿色储存、绿色装卸搬运、绿色包装、绿色流通加工等几个方面。

#### 1. 绿色运输

绿色运输是绿色物流系统的核心功能要素,也是对环境影响程度最大的功能之一。设计合理的运输路线降低空载率,控制高污染运输车辆的使用,提倡使用清洁干净的燃料和绿色交通工具,控制运输设备的资源消耗,控制机动车尾气排放,降低噪声等,都是绿色运输的具体要求。

> **重要提示**
>
> 新能源汽车的使用,为绿色物流的发展提供了支持。新能源车有以下优点:(1) 零排放或近似零排放;(2) 减少了机油泄露带来的水污染;(3) 降低了温室气体的排放;(4) 运行平稳、无噪声。

#### 2. 绿色储存

绿色储存就是要在储存环节避免物品的损耗同时减少货物对周边环境的污染及人员的辐射侵蚀。绿色储存要求在整个储存过程中运用最先进的保质保鲜技术,在无货损的同时消除污染,尤其要注意对有毒化学品、放射性物质、易燃易爆商品的泄漏和污染的防治,同时对仓库的合理布局也是绿色储存应考虑的方面。

#### 3. 绿色装卸搬运

绿色装卸搬运是指为了减少装卸搬运环节产生的粉尘烟雾而采取的一系列措施的总和。具体要求包括:在货物集散场地,尽量减少泄漏和损坏,杜绝粉尘、烟雾污染;清洗货车的废水必须经过处理后再排放;在货物集散地应安装防尘装置,并制定相应的容度标准;对装卸搬运环节产生的废水应进行集中收集、处理和排放等。

#### 4. 绿色包装

绿色包装是指能够循环复用、再生利用或降解腐化,且在产品的整个生命周期中对人体及环境不造成公害的适度包装。绿色包装的途径主要包括:促进生产部门采用尽量简化的由可降解材料制成的包装;商品流通过程中尽量采用可重复使用的单元式包装,实现流通部门自身经营活动用的包装的减量化,主动地协助生产部门进行包装材料的回收与再利用;对包装废弃物进行分类;积极开发新型包装材料(易降解、易拆卸折叠);节省包装资源,降低包装物成本,提高包装业效率。

**想一想** 观看视频《快递包装革命》,想一想我们身边有哪些绿色包装的实例?这些绿色包装都有什么特征?

快递包装革命

#### 5. 绿色流通加工

绿色流通加工是指出于环保考虑的无污染的流通加工方式及相关政策

135

措施的总和。绿色流通加工的途径主要分两个方面：一方面,变消费者分散加工为专业集中加工,以规模作业的方式提高资源利用效率,以减少环境污染,如餐饮服务业对食品的集中加工,减少家庭分散烹调所造成的能源浪费和空气污染等；另一方面,集中处理消费品加工中产生的边角废料,以减少消费者分散加工所造成的废弃物污染,如流通部门对蔬菜的集中加工,减少了居民分散垃圾丢放及相应的环境治理问题。

此外,绿色物流体系还包括绿色信息的收集和管理、物流业的绿色指标体系,以及企业的绿色物流管理和政府的绿色物流政策等。

## 二、推行绿色物流的策略

绿色物流是由政府、企业和社会公众共同参与的一项社会活动,企业绿色物流活动虽然是以企业为核心,但其推动和发展同样也需要政府和社会公众的参与和配合。

### （一）企业策略

企业,既包括从事有形产品生产或销售的普通工商企业,也包括专门提供物流服务的第三方物流企业。它们作为物流活动的行为主体,既可能因为物流绿色化行为带来的成本增加而对其持抵制态度,也有可能因为物流绿色化良好的社会效应而成为最有力的推动者。

从长远看,企业物流的绿色化不仅可以带来成本、差异化和社会形象方面的竞争优势,还可以缓解来自社会公众、供应链核心企业、绿色壁垒和政府监管的压力。社会责任正在成为现代企业的一种共同追求。因此,企业需要从战略高度看待物流的绿色化行为,采取行之有效的措施,实行企业物流的绿色化转型。

#### 1. 积极推进物流功能要素的绿色化

企业物流由运输、储存、包装、装卸搬运、流通加工等功能要素组成。企业要推进物流的绿色化,必须首先从这些功能要素入手,功能要素的绿色化是企业物流绿色化的基础。如运输的绿色化策略可以倡导企业选择更加环保的运输方式（如多式联运、共同配送等）。流通加工的绿色化主要推行流通加工的规模化,规模效应是在任何行业都普遍存在的一种经济现象,它在流通加工领域的体现则更加显著。储存的绿色化要求提高各种仓库设备的环保性能,保证仓库设备运行的绿色化,如仓库的制冷装置应尽快实现无氟化,仓库的抽湿系统应尽量减少有毒有害化学物质的使用等。

#### 2. 应用信息技术,促进物流组织工艺的绿色化

物流并不是各项功能要素的简单相加,现代物流的核心和精髓就在于其组织工艺的系统化。企业之所以能够对跨地域、跨行业的众多物流资源实施系统化管理,主要得益于信息技术的进步。因此,要推动企业物流向绿色化方向发展,除了要保证各项功能要素的绿色化之外,还应从组织工艺入手,充分发挥现代信息技术的作用,采用系统集成的方法,使企业物流系统产生"1+1>2"的效果。物流组织工艺的绿色化可以在两个层次进行展开,它既可能是指特定功能要素内部组织工艺的绿色化,也可能是指各项不同功能要素之间组织工艺的绿色化。采用第三方物流,对物流资源进行整合利用就是一种体现。

**知识拓展**

### 我国国内电商巨头绿色物流战略盘点

1. "早鸟"顺丰，领跑绿色：通过对物料的标准优化及业务模式的调整，不断降低原材料的使用量，2018年推出丰·BOX，根据相关数据的分析预测，一千万个丰·BOX将可替代5亿个纸箱、14亿米胶带以及225万立方米内填充的投入使用。

2. 阿里启动绿色物流2020计划：到2020年天猫直送将全部把快递袋升级为环保袋，环保快递袋覆盖全国200个城市；零售通要实现百万小店纸箱零新增；城市配送新能源车100城开跑；盒马要达到物流全程"零"耗材；饿了么则要推广绿色环保外卖联盟。

3. 京东"清流"联动发展："清流计划"是京东物流于2017年6月联合九大品牌商共同发起的一项绿色供应链联合行动，从减量包装、绿色物流技术创新和应用、节能减排等多个方面入手推动物流行业绿色化发展。

#### 3. 推行企业物流的环境标准认证

物流绿色化是企业主动承担社会责任的一种体现。在环境关注度日益提高的今天，如果企业能够充分认识自身的社会责任，主动树立环保意识，积极打造绿色品牌，就一定能在市场竞争中取得独特优势，获得持续发展。为了实施物流品牌战略，各类企业应该积极推行企业物流的环境标准认证，以标准化方式促进企业物流的绿色化。

### （二）政府策略

政府对物流绿色化行为进行监管和激励是很有必要的，而且很多干预方式都能有效提高企业物流绿色化的效率。政府的绿色监管具有目标明确、执行力强和效果直接的优点，具体措施有以下几点：

#### 1. 运用法律手段规范企业的物流行为

与企业物流行为相关的环境立法包括两个层次：一是适用于所有部门或领域，进而也适用于企业物流的立法；二是仅适用于物流领域而不适用于其他领域的立法。从理论上说，物流领域的专门立法既可以针对整个物流行业，也可以就某个具体功能要素进行立法。但由于物流本身的概念和外延还在发育和成长之中，针对整个物流领域制定法律还有一定的难度，所以目前可以针对物流绿色化的专门立法主要以运输、包装和流通加工等具体的功能要素为对象，从源头上控制企业物流行为的环境污染。

#### 2. 通过制度建设强化对企业物流的监管

除了立法机构制定的法律外，各级政府也可以结合本地区实际，制定一些有利于物流绿色化发展的制度或办法。目前，与企业物流绿色化发展相关的制度建设主要有排污收费制度和许可证制度。

所谓排污收费制度就是针对任何形式的企业行为，政府只根据其排污量的大小收取污染处理费的制度，具体可以分为废弃物收费制度和押金返还制度。许可证制度的操作方法是：政府环境主管部门根据环境资源的承受力确定一定时间内允许的排污总量，并以特定的规则将这些允许的排污量以配额的形式在企业间进行初始分配，各排污企业既可以将所

分到的配额留作自用,也可以将其在市场上销售以获取收入。

### 3. 出台优惠政策,鼓励企业物流的绿色化转型

为了使企业物流绿色化成为一种持续不断的行为,政府还应该出台优惠政策,鼓励企业物流的绿色化转型。与绿色监管不同,政府的优惠政策大多以经济杠杆为手段,通过利益的再分配来激励和引导企业物流的绿色化发展。具体措施有:对企业物流的绿色化行为实施财政补贴;通过税收政策刺激企业物流的绿色化转型;加大绿色产品或绿色服务的政府采购力度等。

### (三)社会公众策略

社会公众既是物流服务的消费者和受益者,又是环境资源的拥有者。在企业物流的绿色化转型过程中,全体社会公众都将面临直接利益与间接利益或者说短期利益与长远利益的冲突。全体社会公众应该着眼长远,从身边的事情做起,从生活点滴做起,用众多微小的善行汇集成强大的推动力,促进企业物流的绿色化转型。

> **知识拓展**
>
> 《财政部、国家税务总局、工业和信息化部关于节约能源、使用新能源车船车船税政策的通知》及《财政部、国家税务总局、工业和信息化部关于节约能源、使用新能源车辆减免车船税的车型目录(第一批)的公告》,明确自2012年1月1日起,对节约能源的车船减半征收车船税;对使用新能源的车船免征车船税。这是车船税法及其实施条例新增的税收优惠政策。2015年4月,财政部,科技部,工业和信息化部和发展改革委联合公布了2016年—2020年新能源汽车的补贴办法,提出2017年—2018年的补贴在2016年基础上下降20%,2019年—2020年的补贴在2016年基础上下降40%。

### 1. 树立环保意识,倡导绿色消费

随着大众环保意识的增强,绿色消费正在成为一种趋势。绿色消费要求所消费的产品及其包装在其全部生命周期内都能减少或消除对环境的影响。由于企业所有的生产或流通活动都会或多或少地包含物流行为,所以,绿色消费不仅能刺激企业有形产品的绿色化,还能促进企业物流的绿色化。作为企业物流服务的消费者,广大社会公众应该大力倡导绿色消费,用手中的"货币选票"将绿色思想和绿色理念从消费领域渗透到产品的生产和流通领域,加速企业物流的绿色化转型。

### 2. 选择再生产品,支持逆向物流

购买再生产品是消费者对循环经济模式的积极响应,它不仅对企业资源的回收再利用具有巨大的推动作用,同时也能促进逆向物流的发展。在逆向物流的组织实施过程中,如果没有消费者的支持,即便有严格的法律或经济措施,企业的回收目标也很难实现。因为逆向物流的起点就是各类产品的消费处,逆向物流的对象点多、面广、批量小,物流组织的难度大,难以像正向物流一样通过规模经营的方式降低平均成本,所以导致逆向物流的组织者往往会因为成本居高不下而不得不选择放弃。因此,为了促进逆向物流的发展,减少企业经营的环境成本,社会公众应从小事做起,主动参与垃圾的分类回收,积极配合企业逆向物流。

### 3. 收集环境信息，抵制非绿色物流

在企业社会责任意识尚不明确、政府监管也未完全到位的情况下，社会公众的监督是企业物流绿色化发展的最主要外部压力。与有形商品不同，企业物流的绿色化程度如何很难在事后进行评估。因此，社会公众在对企业物流行为进行监督的过程中，要密切关注企业物流活动所导致的环境参数变化，并通过适当的途径收集环境信息，保留环境信息，以便为事后监督提供依据。同时，作为消费者的社会公众还应从自身做起，购买绿色物流，抵制非绿色物流，从市场需求的源头引导企业物流向绿色化方向发展。

### 4. 参与舆论监督，防止监管不力

为了促成企业物流的绿色化发展，全体社会公众应该统一思想认识，积极参与舆论监督，并通过社会团体、民间组织或大众媒体表达自己的心声，将社会公众的监督转化成企业物流绿色化发展的外部压力。社会公众的监督力量不仅能作用于企业，同样也可以作用于政府。因此，社会公众的舆论监督不仅要针对企业，还要针对各级政府主管部门，防止监管缺失和激励不当现象的出现。

## 项目小结

本项目主要介绍了现代物流的几种基本模式：企业物流、第三方物流、第四方物流、国际物流以及绿色物流。企业物流是指生产企业或流通企业在其经营范围内，在生产或服务活动中形成的物资实体空间和时间的转移，属于微观物流。第三方物流为"独立于供方和需方以外的，为客户提供专项或全面的物流系统设计或系统运营的物流服务模式。"第四方物流是一个供应链资源整合的方案咨询商。国际物流是在不同国家之间的、跨国界的、流通范围扩大了的物品的实体流动，是国内物流的延伸和进一步扩展。绿色物流是指在物流过程中抑制物流对环境造成危害的同时，实现对物流环境的净化，使物流资源得到充分利用。

## 项目巩固

### 一、名词解释

1. 企业物流
2. 第三方物流
3. 国际物流
4. 绿色物流

### 二、单选题

1. 企业物流是指企业（　　）过程中的物流活动。
   A. 采购　　　　　　B. 生产经营　　　　C. 生产　　　　　　D. 销售
2. TPL 是指（　　）。
   A. 企业物流　　　　B. 国际物流　　　　C. 第三方物流　　　D. 生产物流
3. 企业购入原材料、零部件或商品的物流过程属于企业物流中的（　　）。
   A. 生产物流　　　　B. 供应物流　　　　C. 销售物流　　　　D. 回收物流

4. 实现商品使用价值有效转移最后一个环节的物流活动是（    ）。

   A. 销售物流　　　B. 回收物流　　　C. 第三方物流　　　D. 绿色物流

5. 企业物流业务外包原因各异，但前提条件是一样的，即（    ）。

   A. 自营物流成本过高　　　　　　B. 物流为非核心业务

   C. 受企业物流管理水平的限制　　D. 资金不足

6. （    ）的作用就是把供应链系统内部彼此相关但又分离的资源进行组织和协调，以形成一个高效运作的体系，以达到提升顾客所需产品或服务满意水平。

   A. 第三方物流　　B. 第一方物流　　C. 第二方物流　　D. 第四方物流

7. 第四方物流在第三方物流企业的内部工作，并通过第三方物流企业来实施第四方物流的管理思想和具体策略，属于（    ）。

   A. 协同运作模式　　　　　　　　B. 方案集成商模式

   C. 独立运作模式　　　　　　　　D. 供应链模式

8. 以下不属于绿色物流基本功能要素的是（    ）。

   A. 绿色包装　　　　　　　　　　B. 绿色设备

   C. 绿色装卸搬运　　　　　　　　D. 绿色运输

9. （    ）是指世界各国（地区）之间的商品、服务和技术交换的活动，包括出口和进口两个方面。

   A. 国际物流　　　B. 国际贸易　　　C. 国际商务　　　D. 国际交流

10. （    ）是从事出口跨境电子商务的企业在国外自建或租用仓库，将货物批量发送至国外仓库，实现国外销售、配送的跨国物流形式。

    A. 港口仓库　　　B. 保税区　　　　C. 自由贸易区　　D. 海外仓

### 三、多选题

1. 企业物流按照行业分类，可以分为（    ）。

   A. 生产企业物流　　　　　　　　B. 生产物流

   C. 供应物流　　　　　　　　　　D. 流通企业物流

2. 企业供应方式一般有（    ）形式。

   A. 领料制　　　　B. 发料　　　　　C. 下料　　　　　D. 备料制

3. 第四方物流的运作模式包括（    ）。

   A. 协同运作模式　　　　　　　　B. 方案集成商模式

   C. 独立运作模式　　　　　　　　D. 行业创新者模式

4. 第三方物流的特征表现在（    ）。

   A. 关系契约化　　B. 服务个性化　　C. 功能专业化　　D. 管理系统化

   E. 信息网络化

5. 国家通过制度建设强化对企业物流的监管时常用的方法有（    ）。

   A. 排污收费制度　　　　　　　　B. 许可证制度

   C. 准入制度　　　　　　　　　　D. 资格认定制度

6. 推行绿色物流，可以从（    ）方面着手。

   A. 企业策略　　　　　　　　　　B. 政府策略

   C. 社会公众策略　　　　　　　　D. 第三方物流策略

7. 社会公众可以通过( )来推行绿色物流。
   A. 树立环保意识　　　　　　　　　B. 选择再生产品
   C. 收集环境信息,抵制非绿色物流　　D. 参与舆论监督
8. 广义的国际物流包括( )。
   A. 贸易性国际物流　　　　　　　　B. 非贸易性国际物流
   C. 绿色国际物流　　　　　　　　　D. 跨国物流
9. 以下属于国际物流流通加工业务的有( )。
   A. 分装　　　B. 配装　　　C. 拣选　　　D. 刷唛
   E. 套裁
10. 以下属于国际物流的业务构成的是( )。
    A. 跨国境商品运输　　　　　　　　B. 进出口商品检验通关
    C. 进出口商品的流通加工　　　　　D. 进出口商品的包装

## 四、判断题

1. 企业物流属于宏观物流。　　　　　　　　　　　　　　　　　　　　( )
2. 对企业生产过程中产生的废水进行处理并循环利用属于废弃物物流。( )
3. 第三方物流是"商物分离"的重要体现。　　　　　　　　　　　　　( )
4. 物流服务商为客户创造价值的基本途径是通过自身的专业化优势达到比客户更高的运作效率,并提供更高的服务水平。　　　　　　　　　　　　　　　( )
5. 绿色物流的根本目标是社会经济的可持续发展。　　　　　　　　　( )
6. 唯一进行绿色包装实践的就是积极开发新型包装材料,降低包装成本。( )
7. 物流企业是指物流活动都发生在企业内部的物流活动。　　　　　　( )
8. 从国际上看,世界各国对外贸易的总和,就构成了国际贸易,也称世界贸易(world trade)。　　　　　　　　　　　　　　　　　　　　　　　　　　　　　( )
9. 国际多式联运是由一个联运经营人使用多份多式联运的合同将至少两种不同的运输方式连接起来进行货物不同国家间的转移。　　　　　　　　　　　( )
10. 统一国际物流标准是国际物流顺畅进行非常重要的保障。　　　　　( )

## 五、简答题

1. 批发企业有哪些形式的物流活动?
2. 零售企业有哪些类型,它们的物流活动有什么特点?
3. 第三方物流是如何实现价值创造的?
4. 如何推行绿色物流?

**实战演练**

### 物流模式调研

1. 训练任务

(1) 梳理现代物流的主要模式,并对企业物流或第三方物流进行深入调研。

(2) 选择1~2家企业进行走访,并记录它们主要的经营业务和物流环节。

（3）对企业经营人进行访谈，并对其目前整体的物流情况进行分析。

2．实施准备

（1）制订调研计划。围绕调查目标，明确主题，确定调查的对象、时间、地点、方式，以及要收集的相关资料。

（2）调研以小组为单位，根据班级情况，每组5～6人，设一名组长；学生带好调研工具，如手提电脑、照相机、录音笔等。

3．任务要求

（1）以小组为单位完成企业实地调研报告，并制作PPT演示文稿。

（2）小组间进行调研交流互评。

4．注意事项

（1）教师在学生调研过程中应给与适时指导，包括调研内容的确定、报告的格式等。

（2）教师要以项目为中心编写教案，根据教学目标安排教学环节。

（3）每个小组的调研结果可以适当以灵活的形式加以体现，除了调研报告以外，也可以是小论文、小作业或者方案等。

5．成果检测

各小组需要提交关于物流模式调研的PPT文档并回答下列问题，教师根据所提交内容的完整性、汇报时的表达能力、团队合作情况和问题回答情况进行打分。

（1）调查企业目前的物流运作过程。

（2）对调查企业物流运作现状的意见或者建议。

（3）此次调研最大的感受和收获。

表4-3　评分表

| 考评班级 | | 考评时间 | |
|---|---|---|---|
| 考评小组 | | 被考评小组 | |
| 考评内容 | | 物流模式调研 | |
| 考核标准 | 内　　容 | 分值（分） | 实际得分（分） |
| | 工作分工 | 20 | |
| | 工作演示 | 40 | |
| | 工作成果 | 40 | |
| 合计 | | 100 | |

# 物流组织与控制

## 学习目标

**【知识目标】**

1. 了解物流组织、物流服务、物流成本及物流质量的概念；
2. 掌握物流组织管理、物流服务管理、物流成本管理及物流质量管理的内容；
3. 熟悉物流组织的结构类型、物流服务管理的核心及原则、物流质量管理的方法和指标。

**【能力目标】**

1. 能对各种物流组织管理类型的优缺点进行比较分析；
2. 能运用物流服务管理的理念解释物流公司的相关做法；
3. 能够按照要求计算各种物流质量指标，并能进行产品质量管理。

## 学习任务提要

1. 物流组织与物流组织管理；
2. 物流服务与物流服务管理；
3. 物流成本与物流成本管理；
4. 物流质量与物流质量管理。

## 工作任务提要

运用对物流组织、服务、成本、质量的认知，提高物流从业人员的判断力。

## 建议教学时数

8学时。

## 任务一　通晓物流组织管理

**安泰达物流有限公司的物流联盟**

广州安泰达物流有限公司(以下简称安泰达)是供应链战略合作的股权式物流联盟,其以第三方物流机构为中心,由家电行业中的多家企业投资入股构建。安泰达在家电生产企业与物流服务商之间构建家电物流平台的原因是同一行业的家电企业存在相似的物流需求,有利于第三方物流机构集中社会分散的物流获得规模经济,提高物流效率,减少社会物流资源的浪费。两大家电企业科龙集团和小天鹅股份有限公司是其创建之时的初始股东。随后长虹和美菱入股安泰达。安泰达有了大量的业务来源,同时具有集中各股东资源的优势,因此可以利用先进的管理方法和信息技术,达到物流流程的优化,进而节约总体物流成本和提高物流服务的水平。安泰达自接手科龙集团的物流业务后,使运输价格整体下降了9.6个百分点,仅此一项,每年为科龙节省运输费用上千万元。

**案例思考**

安泰达物流有限公司进行了怎样的物流组织构造改变?这一改变给它带来了怎样的效益?

### 一、物流组织的概念

物流组织是指以物流经营和物流管理活动为核心内容的实体性组织。从广义上来说,它包括企业内部的物流管理和运作部门、企业间的物流联盟组织、从事物流服务的中介部门或是企业以及相关的政府物流管理机构等几种组织形式。

### 二、物流组织的分类

根据物流组织的功能来划分,可以将物流组织划分为提供单一功能为主的物流组织和提供综合物流服务的物流组织两类。

(一)提供单一功能为主的物流组织

(1)运输型物流组织。主要包括铁路运输企业、公路运输企业、水路运输企业、航空运输企业、集装箱运输企业以及运输代理企业等。

(2)仓储型物流组织。主要包括仓储企业、储运企业和仓储代理企业等。

(二)提供综合物流服务的物流组织

(1)多式联运企业。主要为客户提供海—陆、陆—空或海—空等多种形式的联运服务。

（2）第四方物流企业。主要职责就是统一整合社会资源，为客户提供综合的供应链解决方案。

（3）物流咨询公司。专门为客户提供物流及其相关的咨询服务。

根据不同的划分角度，物流组织还有其他类别，如果按物流管理组织的设置和职权划分，物流管理组织可分为中央一级的物流管理组织、地方的物流管理组织和企业的物流管理组织三种类别；如果根据物流组织所处的领域不同，可将其划分为生产领域的物流组织和流通领域的物流组织；如果按物流组织在物流管理中的任务不同，还可以将物流组织划分为物流管理的行政机构和物流管理的业务机构两大类。

**想一想** 物流组织根据不同的标准可以做不同的划分，请你根据所学的知识复述划分的标准和具体的分类。

### 三、物流组织的发展历程

#### （一）物流功能集成化组织阶段

物流功能的集成是一个循序渐进的发展过程。20 世纪 60 年代初期开始出现的集成对企业的传统部门和组织层次来说，往往还只是发生在同一个职能部门和组织的直线管理层；70 年代以后，围绕着客户的物资配送组织地位才不断上升，并行于生产、销售和财务等管理部门，且物资配送和物流管理等方面的一体化也得到了发展。目前，这种各自一体化的物流组织结构还是普遍存在于制造业中。

#### （二）物流功能一体化组织阶段

物流功能一体化是指由一个高层物流经理统一领导所有的物流活动运作，把采购、储运和配送等物流管理的每个领域组合起来构成一体化运作的组织单元，从而形成企业内部一体化的总物流框架。在组织的最高层设置了相应的计划和控制处，从总体上负责物流发展战略的定位、物流系统的优化和重组、物流成本和客户服务绩效的控制与衡量等。尽管 20 世纪 80 年代初这类物流组织已开始出现，但是由于集中化物流运作的种种困难，并且此类组织结构本身也存在大而复杂的弊端，因此其应用并不广泛。

#### （三）物流流程一体化组织阶段

自 20 世纪 90 年代以来，随着学习型组织理论和企业流程重组理论等的兴起，企业进入了一个组织重组时代，物流管理也由重视功能慢慢转变为重视流程，物流组织不再只是功能的集合，更是流程的一体化，并且逐渐由功能一体化的垂直组织层次结构向以流程为导向的水平组织层次结构转变，实现了企业内外部一体化。

#### （四）虚拟化物流组织阶段

随着高度发达的信息网络技术的应用，物流组织突破了原有物流组织的界限，并有效地进行资源整合，各成员间实行统一的、协调的物流协作，从而实现了依靠最小组织单位来获得最大物流功能和最低物流成本目标。像这种非正式的、松散的、暂时性的组织形式就是虚拟型组织。特别是当企业引入了供应链管理概念，物流将从单个企业扩展到供应链上的所有节点企业，虚拟化物流组织将可能成为更加有效的物流组织运作形式。

## 四、物流组织的管理

### （一）物流组织机构的设置

物流组织机构的设置指的就是要从企业的内外部环境条件出发来考虑设计整个企业物流组织的结构和框架，进而确定企业中各职能部门、各层次和各环节的联系和协调方式。

### （二）物流组织规章制度的建立

物流组织规章制度的建立要从总体和局部两方面来展开，具体明确各层次、各环节管理部门的行为准则、工作要求以及协调、检查和反馈制度，从制度上保证管理工作的整体性、系统性和有效性。

### （三）物流组织人力资源管理

物流组织人力资源管理是保证物流管理组织发挥其功效的最根本性保证，它主要指的是物流管理组织中的干部和工作人员的配备，根据组织的不同层次和职务职责，从工作中的要求出发选拔适当的人才。

物流组织机构的设置、物流组织的规章制度建立和物流组织人力资源管理这三方面是紧密相连的，是保证物流管理组织正常运营、开展组织行为的前提条件。

## 五、物流组织的结构类型

### （一）传统企业组织结构的缺陷

#### 1. 物流活动的目标冲突

在传统企业中，由于企业各部门的经营目标不一致，往往就会导致各部门的物流活动目标出现冲突，具体如表 5-1 所示。

表 5-1　传统企业部门间的物流活动目标冲突

| 市场部门 | 财务部门 | 生产部门 |
| --- | --- | --- |
| 增加库存 | 减少库存 |  |
| 多频率、短周期的生产 |  | 低频率、长周期的生产 |
| 快速的订单处理速度 | 低成本的订单处理 |  |
| 快速的货物配送 | 低成本的货物配送 |  |
| 分散仓储 | 集中仓储 |  |
| 宽松的退、换货政策 | 严格的退、换货政策 |  |
| 更细更多的产品分类 |  | 较少的产品分类 |

#### 2. 物流活动的效率低下

分散的物流活动带来的另外一个问题就是各种业务的运作会相互牵制，造成物流活动的效率低下。比如，在一些小型的流通性企业中，即使企业内部已经实现了信息化，但由于物流活动是分散进行的，就会经常出现以下情形：采购部采购的货物已到达仓库，但仓储部未能及时验收、确认并做正式的入库处理，以至于库存中并没有相应的货物数据，这也使得销售部无法配送针对这些货物的订单。而且出现这种情况后，各部门之间往往也都是互相推诿，最终导致物流活动的效率低下和资源的浪费。

（二）物流组织的结构类型

**1. 非专业型的物流管理组织结构**

非专业型的物流管理组织结构的模式如图 5-1 所示。

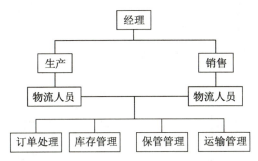

图 5-1　非专业型的物流管理组织结构模式

在这种物流组织结构模式中，物流管理是存在于物流运作的各种活动中，并没有专门的物流管理机构或部门，物流从业人员是从属于生产或销售部门的，物流运营过程中的各种计划和方案等都是由生产或销售部门的管理人员来进行管理的。非专业型的物流管理组织结构是物流组织的最初形式，它是在生产和销售等部门以及物流以外的其他现场部门共同协作下开展物流工作的。

**2. 直线型的物流管理组织结构**

直线型的物流管理组织结构的模式如图 5-2 所示。

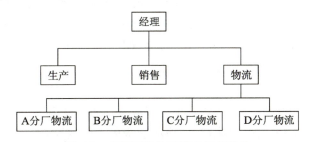

图 5-2　直线型的物流管理组织结构

在这种物流组织结构模式中，物流管理组织是以独立的形式，与生产和销售等部门并列的，并统一指挥管理各执行物流职能的分级机构和部门，不断改善物流作业以推动物流工作的顺利进行。这种模式比较适用于对应实行直线制经营管理组织形式的企业。

**3. 直线职能制的物流管理组织结构**

直线职能制的物流管理组织结构的模式如图 5-3 所示。

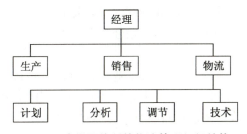

图 5-3　直线职能制的物流管理组织结构

在这种物流组织结构模式中,物流系统的各项机能(如装卸、搬运、仓储保管和加工处理等)仍保持原状,主要由生产或销售部门的物流从业人员来承担。并且企业的整个物流系统问题,诸如对物流系统的综合分析、各项物流计划以及推进物流合理化的工作等,都是由专门的管理人员来完成的。

#### 4. 事业部制的物流管理组织结构

事业部制的物流管理组织结构的模式如图5-4所示。

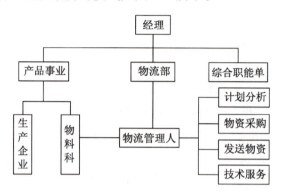

图 5-4　事业部制的物流管理组织结构

在这种物流组织结构模式中,物流管理组织是以事业部门的产品为中心进行物流活动的,将物流人员结合在一起发挥作用,或者还可以专门组织物流人员开展活动。这种结构是把围绕产品发生的整个物流活动一体化,即真正的总物流,从产品的原材料一直到把产品送达到最终消费者手中的整个过程,都是通过一个物流机构来统一管理的。因此这种模式的物流组织结构主要适用于规模比较大,且实行分权的事业部制组织形式的企业。

### (三) 现代企业物流组织结构的发展

#### 1. 矩阵型组织

这种组织结构的设置可以是临时的,也可以是永久性的。与传统的企业物流组织结构相比,物流经理分享职能部门的决策权,各项活动费用不仅要通过各职能部门的审查,还要通过物流经理的审核,各部门协调合作以完成特定的物流项目,这种新型的组织结构兼具了职能型组织和事业部制组织两种结构的优势。

#### 2. 委员会结构和任务小组

委员会结构可将多个不同经验和背景的人结合在一起,从而可以跨越职能界限处理一些问题。同样地,委员会可以是临时的,也可以是永久性的,其成员是由各主要物流环节的人员组成的,他们会定期或不定期地聚集在一起分析问题、提出建议、协调活动、做出决策或监控项目的进行。而任务小组是一种临时性的结构,需要相关的许多组织单位人员的介入,它主要是为达成某种特定的、明确规定的复杂任务而设置的。

#### 3. 网络结构

基于专业化分工和核心竞争力的考虑,企业往往会把一些自身不擅长的职能或活动外包,依靠其他专业化的企业或组织以合同为基础进行制造、分销、物流或其他经营活动。采用这样的组织结构方式就能够使企业对于复杂多变的市场、网络信息技术等具有更强的适应能力和应变能力。但同时要注意网络间需要更加有效的相互协调与合作。

项目五　物流组织与控制

**知识拓展**

**顺丰速运的五大事业群**

2011年,顺丰开始从单纯的"收运转派"的快件服务,向综合物流服务供应商转变。建立了速运事业群、商业事业群、供应链事业群、仓储物流事业群、金融服务事业群的5大业务BG,全面整合成电商平台、O2O"顺丰家"、物流普运和冷运、仓储一体服务、金融服务,形成商流、物流、资金流、信息流的闭环,实现"四流合一"的生态链。

### 4. 战略联盟

随着供应链管理等物流一体化战略的兴起,企业开始注重企业之间的关系,组织结构也随之改变,战略联盟成为一种新型的组织形式。供应商和客户之间,同行业企业之间,相关行业企业之间,甚至不相关的行业企业之间,都有可能在物流领域实现战略联盟,特别是生产型企业和专业物流企业之间更容易建立战略联盟。

**知识拓展**

观看视频《中国现代物流服务联盟》。

中国现代物流服务联盟

## 六、物流组织管理的原则

### (一)集权与分权相协调原则

集权式的组织结构和分权式的组织结构有其各自特点和适用条件。

通常情况下,对于小型的、品种较少的且市场环境相对比较稳定的企业,就比较适宜采用集权式的物流组织结构形式;反之,如果是多品种的、销量比较大的且外部市场环境复杂多变的企业,则比较适宜采用分权式的物流组织结构形式。

### (二)精干有效性原则

精干有效性原则是衡量物流组织结构合理与否的基本原则,它指的是物流组织的管理必须是有效率的,包括管理效率、工作效率和信息传递效率三个方面。物流组织管理的精干有效性具体表现为组织内部各部门均有明确的职责范围,能够节约人力和时间,有利于发挥管理人员和业务人员的积极性,使物流组织能以最少的费用支出来实现组织的目标,使得每一个物流从业人员都能在实现组织目标过程中有所贡献。同时,在物流组织的运作中,物流组织机构要能够反映物流管理的目标和规划,能够适应内外部环境的变化,并随之选择最为有利的策略,保证组织目标的实现。而物流组织的结构形式和结构设置及其改善,都应该以是否有利于推进物流的合理化这一目标为衡量标准。

### (三)统一指挥原则

统一指挥原则,实质上是要建立物流管理的合理纵向分工,设计合理的垂直机构,实现一体化,使物流管理组织的责任和权限体系化,成为有指挥命令权的组织。

在统一指挥原则下,物流管理组织一般会形成三级的物流管理层次,即最高决策层、执行监督层和物流作业层。具体来说,最高决策层的任务就是根据企业或社会经济的总体发

展战略,制定长期的物流规划,决定物流组织机构的设置及相关变更,进行财务监督和物流管理人员调配等;执行监督层的任务就是要保证实现组织最高决策层的目标,包括了制订具体的各项业务计划、预测物流量、分析设计和改善物流体系、检查物流客户服务水平、编制物流预算方案、分析物流费用和实施相应的管理等;物流作业层的主要任务则是合理开展物流作业,对物流的从业人员和业务等问题进行协调和管理等。

(四)合理的管理幅度原则

管理幅度具体表现为管理组织的水平状态和组织内的横向分工问题,它是与管理层次密切相关的,如果管理幅度比较大就可以减少管理层次,反之,则会增加管理层次。其实,管理幅度的合理性是一个比较复杂的问题,管理幅度的大小会涉及到诸多方面的因素。如果管理幅度过大,则会造成管理者顾此失彼,也会因为管理层次减少了,事无巨细,鞭长莫及;管理幅度较小就会增加管理层次,从而造成机构繁杂,加大了管理的人力和财力支出,导致各部门间的沟通和协调复杂化。因此,合理的管理幅度原则不仅要求要划分适当的管理层次,精简机构,减少不必要的资源浪费,还要适当确定好每一层次管理者的管辖范围,以保证管理的直接有效性。

(五)职责与职权对等原则

无论是管理的纵向或是横向环节,都必须坚持职责与职权的对等原则。职责就是职位的责任,在组织内职责就是各单位或部门间的连接环,把组织机构的职责连接起来就是组织的责任体系。职权则是指在一定的职位上,其职务范围内为完成其责任应具备的权力。职责与职权是相对应的,如高层领导层担负决策责任,其就必须有相应较大的物流决策权。职责与职权的相适应称为权限,指的是权力限定在责任范围内,权力的授予要受到职务和职责的限制。贯彻权责对等原则,就必须在分配任务时,授予相应的职权,从而更有效率、有效益地实现组织目标。

## 任务二　通晓物流服务管理

### 迅杰物流用竭诚服务打动顾客

韩国星宇科技有限公司是由东风汽车公司、瑞达汽车公司、起亚汽车公司三方联合组建的合资企业,生产"普莱特"和"千里马"两款经济型家用汽车。迅杰物流为其提供第三方服务。

为更好地提供物流服务,迅杰物流在硬件上投入大量资金,设置信息网络平台,开通网站,并在全国各主要城市设立分支机构,充分利用物流网络达到车辆往送满载,降低运输成本,使企业真正得到实惠;并且采用最佳运输方案,以最快的速度及时将产品送达目的地,以提高星宇公司配套产品的销售信誉。

一次,迅杰在为盐城东风悦达起亚汽车公司运送配套部件时,由于星宇公司叉车出现问题,使待发的配货笼架堆满货场,不能将货物准时运达。这种情况如果不立即解决,将造成东风悦达起亚汽车公司的生产装配流水线停止运转。迅杰物流公司立即派出副总经理带领市场部及运输部总监赶到现场,了解情况后,将迅杰物流公司人员分成三组,一组配合星宇公司到配件生产线,一组到品质科,一组到理货处,迅速把下载件—质检—发货程序理顺。理货组重点协助星宇公司将发到场地的货按编号、送单逐一查核无误,笼架搭配归类后放一边,然后依顺序前后再指挥叉车工叠好装车,这样一环套一环、环环相扣,一边操作,一边及时告知对方具体操作人员车厢、体积、每批量每车装载数,把延误的装车时间抢了回来。深夜,4辆车装好出发,迅杰物流公司又立即把发车信息、预计到达时间告知对方。在这一实际运作中,迅杰物流"急客户所急,想客户所想,用竭诚的服务打动客户",最终按客户要求,准时把星宇公司的货物运达目的地,赢得了韩国客商的赞誉。

### 案例思考

1. 迅杰物流的案例说明第三方物流的制胜法宝是什么?
2. 第三方物流企业应该如何去满足客户需求?

## 知识链接

### 一、物流服务概述

#### (一) 物流服务的概念

所谓物流服务是对客户商品利用可能性的一种保证,是物流业为他人的物流需要提供的一切物流活动,其本质是满足客户的需求。

物流服务包含3个要素:

(1) 拥有客户所期望的商品(备货保证);
(2) 在客户所期望的时间内传送商品(输送货物保证);
(3) 符合客户所要求的货物及配送质量(品质保证)。

简而言之,物流服务就是围绕供应订货和使客户满意而展开的各项活动。面对日益激烈的国内、国际市场竞争和消费者价值取向的多元化,企业管理者已发现加强物流管理、改进物流服务是创造持久的竞争优势的有效手段。

#### (二) 物流服务的内容

物流服务的内容是满足货主要求,保障供给。物流服务的内容如下:

(1) 保管。保管是物流服务的一项重要内容。为了帮助客户解决产品的生产与消费之间的时间间隔问题,物流企业需要提供相应的仓库设施和保管服务。

(2) 运输与配送。运输是物流服务的核心环节,没有运输就没有物流服务。为了完成商品在空间上的实体转移,克服生产者和消费者之间的空间距离,物流企业提供运输与配送服务。商品由生产地至配送中心之间的空间转移,叫做"运输";商品从配送中心到用户之间的商品空间转移,称为"配送"。

(3) 装卸搬运。装卸搬运是伴随运输和保管而附带产生的物流服务活动,如装卸车

（船）、入库堆码、拣选出库以及连接以上各项活动的短距离搬运。

（4）包装。商品包装是为了便利销售和运输保管，并保证商品在流通过程中不受损毁。为了便利运输和保管而将商品分装为一定的包装单位以及为了保护商品免受损毁而进行包装，这是物流服务的内容。

（5）流通加工。流通加工是指在商品流通过程中为适应用户需要而进行的包装、分割、计量、分拣、刷标志、挂标签、组装等简单作业的总称。

（6）物流信息。物流企业利用电子计算机进行物流服务数据的收集、传送、存储、处理和分析，提供快速、准确和完备的物流服务信息，有利于服务双方及时了解和掌握物流服务进程，正确决策、协调各业务环节，有效地计划和组织物资的实物流通。

在以上内容中，运输、配送和保管是物流服务的中心内容，其中运输与配送是物流服务体系中所有动态内容的核心，而保管是唯一的静态内容。装卸搬运、包装、流通加工与物流信息是物流的一般内容。

无限极物流服务

> **知识拓展**
>
> 观看视频《无限极物流服务》。

### （三）物流服务的特点

物流服务具有与产品不同的特征，表现为以下几个方面：

#### 1. 无形性

物流服务不是有形的物质。虽然有些服务项目包括一些物质产品，但服务的中心内容是向客户提供有价值的活动，并非转移某种产品的所有权。

#### 2. 柔性化和个性化

物流服务的标准很难确定。由于服务是无形的，所以既不能实现大批量生产，其内容也不能像有形产品那样标准化。服务的内容因客户企业的产品、市场策略、行业、管理模式等的不同而不同。

> **重要提示**
>
> 服务柔性化就是个性化服务。由于顾客需求的多样化，管理者在实际工作中必须适度授权，确保现场员工能够灵活快速地对顾客的要求作出判断、回应，以柔性化的服务来满足顾客多样化的需求，从而突出顾客价值，提升企业竞争优势。

#### 3. 即时性

物流服务的生产和消费是同时发生的，客户往往参与其中，服务不能存储，提供服务的过程就是消费的过程，并且在很大程度上具有临时性质。

#### 4. 需求的波动性

物流服务多以数量多且不固定的客户为对象，它们的需求在数量上和方式上都是多变的,有较强的波动性。

### (四) 物流服务的核心

物流服务的核心是订单服务。接受订货是企业物流工作最重要的内容之一,而对于订单的服务则是物流服务的重要组成部分。从企业订货周期所经过的阶段来分,可将订单服务工作分为3个组成部分,即订单传递服务、订单处理服务、订单分解和集合服务。

#### 1. 订单传递服务

订单传递服务是指自客户发出订货单到企业收到订单这段时间内发生的一系列工作。加快订单传递速度,缩短客户的订货周期,是改善物流服务的重要内容。近年来,许多企业利用电子化的订单传递方式,如使用电子数据交换系统及电子扫描技术、条形码等,提高了订单的传递速度。

#### 2. 订单处理服务

订单处理是从接受订货到发运交货,包括受理客户收到货物后的意见处理等单据处理的全过程。订单处理包括下达指标、备货整装、制单发运3个阶段的工作。按照迅速、准确、服务周到的要求做好订单的处理工作,能使客户产生信赖感,提高客户对物流服务的满意度,增强客户的忠诚度,持久提高企业的竞争力。因此,订单处理是物流服务的核心工作。

#### 3. 订单分解和集合服务

订单分解和集合服务包括自仓库接到产品出库通知直到将该产品装车外运这段时间内进行的所有活动。完成该阶段的工作后,就完成了订单服务的全部工作。

综上,加强对订单服务工作的组织和管理,改善订货处理过程,缩短订货周期,可以大大提高客户服务水平和客户满意程度。同时,加强订单管理还有利于降低库存水平,节约物流成本,使企业获得竞争优势。

### (五) 物流增值服务

物流增值服务是指在完成物流基本服务基础上,根据客户需求提供的各种延伸业务活动。在竞争不断加剧的市场环境下,不但要求物流服务在传统的运输和仓储服务项目上有更好的服务质量,同时还要求它们积极拓展物流业务,提供尽可能多的增值性服务,这主要包括:

#### 1. 增加便利性的服务

对消费者而言,一切能够简化手续、简化操作的服务都是增值性服务。简化是相对于消费者而言的,并不是说服务的内容简单化了,而是指为了获得某种服务,以前需要消费者自己做的一些事情,现在由物流服务提供商以各种方式代替消费者做了,从而使消费者获得的这种服务变得简单,而且更加方便,这当然增加了商品或服务的价值。例如,推行一条龙的"门到门"服务、提供完备的操作或作业提示、免费培训、包维护、省力化设计或安装、代办业务、24小时营业、自动订货、传递信息和转账(利用 EOS、EDI、EFT)、物流全过程追踪等都是对客户有用的增值性服务。

#### 2. 加快反应速度的服务

快速反应已成为物流发展的动力之一。可通过增值性物流客户方案,如优化配送中心、物流中心网络,重新设计适合客户的流通渠道,以此来减少物流服务环节,简化物流过程,提高物流系统的快速反应能力。

### 3. 降低成本的服务

寻找能降低物流成本的物流解决方案。可以考虑的方案包括：采用第三方物流服务商；采取物流共同化计划；通过采取比较适用但投资较少的物流技术和设施设备，推行物流管理技术，如运筹学中的管理技术、单品管理技术、条形码技术和信息技术等，提高物流效率和效益，降低物流成本。

### 4. 延伸服务

物流服务向上可延伸到市场调查与预测、采购及订单处理，向下可延伸到物流咨询、物流系统设计、物流方案的规划与选择、库存控制决策建议、货款回收与结算、教育与培训等。以上这些延伸服务最具有增值性。目前，能否提供此增值服务已成为衡量一个物流企业是否真正具有竞争力的标志。

**铁路港特色物流服务**

> **知识拓展**
>
> 观看视频《铁路港特色物流服务》。

> **知识拓展**
>
> 东北航空公司曾经是一家规模颇大的航空企业，拥有不少航线和飞机，但却在20世纪80年代不得不宣布破产。其倒闭不是因为服务质量或其他原因，而是因为当其他航空公司纷纷采用计算机信息系统让全国各地的旅游代理商可以实时查询、订票和更改航班的时候，东北航空公司没有这么做。很快他们就发现在价格和服务方面无法与其他航空公司竞争。

## 二、物流服务管理的原则与实施

### （一）物流服务管理的原则

物流管理所追求的目标是以适当的成本实现高质量的物流服务。要实现这一目标，物流企业必须在加强成本管理的同时，把握物流服务的基本原则。

> **知识拓展**
>
> **物流服务与物流成本的关系类型**
>
> 1. 服务不变，成本下降
>
> 即在顾客服务水平一定的情况下，通过改变顾客系统来不断降低成本，进而追求顾客系统的改善。
>
> 2. 服务提高，成本增加
>
> 即为了提高顾客服务水平，不得不增加物流成本。这是大多数企业认为的成本和服务的关系，是企业在其特定顾客或特定商品面临竞争时所采取的具有战略意义的方针。

3. 成本不变，服务提高

即在服务成本一定的情况下，实现顾客服务水平的提高，这是一种灵活有效的利用服务成本性能、追求成本绩效的做法。

4. 成本较低，服务较高

即在降低服务成本的同时，实现较高的顾客服务。

物流服务管理的基本原则如下：

### 1. 以市场为导向

客户服务水平的确定，不能从供给方的理论出发，而应该充分考虑需求方的要求，通过与客户面谈、进行客户需求调查等寻求客户最强烈的需求愿望，最后根据经营部门的信息和竞争企业的服务水准制定。

### 2. 面向一般客户群体

在决策客户服务要素和服务水准过程中，需要注意服务的对象应该向一般客户群体转化。

### 3. 制定多种客户服务组合

客户的需求多种多样，企业要对有限的资源进行合理配置，根据客户的不同类型采取相应的服务。一般来讲，根据客户经营规模、类型和对本企业的贡献度来划分，可以采取支援型、维持型、受动型客户服务战略。

对本企业贡献度大的企业，由于具有直接的利益相关性，应当采取支援型策略；而对本企业贡献小的客户，要根据其规模、类型再加以区分。经营规模小或专业型的客户，由于存在进一步发展的潜力，可采取维持型战略，以维系现有的关系，为将来可能开展的战略调整打下基础。相反，经营规模小且属综合型的客户，将来进一步发展的可能性较小，在服务上可以采取受动策略，即在客户要求服务的条件下才开展服务活动。

### 4. 开发对比性物流服务

企业在制定客户服务要素和服务水准的同时，应当与其他企业物流服务相比具有鲜明的特色，这是保证高服务质量的基础，也是客户服务战略的重要特征。要实现这一点，就必须具有对比性的客户服务观念，即重视收集和分析竞争对手的客户服务信息。

### 5. 注重客户服务的发展性

客户服务的变化往往会产生新的客户服务需求，所以在客户关系管理中，应当充分重视研究客户服务的发展方向和趋势。例如，虽然以前就已经开始实施在库、再入货、商品到达期、断货信息、在途信息、货物追踪等管理活动，但是随着交易对象的简单化和效率化革新、EDI的导入、账单格式的统一，商品入货统计表制定等信息服务已成为客户服务的重要因素。

### 6. 建立能把握市场环境变化的管理体制

客户服务水准根据市场形势、竞争企业的状况、商品特性以及季节的变化而变化，所以，在物流部门建立能把握市场环境变化的客户服务管理体制十分必要。

### 7. 建设与完善物流中心

物流中心作为客户服务的基础设施，其建立和完善对于保障高质量的客户服务是必不可少的。这是因为物流中心的功能表现为,通过集中管理订货频度较高的商品,使其进货时期固定化、提高在库服务率,同时由于缩短商品在库时间,提高了在库周转率,可使商品入库增多。除此之外,物流中心在拥有多品种、小单位商品储存功能的同时,还具有备货、包装等流通加工功能,能够实施适当的流通在库管理和有效的配送等物流活动,这些都是高质量客户服务的具体表现。

### 8. 构筑信息系统

要实现高质量的客户服务,还必须建立完善的信息系统。这种信息系统的功能除了接受订货、迅速、完好地向客户运送商品外,更重要的是通过送货回复、缩短商品物流周期、保证备货、缩短信息处理时间、货物追踪等各种功能确保客户服务水平高于竞争对手。

### 9. 不断对客户进行绩效评估

客户服务的实施情况应该每隔一段时间就定期进行核查,其中特别需要注意销售部门或客户是否对物流现状有抱怨、有无错误配送、货物破损是否严重等情况。另外,还应注意是否向客户做过调查,所设定的服务水准是否得以实现,在服务成本上应保持多大的合理性等情况。总之,对客户服务绩效进行评估的目的在于不断适应客户需求的变化,及时定制出最佳的客户服务组合。所以,定期了解客户的满意度,改善物流系统是客户服务中的关键要素。

### (二) 物流服务管理的实施

物流服务管理的要点是,使物流服务中心运作良好,按客户的要求把商品送到客户的手中,降低服务成本,提高服务水平。为此,在实施物流服务管理时要做好以下工作:

#### 1. 进行物流服务分工管理

企业的大小会对物流职能的组织安排产生影响,物流服务职能的各种安排要随着企业规模的大小而变化。一般来讲,小企业的机构设置相对集中,大企业的机构设置相对分散。

#### 2. 协调物流服务各职能

物流服务管理实施的关键是协调。为了达到高度的协调,物流公司可以从以下三个组织战略中选择其中之一:

(1) 维持现状;
(2) 对现行系统进行特定的协调方式试验;
(3) 重新组织物流的各个职能领域,建立一个新的物流部门。

#### 3. 选择集中或分散管理

物流服务管理必须确定物流部门应采取集权式还是分权式管理。集权式物流部门是指公司只有一个物流组织,为整个公司管理各项物流服务。分权式管理是指物流业务决策由各分部分别制定。

#### 4. 做好客户服务

客户是物流服务中最关键的因素,企业应采取有效的物流服务管理措施,在客户与企业之间建立信息沟通渠道。要做好客户服务必须注意:理解客户;发现客户的真实需要;提供客户需要的产品和服务;最大限度地满足客户的需要。

## 任务三　通晓物流成本管理

**国务院进一步推进物流降本增效**

随着供给侧结构性改革的深入推进,为进一步推进物流降本增效,从 2015 年起,国务院连续两年出台推进物流业降本增效的文件。2017 年社会物流总费用与 GDP 的比率为 14.6%,比上年下降 0.3 个百分点,物流领域"降成本"初步取得成效。

在 2017 年社会物流总费用中,运输费用 6.6 万亿元,占 54.7%,同比提高 0.9 个百分点;保管费用 3.9 万亿元,占 32.4%,下降 0.8 个百分点;管理费用 1.6 万亿元,占 12.9%,下降 0.1 个百分点。从变化情况看,运输环节在社会物流总费用中的比重持续提高,保管环节则连续下降,表明当前物流流转速度提升,库存、资金占用时间及成本有所下降。总的来看,2017 年物流运行延续了稳中有进、稳中向好的发展态势,物流发展的质量和效益稳步提升,政策环境持续改善,为 2018 年继续保持稳中向好奠定较好基础。

**案例思考**

物流成本由哪几部分组成？社会物流总费用占 GDP 的比重说明了什么问题？

**知识链接**

### 一、物流成本管理的概念

**（一）物流成本的含义**

**1. 国家标准关于物流成本的定义**

根据中华人民共和国国家标准《物流术语》(GB/T18354—2006),物流成本(logistics cost)可定义为"物流活动中所消耗的物化劳动和活劳动的货币表现",包括货物在运输、储存、包装、装卸搬运、流通加工、物流信息、物流管理等过程中所消耗的人力、物力和财力的总和以及与存货相关的流动资金占用成本、存货风险成本和存货保险成本。

从物流成本管理与控制的角度看,物流成本包括社会物流成本、制造企业与商品流通企业物流成本（货主企业物流成本）以及物流企业物流成本三个方面。其中,社会物流成本是宏观意义上的物流成本,而货主企业物流成本以及物流企业物流成本是微观意义上的物流成本。

**2. 狭义和广义的物流成本**

物流成本按其范围有狭义和广义之分。

狭义的物流成本是指由于物品实体位移而引起的有关运输、包装、装卸等成本;广义的

物流成本是指包括生产、流通、消费全过程的物品实体与价值变换而发生的全部成本,具体包括从生产企业内部原材料零部件的采购、供应开始,经过生产制造过程中的半成品存放、搬运、装卸、成品包装及运送到流通领域,进入仓库验收、分类、储存、保管、配送、运输,最后到消费者手中的全过程发生的所有成本。

### (二)物流成本管理的含义

依据中华人民共和国国家标准《物流术语》(GB/T18354—2006),物流成本管理是指"对物流相关费用进行的计划、协调与控制"。物流成本管理属于管理行为,是企业成本管理的内容之一。众所周知,成本大小不仅影响企业损益,还制约着企业的竞争水平。对普通消费者而言,物流成本的影响也不容小觑。有专家指出我国商品的物流成本能占到商品成本价的60%。可见,畸高的物流成本自然会抬高商品的售价,从而加重消费者的购买负担。

## 二、物流成本管理的意义

物流成本管理是以成本管理为手段,以降低物流成本为目的,旨在协调、优化物流作业活动的管理工作。加强物流成本管理,具有重大意义。

从宏观角度上看,加强物流成本管理有利于提高国民经济运行质量和企业竞争力,还有助于国家产业结构的调整,减少社会资源的浪费,提高资源的利用率。

从微观上分析,做好物流成本管理工作也极为重要。首先,有利于降低成本,增加企业利润;其次,物流成本管理有利于提升物流作业效率,改善服务质量;再次,通过物流成本管理,可以降低企业库存,减少资金占用,提高资金利用率;最后,加强物流成本管理有助于企业保持低成本优势,形成成本竞争优势。

### 知识拓展

#### 沃尔玛的成功之道

美国沃尔玛公司的业务之所以能够迅速增长,并且成为现在非常著名的公司之一,是因为它向来注重物流成本管理,奉行低成本战略,使企业的物流成本始终保持低位,在物流运营过程中尽可能降低成本,把节省后的成本让利于消费者。"天天低价"吸引了大量顾客,先进的供应链管理系统让这个"商业帝国"始终充满激情和活力,优质的客户服务、快速的资金周转率和薄利多销的经营方式促使它成为业界翘楚。

## 三、物流成本管理的内容

物流成本管理是一个宽泛的概念,从不同的角度看,其涉及的内容不同。比如,从物流成本管理的范围大小来看就有企业物流成本管理、某一产业的物流成本管理和社会物流成本管理。如果从涉及的物流功能要素分类,则有运输成本管理、仓储成本管理、配送成本管理等。立足于企业实务来看,企业物流成本管理的内容可分为物流成本核算、物流成本预算、物流成本控制、物流成本分析和物流成本决策。

### (一)物流成本核算

核算是基础,是物流成本管理工作的起点。物流成本核算就是成本核算人员根据企业确定的成本计算对象,对企业物流成本费用进行归集与分配,从而计算出物流总成本和单位成本。核算过程必须遵循国家、行业和企业各项有关成本计算的规定,真实客观、全面系统地反映实际物流成本。

### (二) 物流成本预算

预算是约束,是物流成本管理工作的保障。物流成本预算是在对未来物流业务进行规划、预测的基础上,结合实际,对未来一定周期内与之有关的物流成本所做的货币形式的计划安排。预算一般具有综合性、导向性和货币性的特点,它是预期开展工作的指引、成本开支的约束,当然也是事后分析评价实际工作绩效的依据。

### (三) 物流成本控制

控制是核心,是物流成本管理工作的关键。物流成本控制是以预算成本编制为基础,对物流成本形成过程以及影响物流成本的各种因素和条件加以主动的影响。通过成本控制,可以及时发现物流作业过程中存在的问题,一旦发现偏离标准就采取相应的措施加以纠正,使物流过程中各项费用开支、资源消耗在规定标准范围之内,保证物流预算目标的实现。

### (四) 物流成本分析

分析是手段,是物流成本管理工作持续改进的必然要求。有效的成本分析是企业在激烈的市场竞争中成功的基本要素。物流成本分析就是通过分析成本核算的信息,运用一定的方法,揭示物流成本变动的原因,提出改进建议。当然,成本分析的结果不仅仅是结论,而是这些结论有助于物流成本的科学决策和成本的降低。

### (五) 物流成本决策

决策是难点,是物流成本管理工作的重中之重。对于物流成本管理的高层领导而言,决策工作责无旁贷。物流成本决策是指用决策理论,根据成本预测及有关成本资料,运用定性与定量的方法,抉择最佳成本方案的过程。比如,设计适合企业实际的物流成本管理架构,确定与企业国标一致的物流成本管理目标,选择符合物流服务水平和成本要求的物流方案等。

综上可见,物流成本管理的这五项内容相互关联、相互依存,形成一个有机整体。五个环节不仅形成了闭合管理链条,而且具备了持续改进的能力。

**知识拓展**

观看视频《UPS 解读物流成本管理》。

UPS 解读物流成本管理

**想一想** 对于企业是否需要设置独立的物流成本管理机构,目前有两种截然不同的观点。一种观点认为,物流成本属于企业成本,企业已经有会计机构在核算成本,因此没有必要独立设置物流成本管理机构。另一种观点则认为,物流成本不同于企业的生产成本,物流成本管理具有特殊性,应当单独设置物流成本管理机构。请问,你怎么看待这个问题呢?

### 四、物流成本管理的方法

准确地进行物流成本管理,必须掌握好物流成本管理的方法,一般有以下几种:

#### (一) 比较分析法

(1) 横向比较。将企业的供应物流、生产物流、销售物流、退货物流和废弃物物流(有时包括流通加工和配送)等各部分物流费用分别计算出来,然后进行横向比较,看哪部分发生的物流费用最多。如果是供应物流费用最多或者异常多,则再详细查明原因,堵住漏洞,改进管理方法,以便降低物流成本。

(2) 纵向比较。将企业历年的各项物流费用与当年的物流费用加以比较,如果增加了,再分析为什么增加,在何处增加了,以及增加的原因是什么。如果增加的是无效物流费用,则立即改正。

(3) 计划与实际比较。对企业当年实际开支的物流费用与原来编制的物流预算进行比较,如果超支了,要分析超支的原因,以及何处超支。这样便能掌握企业物流管理中的主要问题和薄弱环节。

#### (二) 综合评价法

以集装箱运输为例。集装箱运输:一可以简化包装,节约包装费;二可以防雨、防晒,保证运输途中物品质量;三可以起仓储作用,防盗、防火。但是,如果包装过于简化而降低了包装强度,货物在仓库保管时则不能过高堆码,从而浪费库房空间,降低仓库保管能力。此外,简化包装可能还会影响货物的装卸搬运效率等。那么,利用集装箱运输是好还是坏呢?此时就要使用物流成本计算这一统一的尺度来综合评价。分别算出上述各环节物流活动的费用,经过全面分析后得出结论,这就是物流成本管理,即通过物流成本的综合效益研究分析,发现问题,解决问题,从而加强物流管理。

#### (三) 排除法

在物流成本管理中有一种方法叫活动标准管理(activity based management, ABM)。其中一种就是把物流相关的活动划分为两类,一类是有附加价值的活动,如出入库、包装、装卸等与货主直接相关的活动;另一类是不具有附加价值的活动,如开会、改变工序、维修机械设备等与货主没有直接关系的活动。其实,在商品流通过程中,如果能采用直达送货的话,则不必设立仓库或配送中心,实现零库存,相当于免了物流中的不具备附加价值的活动。如果将上述活动剔除或尽量减少,就能节约物流费用,从而达到物流管理的目的。

#### (四) 责任划分法

在生产企业里,物流的责任究竟归于哪个部门?是物流部门、生产部门还是销售部门?客观地讲,物流本身的责任在物流部门,但责任的源头却是销售部门或生产部门。以销售物流为例,一般情况下,由销售部门制订销售物流计划,包括订货后几天之内送货、接受订货的最小批量等均由企业的销售部门提出方案,制定原则。若该企业过于强调销售的重要性,则可能决定当天订货,次日送达。这样的话订货批量大时,物流部门的送货成本降低,订货批量小时,送货成本就增大,甚至过于频繁、过少数量送货所造成的物流费用的增加大大超过扩大销售产生的价值,这种浪费和损失应由销售部门负责。分清类似的责任有利于控制物流总成本,防止销售部门随意改变配送计划,避免无意义、不产生任何附加价值的物流活动。

> **想一想** 物流成本管理的方法有哪些？各有什么特点？

### 五、物流成本管理的相关理论学说

#### （一）黑暗大陆学说

1962年世界著名的管理学权威德鲁克指出："流通是经济领域里的黑暗大陆。"由于流通领域中的物流活动的模糊性尤为突出，是流通领域中人们更加认识不清楚的领域，所以"黑暗大陆"的说法现在主要针对物流而言。

"黑暗大陆"主要是指尚未认识、尚未了解的领域。物流成本被看作"黑暗大陆"的一个原因是在财务会计中把生产经营费用大致划分为生产成本、管理费用、营业费用、财务费用，然后再对营业费用按各种支付形态进行分类。这样，在利润表中所能看到的物流成本在整个销售额中只占极少的比重，物流的重要性当然不会被认识到。

#### （二）物流成本冰山学说

物流成本冰山学说由日本早稻田大学的西泽修教授提出，是指当人们阅读财务报表时，只注意到企业公布的财务统计数据中的物流费用，而这只能反映物流成本的一部分，而有相当数量的物流费用是不可见的，如图5-5所示。

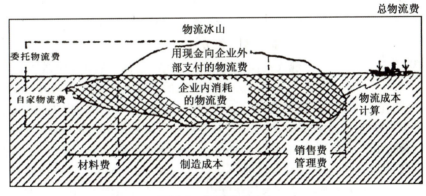

图5-5 物流成本冰山

物流成本正如浮在水面上的冰山，人们所能看见的向外支付的物流费用好比冰山一角，而大量的沉在水下的企业内部消耗的物流费用是人们所看不到的，水下的物流内耗越深，露出水面的冰山就越小，从而将各种问题掩盖起来。这种现象只有通过大力削减库存，才能将问题暴露并使之得到解决，这就是物流成本冰山理论。

#### （三）第三利润源学说

1970年，日本早稻田大学教授西泽修先生提出了第三利润源学说，该学说是对物流潜力及效益的描述。

从历史发展来看，人类历史上曾经有过两个提供利润的领域。一是资源领域，二是人力领域。资源领域起初是廉价原材料、燃料的掠夺和获得，其后则是依靠科技进步，通过原材料节约、原材料综合利用、原材料回收利用，乃至大量人工合成原材料资源而获取高额利润，习惯称之为"第一利润源"。人力领域起初是利用廉价劳动力，其后则是依靠科技进步提高劳动生产率，降低人力资源消耗，或采用机械化、自动化来降低劳动消耗，从而降低成本，或通过提高劳动者素质来提高劳动生产率，从而增加利润，习惯称之为"第二利润源"。在这两个利润源潜力越来越小，利润开拓越来越困难的情况下，物流领域的潜力受到人们的重视，称为"第三利润源"。

这三个利润源着重开发生产力的三个不同要素：第一个利润源的挖掘对象是生产力中的劳动对象；第二个利润源的挖掘对象是生产力中的劳动者；第三个利润源的挖掘对象则是生产力中劳动工具的潜力，同时注重劳动对象与劳动者的潜力，因而更具有全面性。

### （四）效益背反学说

效益背反是物流领域中很普遍的现象，是这一领域中内部矛盾的反映和表现。效益背反又称为二律背反，指的是物流的若干功能要素之间存在损益的矛盾，即某一功能要素的优化和利益发生的同时，必然会存在另一个或几个功能要素的利益损失，反之也如此。这是一种此消彼长、此盈彼亏的现象，往往导致整个物流系统效率的低下，最终会损害物流系统的功能要素的利益。

#### 1. 物流成本与服务水平的效益背反

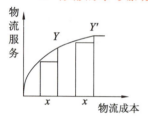

图 5-6　物流成本与物流服务的关系

高水平的物流服务是由高的物流成本投入做保证的。在没有较大的技术进步的情况下，物流企业很难做到既提高物流服务水平，同时又降低物流成本。通常提高物流服务水平，物流成本即上升，两者之间存在效益背反的规律。而且，物流服务水平与物流成本之间并非呈线性关系。两者之间的关系可用图 5-6 表示。

#### 2. 物流活动的效益背反

现代物流是由运输、包装、仓储、装卸及配送等物流活动组成的集合。在构成物流系统的各个环节（即活动）之间也存在效益背反规律，要想在某个方面获得利益，必然会使另一方面受到一定的损失，也就是一方成本降低而另一方成本增大，这便是物流活动的效益背反。如要降低运输和配送成本，就可能要增加仓库和分拨中心的数量，从而相应地增加了仓储成本。物流系统是以成本为核心，按最低成本的要求，使整个物流系统化。它强调的是调整各要素之间的矛盾，强调要素之间有机地结合起来。这就要求必须从总成本的角度出发，以系统的角度看问题，追求整个物流系统总成本的最低。

物流系统中的效益背反

**知识拓展**

观看视频《物流系统中的效益背反》。

### （五）成本中心学说

该学说认为，物流是企业成本的重要产生点，可以通过物流管理和物流的一系列活动来降低企业成本。所以，成本中心既是指主要成本的产生点，又是指降低成本的关注点。物流是"降低成本的宝库"等说法正是这种认识的形象表述。正是由于在物流领域存在广阔的降低成本的空间，物流问题才引起企业经营管理者的重视，企业物流管理可以说正是从对物流成本的关心开始的。

项目五　物流组织与控制

　物流成本学说中,你对哪一个印象最深？为什么？

## 任务四 | 通晓物流质量管理

 **案例导入**

**JC Penney 公司的物流质量管理**

　　JC Penney 公司的配送中心为美国 264 家地区零售店配送货物,配送中心能做到 48h 之内把货物送到所需的地点。公司管理部门认为,公司之所以能够在竞争中取得优势,主要归功于在质量管理方面的 3 项创新活动：一是质量循环活动,即通过推出一系列小改革,解决工作现场存在的一些主要问题,提高工作效率,维持和改善服务水准；二是精确至上活动,即通过排除收取、提取和装运活动中存在的缺陷,提高服务的精确性；三是应用激光技术活动,以 99.9% 的精确性来跟踪 230 000 个存货单位的存货,以此提高记录精度和速度。

**案例思考**
　　JC Penney 公司在质量管理方面的做法给了你什么样的启发？

 **知识链接**

### 一、物流质量管理的概念

　　物流质量是物流对象质量、物流手段质量、物流方法质量、物流服务质量、物流工作质量以及物流工程质量的总和。
　　物流质量管理,就是用经济的办法,向用户提供满足其需求的物流质量的手段体系。

### 二、物流质量的内容

物流质量具体包含以下内容：

#### (一) 物流对象质量

　　物流对象是具有一定质量的实体,即有符合要求的等级、尺寸、规格、性质、外观。这些质量是在生产过程中形成的,物流过程在于转移和保护这些质量,最后实现对用户的质量保证。此外,物流企业还可以采用流通加工等手段改善和提高商品的质量。

#### (二) 物流服务质量

　　物流业属于服务行业,其质量目标就是其服务质量。不同用户对服务质量的要求不同。因此必须了解和掌握用户的要求,主要包括商品质量的保持程度,流通加工对商品质量的提高程度,批量及数量的满足程度,配送额度、间隔期及交货期的保证程度,配送、运输方式的

163

满足程度,成本水平及物流费用的满足程度,相关服务(如信息提供)的满足程度。

### (三)物流工作质量

物流工作质量是指物流各环节、各工种、各岗位的具体工作质量。物流工作质量和物流服务质量是两个有关联但又不同的概念,物流服务质量取决于各个环节的物流工作质量,工作质量是物流服务质量的某种保证和基础。

### (四)物流工程质量

在物流过程中,将对产品质量发生影响的各种因素(人的因素、体制的因素、设备因素、工艺方法因素、计量与测试因素、环境因素等)统称为"工程"物流质量。物流质量不但取决于工作质量,而且取决于工程质量。提高工程质量是物流质量管理的基础工作,提高工程质量,就有助于全面提高物流质量。

## 三、物流质量管理的基础工作

物流质量管理必须满足两方面的要求,一方面是满足生产者的要求,另一方面是满足用户的要求。这两方面的要求基本上是一致的,但有时也有矛盾。物流质量管理的目的,就是要在"向用户提供满足要求的质量服务"和"以最经济的手段来提供"两者之间找到一条优化的途径。要同时满足这两个要求,应重视和做好一系列基础工作。

### (一)标准化工作

物流标准化指的是以物流为一个大系统,制定系统内部设施、机械装备、专用工具等各个分系统的技术标准;制定系统内分领域如包装、装卸、运输等方面的工作标准;以系统为出发点,按配合性要求,统一整个物流系统的标准;研究物流系统与相关其他系统的配合性,进一步谋求物流大系统的标准统一。

### (二)计量工作

计量工作是一种关于测量和保证量值一致、准确的重要的技术基础工作。从企业来看,计量工作是保证测量的量值准确和一致,确保技术标准的贯彻执行,保证仓库入/出库及配送数量的准确的重要手段,是质量管理的一项重要的基础工作。

### (三)质量信息工作

质量信息,是指反映物流服务质量的基本数据、原始记录以及客户投诉等各种情报资料的总称。

质量信息工作是质量管理的一项重要的基础工作,必须做到提供资料及时,否则就会贻误时机。质量信息工作必须保持高度的灵敏性,使信息渠道畅通,为质量管理部门和企业领导提供准确的资料。质量信息工作还应当做到全面、系统。它应当全面地反映质量管理活动的全过程,经常地反映质量管理相互联系的各个方面,系统地反映其变动情况。

### (四)质量责任制

建立质量责任制,是组织共同劳动,保证生产正常进行,确保产品质量的基本条件。只有通过建立质量责任制,才能把质量管理各个方面的任务和要求,具体地落实到每个部门和每个工作岗位,全面质量管理也才能成为一个实实在在的管理活动。

### (五)质量教育工作

质量教育工作是推行物流质量管理的一项基础性工作。人是生产力诸要素中最活跃、最重要的要素。服务质量的优劣,归根到底取决于职工队伍的技术水平,取决于各方面管理工作的水平。开展物流质量管理，必须从提高职工的素质抓起，把质量教育工作作为提高服务质量、提高企业素质、提供合格的人力资源的重要保证。

物流信息化促进
行业高质量发展

**知识拓展**

观看视频《物流信息化促进行业高质量发展》。

**想一想** 物流质量管理必须做好哪些基础性的工作？

## 四、物流质量管理指标

物流质量的好坏需要通过一系列指标体系来衡量。这些衡量物流质量的指标是根据物流服务的最终目标确定的。

（一）工作质量指标

工作质量指标指为实现物流各环节、各工种、各岗位的服务质量所确定的具体工作要求以及所形成的质量指标。具体包括：

（1）运输工作质量指标；

（2）装卸搬运工件质量指标；

（3）仓库工作质量指标；

（4）流通加工工作质量指标；

（5）包装工作质量指标。

（二）工程质量指标

工程质量指标指有关技术水平、管理水平、技术装备等方面的指标。具体包括：

（1）信息工程质量指标；

（2）运输工程质量指标；

（3）装卸搬运工程质量指标；

（4）仓库工程质量指标；

（5）流通加工工程质量指标；

（6）包装工程质量指标。

（三）主要物流质量指标

**1. 物流目标质量指标**

（1）服务水平指标。

$$服务水平指标 = 满足要求次数 \div 用户要求次数 \times 100\%$$

（2）缺货率。

$$缺货率 = 缺货次数 \div 用户要求次数 \times 100\%$$

（3）满足程度指标。

$$满足程度指标 = 满足要求数量 \div 用户要求数量 \times 100\%$$

(4) 交货水平指标。

$$交货水平指标 = 按期交货次数 \div 总交货次数 \times 100\%$$

(5) 交货期质量指标。

$$交货期质量指标 = 规定交货期 - 实际交货期$$

(6) 商品完好率指标。

$$商品完好率指标 = 交货时完好的商品量 \div 物流商品总量 \times 100\%$$

(7) 货损货差赔偿费率。

$$货损货差赔偿费率 = 货损货差赔偿费总额 \div 同期业务收入总额 \times 100\%$$

(8) 物流吨费用指标。

$$物流吨费用指标 = 物流费用 \div 物流总量(元/吨)$$

### 2. 运输环节质量指标

(1) 正点运输率。

$$正点运输率 = 正点运输次数 \div 运输总次数 \times 100\%$$

(2) 满载率。

$$满载率 = 车辆实际装载量 \div 车辆装载能力 \times 100\%$$

(3) 运力利用率。

$$运力利用率 = 实际吨公里数 \div 运力往返运输总能力(吨 \cdot 千米) \times 100\%$$

### 3. 仓储工作质量指标

(1) 仓库吞吐能力实现率。

$$仓库吞吐能力实现率 = 期内实际吞吐量 \div 仓库实际吞吐量 \times 100\%$$

(2) 商品收发正确率。

$$商品收发正确率 = (某批商品吞吐量 - 出现差错总量) + 同批吞吐量 \times 100\%$$

(3) 商品完好率。

$$商品完好率 = (某批商品库存量 - 出现缺损的商品量) \div 某批商品库存量 \times 100\%$$

(4) 库存商品缺损率。

$$库存商品缺损率 = 某批商品缺损量 \div 该批商品总量 \times 100\%$$

(5) 仓库面积利用率。

$$仓库面积利用率 = 库房、货棚、货场占地面积之和 \div 仓库总面积 \times 100\%$$

(6) 仓容利用率。

$$仓容利用率 = 存储商品的实际数量或容积 \div 库存数量或容积 \times 100\%$$

(7) 设备完好率。

$$设备完好率 = 期内设备完好台数 \div 同期设备总台数 \times 100\%$$

(8) 设备利用率。

$$设备利用率 = 全部设备实际工作时数 \div 设备总工作能力(时数) \times 100\%$$

(9) 仓储吨成本。

$$仓储吨成本 = 仓储费用 \div 库存量(元/吨 \cdot 天)$$

## 五、物流质量管理的方法

### (一)质量目标管理

目标管理(management by objective,MBO)是由企业的管理者和员工参与工作目标的制定,在工作中实行自我控制,并努力完成工作目标的一种管理制度。实行目标管理,使企业的成就成为每个员工的成就,有利于激励广大员工关心企业的兴衰,增强凝聚力和发扬团队精神。

实施质量目标管理的一般程序是:

(1)制定企业的质量总目标。质量总目标通常是企业在一定时期内(多数企业均以一年为目标周期)经过努力能够达到的质量工作标准。该目标的制定应采取定性与定量相结合的方式,并尽量具体化、数量化。

(2)展开企业质量总目标。将企业质量总目标自上而下层层展开,落实到每个部门、每个员工,这样做有利于贯彻质量责任制与经济责任制。在制定各级分目标时,应制订相应的实施计划并明确管理重点,以便于检查和考核。

(3)实施企业质量总目标。实施企业质量总目标即根据企业质量方针和分目标,建立质量目标管理体系,充分运用各种质量管理的方法与工具实施运作,以保证企业质量目标的实现。

(4)评价企业质量总目标。通过定期的检查、诊断、考评、奖惩等手段,实施改进,必要时进行目标值的调整。对质量总目标实施效果的评价,将不足之处和遗留问题置于下一个新的质量目标的循环系统中,并进一步改进、实施。

### (二) PDCA 循环

PDCA 循环是"计划—执行—检查—处理"工作循环的简称,也称戴明环,又称管理循环。它是质量保证体系运转的基本方式。

#### 1. PDCA 循环基本工作内容

(1)计划(plan)阶段。为满足顾客需求,以社会、经济效益为目标,制定技术经济指标,研制、设计质量目标,确定相应的措施和办法,这就是计划阶段。

(2)执行(do)阶段。按照已制订的计划和设计内容,落实实施,以实现设计质量,这就是执行阶段。

(3)检查(check)阶段。对照计划,检查执行的情况和效果,及时发现计划执行过程中的经验和问题,这就是检查阶段。

(4)处理(action)阶段。在检查的基础上,把成功的经验加以肯定,形成标准,便于今后照此办理,巩固成果,克服缺点,吸取教训,以免重犯错误。对于尚未解决的问题,则留到下一次循环解决,这就是总结阶段。

#### 2. PDCA 循环的工作步骤

PDCA 循环的实施具体又分为八个步骤:

第一步:分析现状,找出存在的质量问题,并尽可能用数据加以说明;

第二步:分析产生质量问题的各种影响因素;

第三步:在影响质量的诸因素中,找出主要的影响因素;

第四步:针对影响质量的主要因素,制定措施,提出改进计划,并预计其效果;

第五步：按照制订的计划认真执行；

第六步：根据计划的要求，检查实际执行的结果，看是否达到了预期的效果；

第七步：根据检查的结果进行总结，把成功的经验和失败的教训都形成一定的标准或规定，巩固已经取得的经验，同时防止重蹈覆辙；

第八步：提出这一循环中尚未解决的问题，让其转入下一次的 PDCA 循环中去处理。

### 3. PDCA 循环的特点

PDCA 循环具有三个特点：

（1）大环套小环，互相衔接，互相促进。PDCA 作为企业管理的一种科学方法，适用于企业各个方面的工作。整个企业存在整体性的一个大的 PDCA 循环，各部门又有各自的 PDCA 循环，形成大环套小环，依次还有更小的 PDCA 循环，相互衔接，相互联系。

（2）螺旋式上升。PDCA 周而复始地循环，每循环一次就上升一个台阶。每次循环都有新的内容与目标，都解决了一些质量问题，使质量水平犹如登梯似地不断提高。

（3）推动 PDCA 循环，关键在于 A（处理）阶段。对于质量管理来说，经验和教训都是宝贵的。在检查的基础上通过总结经验教训，形成一定的标准、制度或规定，使工作做得更好，才能促进质量水平的提高。因此，推动 PDCA 循环，一定要抓好这个阶段。

按照 PDCA 循环的四个阶段、八个步骤推进提高产品质量的管理活动，还要善于运用各种统计工具和技术对质量数据、资料进行收集和整理，以便对质量状况做出科学的判断。

PDCA 循环

**知识拓展**

观看视频《PDCA 循环》。

### 项目小结

本项目共分四个任务，任务一主要从概念、分类、发展类型、结构类型等方面对物流组织进行介绍；任务二主要是从物流服务的概念、内容、特点、服务管理的原则与实施几个方面展开；任务三主要介绍了物流成本管理的概念、内容、方法及相关理论学说；任务四主要介绍了物流质量管理的概念、内容、管理指标、方法等。

### 项目巩固

#### 一、名词解释

1. 物流组织
2. 物流服务
3. 物流成本
4. 物流质量

## 二、单项选择

1. 下列不属于仓储型物流组织的是( )。
   A. 仓储企业　　　B. 储运企业　　　C. 仓储代理企业　　　D. 集装箱运输业

2. 物流管理存在于物流运作的各种活动中,并没有专门的物流管理机构或部门,物流从业人员从属于生产或销售部门的物流组织结构模式是( )。
   A. 非专业型　　　B. 直线型　　　C. 直线职能制　　　D. 事业部制

3. 在下列物流服务项目中,处于静态的是( )。
   A. 运输　　　B. 配送　　　C. 保管　　　D. 流通加工

4. 商品从配送中心到用户之间的商品空间转移是( )。
   A. 流通加工　　　B. 运输　　　C. 配送　　　D. 装卸搬运

5. 将企业历年的各项物流费用与当年的物流费用加以比较的物流成本管理方法是( )。
   A. 横向比较法　　　　　　B. 纵向比较法
   C. 计划与实际比较　　　　D. 综合评价

6. 对企业当年实际开支的物流费用与原来编制的物流预算进行比较的物流成本管理方法是( )。
   A. 横向比较法　　　　　　B. 纵向比较法
   C. 计划与实际比较　　　　D. 综合评价

7. 下列关于物流目标质量指标描述错误的是( )。
   A. 交货期质量指标 = 规定交货期÷实际交货期
   B. 商品完好率指标 = 交货时完好的商品量÷物流商品总量×100%
   C. 货损货差赔偿费率 = 货损货差赔偿费总额÷同期业务收入总额×100%
   D. 物流吨费用指标 = 物流费用÷物流总量(元/吨)

8. 既是物流成本管理的基础内容,也是物流成本管理工作起点的是( )。
   A. 核算　　　B. 预算　　　C. 控制　　　D. 分析

9. 物流的若干功能要素之间存在损益的矛盾,即某一功能要素的优化和利益发生的同时,必然会存在另一个或几个功能要素的利益损失,这一现象描述的是( )。
   A. 黑暗大陆学说　　　　　B. 物流冰山学说
   C. 第三利润源说　　　　　D. 效益背反说

10. 为了便利销售和运输保管,并保证商品在流通过程中不受损毁的物流服务是( )。
    A. 运输　　　B. 包装　　　C. 配送　　　D. 流通加工

## 三、多项选择

1. 根据物流组织的功能来划分,可以将物流组织划分为( )。
   A. 提供单一功能为主　　　B. 提供综合物流服务
   C. 运输型　　　　　　　　D. 仓储型

2. 物流管理组织的发展经历了( )组织阶段。
   A. 物流功能集成化　　　　B. 物流功能一体化
   C. 物流流程一体化　　　　D. 虚拟化

3. 下列属于现代企业物流组织结构的是(　　)。
   A. 矩阵型组织　　　　　　　　　　B. 委员会结构和任务小组
   C. 网络结构　　　　　　　　　　　D. 战略联盟
4. 在实施物流服务管理时要(　　)。
   A. 进行物流服务分工管理　　　　　B. 协调物流服务各职能
   C. 选择集中或分散管理　　　　　　D. 做好客户服务
5. 下列物流质量管理指标中,属于工作质量指标的是(　　)。
   A. 包装工作质量指标　　　　　　　B. 运输工作质量指标
   C. 信息工程质量指标　　　　　　　D. 运输工程质量指标
6. 下列关于物流目标质量指标的描述正确的是(　　)。
   A. 服务水平指标＝满足要求次数÷用户要求次数×100％
   B. 缺货率＝缺货次数×用户要求次数×100％
   C. 满足程度指标＝满足要求数量÷用户要求数量×100％
   D. 交货水平指标＝按期交货次数×总交货次数×100％
7. 实施物流质量目标管理的一般程序是(　　)。
   A. 制定企业的质量总目标　　　　　B. 展开企业质量总目标
   C. 实施企业质量总目标　　　　　　D. 评价企业质量总目标
8. PDCA 循环是指(　　)。
   A. 计划　　　　B. 执行　　　　C. 检查　　　　D. 处理
9. 物流质量管理必须满足两方面的要求,一方面是满足(　　)的要求,另一方面是满足(　　)的要求。
   A. 批发商　　　B. 零售商　　　C. 生产者　　　D. 用户
10. 从物流成本管理与控制的角度看,物流成本包括(　　)。
    A. 社会物流成本
    B. 制造企业与商品流通企业物流成本
    C. 物流企业物流成本
    D. 第三方物流成本

### 四、判断

1. 物流组织机构的设置、物流组织的规章制度建立和物流组织人力资源管理这三方面是独立的、毫无关联的。　　　　　　　　　　　　　　　　　　　　　　　　　(　　)
2. 虚拟化物流组织将可能成为更加有效的物流组织运作形式。　　　　　　　(　　)
3. 非专业型的物流管理组织结构是物流组织的最初形式,它是在生产和销售等部门以及物流以外的其他现场部门共同协作下开展物流工作的。　　　　　　　　　(　　)
4. 矩阵型物流组织结构的设置都是临时性的。　　　　　　　　　　　　　　(　　)
5. 物流服务的内容是满足货主要求,保障供给。　　　　　　　　　　　　　(　　)
6. 物流服务的中心内容是向客户提供有价值的活动,并转移产品的所有权。　(　　)
7. 物流服务的核心是订单服务。　　　　　　　　　　　　　　　　　　　　(　　)
8. 物流成本冰山学说由日本早稻田大学的西泽修教授提出的。　　　　　　　(　　)

9. 物流质量管理,就是用经济的办法,向用户提供满足其需求的物流质量的手段体系。
(　　)
10. 车辆满载率＝车辆实际装载量×车辆装载能力×100％　　　　(　　)

## 五、简答题

1. 简述物流组织管理的原则。
2. 简述物流服务的特点。
3. 举例说明效益背反学说。
4. 描述物流质量管理的内容。

## 实战演练

### 物流企业调研

1. 实训内容

选择当地某一物流企业,通过实地走访对该企业的物流组织构架、物流服务理念、物流质量管理及物流成本管理进行调查,分析评价该物流企业的物流组织构架类型、物流成本管理和质量管理是否合理,物流服务理念是否先进。

2. 实训要求

(1) 全班同学分为 A、B、C、D 四组,每组人数由班级总人数决定。
(2) 四组同学分别展开对物流企业组织构架、服务管理、成本管理及质量管理的调查。
(3) 各组分别进行集体讨论,明确组内分工。
(4) 按照分工进行资料收集、整理、分析。
(5) 根据研究结论,提出改进方案。
(6) 各组分别选一位代表进行展示。

3. 实训考评

表 5-3　评分表

| 考评班级 | | 考评时间 | |
|---|---|---|---|
| 考评小组 | | 被考评小组 | |
| 考评内容 | 物流组织构架(服务管理、成本管理、质量管理) | | |
| 考核标准 | 内　容 | 分值(分) | 实际得分(分) |
| | 工作分工 | 20 | |
| | 工作演示 | 40 | |
| | 工作成果 | 40 | |
| 合计 | | 100 | |

### 案例分析

**宝供物流企业集团**

2000年,宝供物流企业集团广泛应用现代物流管理的理论和观念,大力拓展物流配送、为客户提供个性化物流解决方案等新型物流服务,全面扩充物流服务领域,成为40多家跨国公司和10多家大型企业的战略联盟伙伴。

对于宝供物流企业集团的发展,可以用"七个第一"给予评价和概括:第一个在中国运用现代物流的理念为客户提供全程物流服务;第一个在中国建立覆盖全国的物流运作网;第一个在中国建立物流信息系统;第一个在中国将GMP的质量保证思想运用到物流运作上;第一个在中国创立物流企业集团;第一个在中国将产、学、研相结合,每年独资举办物流技术与管理发展的国际性高级研讨会;第一个在中国创办物流奖励基金。

宝供物流企业集团,作为最早在中国提供一体化增值服务的第三方物流供应商,严格遵循"控制运作成本、降低客户风险、全面提升物流服务质量",使客户集中精力发展主业,增强核心竞争力和可持续发展能力,成为客户最佳"战略联盟伙伴"的超前物流服务理念,向客户提供具有个性化优势的特色物流服务。

首先,大力推行"量身定做、一体化运作、个性化服务"模式。宝供打破传统业务分块经营模式,在各大中心城市设立分公司或办事处,建立强大的、全面的物流运作网络,将仓储、运输、包装、配送等物流服务广泛集成,为客户"量身定做",提供"门到门"的一体化综合服务以及其他增值型服务。

其次,广泛采用具有国际水准的SOP运作管理系统和质量保证GMP体系。宝供有一套完整而严格的运作管理系统和质量保证体系,确保为客户提供优质高效的专业化物流服务,即SOP标准操作程序及GMP标准质量保证体系,确保业务运作不会因个人的因素造成服务品质的不同,充分保证业务运作质量稳定可靠。此外,在公司内部还大力宣传"重质量,讲管理"的风气,要求每位员工都要树立明确的质量意识,人人都有质量职责,使GMP成为宝供的服务标准和品质保证,成为宝供的品牌形象。

此外,宝供还重点提供国内领先的基于VPN系统的物流信息服务。在国内率先推出并建成基于Internet/Intranet的全国联网的物流信息管理系统,使宝供总部、六大分公司、40多个运作点实现内部办公网络化、外部业务运作信息化,并实现仓储、运输等关键物流信息的实时网上跟踪。

**案例思考:**

请用本项目所学的物流管理知识分析宝供物流企业集团的物流管理的优势和特点。

# 项目六

# 智慧物流

## 学习目标

**【知识目标】**
1. 了解智慧物流产生的背景；
2. 熟悉智慧物流的表现形式；
3. 掌握货到人系统、无人机、无人仓、无人快递车、无人驾驶的应用情况。

**【能力目标】**
1. 通过本项目的学习，能够分析智慧物流产生的驱动因素；
2. 通过本项目的学习，能够对京东、菜鸟等标志性企业的智慧物流应用给予综合分析。

## 学习任务提要

1. 智慧物流的定义；
2. 智慧物流表现形式。

## 工作任务提要

通过本项目的学习，结合网络等资源，分小组撰写《京东智慧物流发展报告》。

## 建议教学时数

6学时。

## 任务一　初识智慧物流

### 菜鸟的物流野心

马云在2018年全球智慧物流峰会中的演讲

2018年5月31日,菜鸟网络主办的"2018全球智慧物流峰会"在杭州国际博览中心隆重举行。马云在演讲中宣布:"菜鸟将全力以赴建设国家智能物流骨干网。"菜鸟宣布建设的国家智能物流骨干网,将由两部分组成,一部分是在中国国内打造一个24小时的货运必达的网络;另外一张网络,是沿"一带一路",在全球范围内实现72小时到达。

国家智能物流骨干网,除了基础设施的建设、智能化物流设备的应用外,最重要的就是通过大数据、智能技术和高效协同,使菜鸟与合作伙伴一起搭建全球性物流网络,提高物流效率。以历年天猫"双十一"为例,自菜鸟网络成立以来,通过智慧物流的提升,虽然单日物流订单量从1.52亿(2013年)攀升到8.12亿(2017年),但是配送1亿个包裹的时间却从9天下降到了2.8天,创造了世界物流业的奇迹。

**案例思考**

阿里巴巴为什么要建设国家智能物流骨干网?

**知识拓展**

e-WTP,全称Electronic World Trade Platform,中文意思是电子世界贸易平台。e-WTP是由私营部门发起、各利益攸关方共同参与的电子世界贸易平台,旨在促进公私对话,推动建立相关规则,为跨境电子商务的健康发展营造切实有效的政策和商业环境。e-WTP可帮助全球发展中国家、中小企业、年轻人更方便地进入全球市场、参与全球经济。

　**知识链接**

### 一、智慧物流产生的背景

#### (一)需求驱动

物流业是国家经济支撑性产业,2009—2016年,全国社会物流总费用在GDP中的占比由18.1%下降至15.5%,但与发达国家物流费用占GDP约10%的比例相比还有很大差距,提高物流效率、降低物流成本已成为政府、企业迫切需要实现的目标。

随着制造强国战略"中国制造2025""互联网+"概念的提出以及受德国"工业4.0"概念的影响,中国各行业都在探寻转型升级之路,智能制造最受青睐,而"智能物流"是智能制造的一个重要方面,"智能物流"贯穿了整个智能制造的始终。德国大众、奔驰、奥迪等汽车制造企业,都非常重视高效物流对整个生产的重要作用,而高效物流离不开对整个生产物流系统的智能化建设。国内汽车制造企业、家电制造企业在智慧工厂的建设中,对智慧物流系统的建设也格外重视,如吉利汽车、格力空调在新的数字工厂建设中,都把智慧物流放在了突出的位置。

此外,随着电子商务的快速兴起,快递市场规模迅速扩大,呈现出连续跨越式增长态势。据国家统计局数据显示,2018年"双十一"(11月11日—16日)业务高峰期间,全国邮政、快递企业共处理邮(快)件18.82亿件,同比增长25.8%。其间,全网运行平稳顺畅,基本实现了"全网不瘫痪、重要节点不爆仓"。在巨大体量的快递市场面前,只有大力发展智慧物流,提高整个快递行业的智能化和信息化水平,才能让电子商务健康有序发展。

(二)技术驱动

近年来,大数据、物联网、云计算、机器人、AR/VR、区块链等新技术驱动物流在模块化、自动化、信息化等方向持续、快速变化。这些新技术驱动物流变化的结果,主要体现在三个方面:一是感应,使物流整个场景数字化;二是互联,使整个供应链内的所有元素相互连接;三是智能,供应链相关的决策将更加自主、智能。未来,云计算和存储、预测性大数据分析等绝大多数新技术将进入生产成熟期,预计会广泛应用于仓储、运输、配送等各个物流环节,为推动中国智慧物流的全面实现和迭代提升奠定基础。

(三)政策驱动

在工业4.0时代,客户需求高度个性化,产品生命周期缩短,智能工厂需要对生产要素进行灵活配置和调整,并能够实现多批次的定制化生产。智慧物流在智能制造工艺中有承上启下的作用,是联接供应、制造和客户的重要环节。同时,在实施中国制造2025战略过程中,随着企业用工成本不断攀升,经济发展放缓,中国经济"高成本时代"逐渐来临,将给企业带来前所未有的巨大压力。

在上述背景下,国家高度重视智慧物流发展,相关政策密集出台。2016年4月,国务院办公厅发布《关于深入实施"互联网+流通"行动计划的意见》,鼓励发展共享经济,利用互联网平台统筹优化社会闲散资源。2016年7月,国务院常务会议决定把"互联网+"高效物流纳入"互联网+"行动计划。随后,经国务院同意,国家发展改革委员会同有关部门研究制定了《"互联网+"高效物流实施意见》,推进"互联网+"高效物流与大众创业万众创新紧密结合,创新物流资源配置方式,大力发展商业新模式、经营新业态。2016年7月,商务部发布《关于确定智慧物流配送示范单位的通知》,开展智慧物流配送体系建设示范工作。

(四)商业变化

当前,传统的分工体系已经被打破,原来专业化的分工协作方式逐步被实时化、社会化、个性化取代。众包、众筹、分享成为新的社会分工协作方式,使得物流信息资源、物流技术与设备资源、仓储设施资源、终端配送资源、物流人力资源等的共享成为现实,从而能在整个社会的层面进行物流资源的优化配置,提高效率、降低成本。为应对这些变化,物流行业应该高度重视并大力发展智慧物流。

## 二、智慧物流的定义

2009年,王继祥在《基于物联网技术在物流业应用与发展的背景》一文中首次提出了"智慧物流"的概念,王继祥认为,智慧物流指的是基于物联网技术应用,实现互联网向物理世界延伸,互联网与物流实体网络融合创新,实现物流系统的状态感知、实时分析、精准执行,进一步达到自主决策和学习提升,拥有一定智慧能力的现代物流体系。

德勤咨询公司认为,智慧物流是指通过智能硬件、物联网、大数据等智慧化技术与手段,提高物流系统分析决策和智能执行的能力,提升整个物流系统的智能化、自动化水平。

2017年5月,中国物流与采购联合会和京东物流联合发布《中国智慧物流2025应用展望》报告,该报告指出:智慧物流是通过大数据、云计算、智能硬件等智慧化技术与手段,提高物流系统思维、感知、学习、分析决策和智能执行的能力,提升整个物流系统的智能化、自动化水平,从而推动中国物流的发展,降低社会物流成本、提高效率。

## 三、智慧物流的特征

### (一) 互联互通,数据驱动

所有物流要素实现互联互通,一切业务数字化,实现物流系统全过程透明可追溯;一切数据业务化,以"数据"驱动决策与执行,为物流生态系统赋能。

### (二) 深度协同,高效执行

跨集团、跨企业、跨组织之间深度协同,基于物流系统全局优化的智能算法,调度整个物流系统中各参与方高效分工协作。

### (三) 自主决策,学习提升

软件定义物流实现自主决策,推动物流系统程控化和自动化发展;通过大数据、云计算与人工智能构建物流大脑,在感知中决策,在执行中学习,在学习中优化,在物流实际运作中不断升级、学习提升。

## 四、智慧物流技术

### (一) 自动分拣技术

自动分拣技术包括各类机器人拣选、自动输送分拣、语音拣选、货到人拣选等各类自动的分拣技术。

### (二) 智能搬运技术

智能搬运技术主要指通过自主控制技术,进行智能搬运及自主导航,使整个物流作业系统具有高度的柔性和扩展性,例如搬运机器人、AGV、无人叉车、无人牵引车等物料搬运技术。

### (三) 自动立体库技术

自动立体库技术指的是通过货架系统、控制系统、自动分拣系统、自动传输系统等技术装备集成的自动存储系统,实现货物自动存取、拣选、搬运、分拣等环节的机械化与自动化。

### (四) 智能货运与配送技术

智能货运与配送技术包括货运车联网、智能卡车、无人机系统、配送机器人系统等。

### (五) 大数据技术

大数据指无法在一定时间范围内用常规软件工具进行捕捉、管理和处理的数据集合,是需要新处理模式才能具有更强的决策力、洞察发现力和流程优化能力的海量、高增长率和多样化的信息资产。

物流业是支撑国民经济和社会发展的基础性、战略性产业。随着新技术、新模式、新业态不断涌现,物流业与互联网深度融合,智慧物流逐步成为推进物流业发展的新动力、新路径,也为经济结构优化升级和提质增效注入了强大动力。

**知识拓展**

### 车 联 网

车联网(Internet of Vehicles)是由车辆位置、速度和路线等信息构成的巨大交互网络。通过 GPS、RFID、传感器、摄像头图像处理等装置,车辆可以完成自身环境和状态信息的采集;通过互联网技术,所有的车辆可以将自身的各种信息传输汇聚到中央处理器;通过计算机技术,这些大量车辆的信息可以被分析和处理,从而计算出不同车辆的最佳路线,及时汇报路况和安排信号灯周期。

**想一想**

1. 为什么网上购物的物流速度越来越快?
2. 为什么智慧物流不是简单的物流智能化和信息化?

## 任务二　探究智慧物流

**案例导入**

### 智慧物流助力唯品会发展

唯品会一直以来致力于成为全球一流的电子商务平台,伴随品牌发展,未来将进一步从电商平台升级为"时尚综合零售平台"。而在当今竞争激烈的电子商务市场,物流也成为了通往品质电商之路不可或缺的一个重要环节。唯品会物流最重要的价值在于全流程自营、自主购置土地、自主设计仓库、自主投资、自主运营。近年来,唯品会还在智慧物流上不断发力,致力于将最先进的科技和设备运用到仓储物流体系建设中。

唯品会西南区物流基地耗资近 3 亿元引进兰剑物流科技旗下的蜂巢系统,利用该系统,唯品会物流仓储上可以替代常规人工集货、半自动集货缓存系统。这意味着,唯品会物流体系在仓储方面可实现无人化。唯品会现有的五大物流仓储中心,分布在天津、广东、江苏、四川、湖北,分别服务于华北、华南、华东、西南及华中的顾客。最大的广东肇庆华南物流区在 2015 年就上线了蜂巢系统,西南区是第二个引用全自动化蜂巢系统的物流基地。据唯品会合作方透露,广东肇庆物流基地上线后,唯品会的日订单处理规模达到 9.6 万件。2017 年 11 月 10 日,唯品会召开全球最大的二代蜂巢系统上线运行发布会。二代蜂巢系统拥有更优的人机结合方式、更多的拣选缓存位,储分一体系统每小时最大通过量为 12 000 箱,20 小时就可处理订单 33.6 万件。

唯品会蜂巢项目

案例思考

智慧物流是如何助力唯品会发展的?

### 知识链接

智慧物流涉及多种技术,不同的业务场景,表现形式也各种各样,按目前智慧物流的发展现状,多种技术集成在一起,是未来智慧物流的发展趋势。

#### 一、智慧港口

2017年12月10日,全球最大自动化码头——上海洋山港四期自动化码头开港,整体实现无人化智能码头,洋山港四期自动化码头全部建成后将成为全世界最大的自动化集装箱码头。截至2018年11月,已形成16台桥吊、88台轨道吊和80台AGV的生产规模。作业效率单台桥吊达到了40箱/时,轨道吊达到了20箱/时。

洋山港四期
自动化码头

洋山四期码头是一座高科技新型码头,集装箱的装卸转运全部由智能设备完成。码头装卸作业采用"远程操控双小车集装箱桥吊+轨道吊+AGV"的生产方案,主要由码头装卸、水平运输、堆场装卸的自动化装卸设备及自动化码头生产管控系统构成。

洋山港四期采用我国自主设计制造的自动化装卸设备,整个装卸过程所涉及的三大机种均为中国制造,由振华重工(ZPMC)设计和制造。此外由上港集团自主研发的码头智能生产管理控制系统(TOS系统)和振华重工自主研发的智能控制系统(ECS系统),两者组成了洋山港四期码头的"大脑"与"神经"。这两套系统的研制与应用,让国内全自动化码头第一次用上"中国芯"。

我国自动化集装箱码头建设起步较晚,但是随着我国"一带一路"建设的大力推进,港口作为"一带一路"战略版图上的重要环节,自动化集装箱码头必将是未来港口重点的发展方向。目前除了洋山港四期自动化码头以外,青岛港自动化码头、厦门远海自动化码头都已建成并投入使用。

#### 二、货到人系统

所谓"货到人"系统,简单来说就是在物流中心的拣选作业过程中,由自动化物流系统将货物搬运至固定站点以供拣选,即,货动,人不动。

"货到人"系统大幅度减少了拣选作业人员的行走距离,不仅实现了高于"人到货"模式数倍的拣选效率,大幅度降低了劳动强度,同时在存储密度、节省人力等方面拥有突出优势。因此,"货到人"系统已经成为物流配送中心非常重要的拣选方式。

一般"货到人"系统主要由储存系统、输送系统、拣选工作站三大部分组成。储存系统是基础,其自动化水平决定了整个"货到人"系统的存取能力,随着拆零拣选作业越来越多,货物存储单元也由过去的以托盘为主转向纸箱/料箱;输送系统负责将货物自动送到拣货员面前,它需要与快速存取能力相匹配,简化输送系统、降低成本是目前的研究重点;拣选工作站完成按订单拣货,其设计非常重要,拣货人员借助电子标签、RF、称重、扫描等一系列技术,提高拣货速度与准确率。

### (一) AGV 机器人

AGV(Automated Guided Vehicle)机器人,指装备有电磁或者光学等自动导引装置,能够沿着规定的导引路径行驶,具有安全保护以及各种移载功能的运输车。AGV 机器人并不是一个新生事物,第一辆 AGV 机器人诞生于 1953 年,AGV 机器人最早是应用在制造业的生产流水线上。主要用于物料的搬运,AGV 机器人能够高效、准确、灵活地完成物料的搬运任务,同时多台 AGV 机器人可以组成柔性的物流搬运系统,搬运路线可以随着生产工艺流程的调整而及时调整。目前 AGV 机器人已经深入地应用到机械加工、家电生产、微电子制造、卷烟、汽车等生产加工领域。

更多地被物流行业所关注的是 KIVA 机器人,KIVA 机器人的出现,打破了人们对 AGV 机器人的认知,传统制造行业 AGV 机器人的应用,一般是几台或者十几台,而在 KIVA 机器人仓库,几十台甚至上百台有序协同作业,应用复杂程度远超制造行业。这里主要探讨 AGV 机器人在电商仓库、快递分拣领域中的应用。

#### 1. 亚马逊机器人

2012 年 3 月 20 日,美国亚马逊公司宣布以 7.75 亿美元现金收购 Kiva System 公司,以获得 Kiva System 的机器人仓储服务,旨在大幅度提高仓库内的拣货效率,随后将其更名为亚马逊机器人(Amazon Robotics)。Kiva System 创始人 Mick Mountz 表示,Kiva 可以让每小时处理的订单量达到传统方式的 2~4 倍。为了保持竞争优势,先前合同到期以后,亚马逊不再向其它仓库运营商和零售商销售 Kiva 产品。

亚马逊机器人

截至 2017 年底,亚马逊在全球自建超过 140 个智能化运营中心,其中有 25 个配置了智能机器人。Kiva 机器人颠覆了传统电商物流中心作业"人到货、人到货位"模式,通过大数据、算法、机器自主学习等,机器人能够实现"货到人、货位到人"的模式,极大提高了拣货效率,降低了人力成本。

#### 2. 快仓机器人

上海快仓智能科技有限公司成立于 2014 年,由原振华重工(ZPMC)员工杨威和倪菲等人联合创办,总部位于上海,专注于提供具有世界级水平的智能仓储解决方案。公司以成为智能仓储机器人领导者为己任,引领智能仓储行业发展,不仅集仓储机器人的研发、生产、销售、项目实施、管理、服务为一体,更注重于在智能仓储系统这个国内空白的领域进行深入研究及实际运行,并与菜鸟、邮政、京东、唯品会、百世物流、国药、国电等重量级客户进行合作,开展了多个商用项目,取得了良好的行业口碑。

快仓机器人

由于看好国内仓储机器人的良好发展前景,目前国内有众多仓储机器人研发企业,其它代表性的企业有 GEEK+、海康威视、江南机器人等。京东、苏宁易购、唯品会、菜鸟网络等相关电商企业目前都分别建成机器人仓库并投入运营,菜鸟网络无锡未来园区为天猫超市提供服务的仓库,截止到 2019 年 2 月已经部署 600 多台机器人,为国内最大机器人仓库。

### 3. 中国"小黄人"机器人

机器人（小黄人）

由浙江立镖机器人有限公司全球首创的"小黄人"分拣机器人，对于劳动密集型的快递行业来说，是一次革命性的创新。按照一套350台的数量配置，立镖机器人一天可以处理60万件包裹，可节省传统模式分拣70%的人力。相关系统路径算法5分钟就产生约3 000亿次计算量，相当于北京首都机场一整天航班起降数据计算量。目前申通快递、中国邮政、京东等电商相关企业都建成了"小黄人"机器人仓库并投入运营。

### （二）旋转货架系统

#### 1. 胜斐迩旋转货架系统

SKU360的胜斐迩旋转货架系统

旋转货架系统在国外已经是比较成熟的货到人拣选技术，比较适合小件商品的存储和拣选，最高可达到1 000次/时的存取速度，较之人工拣选，效率提高6~10倍。旋转货架系统还具备高密度存储功能，可以实现自动存储、自动盘点、自动补货、自动排序缓存等一系列分拣动作。提供旋转货架系统最具代表性的企业是德国的胜斐迩（SSI SCHAEFER）公司。

苏宁的胜斐迩旋转货架系统

中国领先的第三方电商物流服务商——SKU360，是国内最早引进胜斐迩的旋转系统以及其他自动化仓储设备的公司。2014年7月，建成的华东一号一期工程成为中国电商仓储的标杆项目，其规划有10万立方米实时有效动态容量，50万种SKU的管理能力，以及20万的日订单处理能力，SKU360在中国第一次实现了大规模的电商物流货到人拣选。

除此之外，胜斐迩公司在中国为苏宁南京雨花物流基地自动化仓库提供旋转系统解决方案以及其它自动化仓储设备，该系统助力苏宁智慧物流实现按订单全自动拣货，使苏宁物流的拣货速度在原来的基础上提高了7倍，每一单货从拣配任务下发到装车发货的时间缩短到平均40分钟。有了这一黑科技的支持，苏宁物流的时效性获得了极大的改善。

#### 2. 鲸仓魔方系统

鲸仓二代魔方运作

鲸仓科技利用回转式货架原理推出了一套兼具密集存储和"货到人"拣选功能的自动货架系统，即驱动货品向拣选面流转，当订单商品到达拣选口时，系统自动识别停止运转的设备，拣货员看到灯光提示即过去拣货。

### （三）穿梭车货到人解决方案

穿梭车系统以能耗低、效率高、作业灵活等突出优势成为"货到人"拆零拣选的最佳方案之一，目前穿梭车技术比较成熟，随着技术的升级和创新，穿梭车主要分为多层穿梭车、四向穿梭车、子母穿梭车等。能提供穿梭车解决方案的国内外公司有很多，本书以兰剑物流科技为例。

穿梭车

国内知名物流方案集成商兰剑物流科技以穿梭车为基础研发出蜂巢式电商4.0系统，蜂巢式电商4.0系统采用的是目前业内最先进的兰剑第四代智能巷道穿梭车、超高速转载穿梭车和高速垂直提升机，三类智能运动单元柔性无缝衔接、高速稳定运行，实现了对货物的精准存取。同时，兰剑基于人体工程学的原理对智能拣选站台进行了优化设计，使拣选作业识别时间最短、动作频率最低、动作幅度最小、单批次处理订单量最大，并且可同时兼容B2B和B2C业务。

蜂巢系统是兰剑科技创造性地研发出的一种储分一体的分布式自动化物流系统,能够实现海量订单的高速拆零拣选,2015年率先在唯品会成功应用,2017年"双十一",经过升级优化的蜂巢系统二期项目在唯品会华南物流中心发挥出巨大威力,此系统仅依靠8名拣选人员,就以12 000箱/小时的超高效率共处理货物近15万件。另外,系统对仓库的空间利用非常充分,相当于两三个普通仓库的存储效率,因此占地面积较传统仓储系统大幅度减少。

（四）AutoStore

AutoStore系统是由瑞仕格（Swisslog）针对中小件商品存储拣选而推出的"货到人"解决方案,作为当今最灵活、最节省空间的货到人解决方案之一,立方体结构的AutoStore系统彻底颠覆了小件产品的存储与订单拣选。这款可扩展的系统几乎可以在任何仓库环境中快速地部署,与传统的货架存储方式相比,显著提高了空间利用率和生产效率。目前AutoStore在国外已有130多个成熟的应用项目,中国首套AutoStore系统是德国企业费斯托（Festo）与瑞仕格（Swisslog）在上海的合作项目。

AutoStore应用案例

### 三、无人设备和技术

（一）无人机

在电商企业、快递企业不断推出次日达、当日达甚至半日达的时候,随着科技发展和偏远地区的配送需求,另一种更快的配送工具——无人机,慢慢地开始应用到物流行业。无人机配送不仅能大幅降低配送成本,还可提高效率,解决偏远地区和紧急件的派送难题。目前包括亚马逊、DHL、顺丰、京东等在内的企业均投入大量资金和技术,对无人机物流进行研发和试验运营。

**1. 亚马逊无人机**

2013年左右,亚马逊开始布局无人机物流项目,其最终的目标是用无人机送货的方式覆盖其电商平台80%左右的订单,并能够让用户在下单后30分钟内收到货。2016年12月,亚马逊宣布,公司在英格兰的农村地区正式启动无人机送货项目,并首次成功送出第一单。

亚马逊公司可以说是在无人机配送方面最具代表性的伟大先驱者,该公司在项目的专注度、物流各环节的衔接、设备运营配套、以及相关的系统性储备等方面都展现了长期的、战略性的特质,并且拥有众多专利技术。

**2. DHL无人机**

2016年1月,DHL公布了最新的无人机快递技术的研发成果,该公司研发的第三代无人机系统Paketkopter 3.0亮相,该无人机翼展2米、自重14千克,机舱容积4.4升,载重2千克,飞行时速可达80～126千米。2016年5月,经过多年的研发、测试和实践应用,DHL宣布成为全球首家无人机快递公司。

DHL无人机

**3. 顺丰无人机**

顺丰是国内企业最早开始研究无人机快递技术的企业,2012年,顺丰控股创始人王卫就提出发展物流无人机的设想,并于2013年开展运营试点相关工作。2018年3月顺丰拿到了国内首张无人机航空运营(试点)许可证,可在民航局批准的试点区域内使用无人机开展物流配送。

### 4. 京东无人机

京东无人机测试

2016年6月8日,京东在中国宿迁正式开展无人机试运营。随着无人机从宿迁双河站配送中心将数个订单的货物送至宿迁曹集乡旱闸的乡村推广员刘根喜手中,京东无人机配送首单顺利完成。

2018年11月,由京东自主研发的首款原生支线无人货运飞机在陕西正式完成首飞。根据设计规划,京东京鸿无人机起飞重量超过吨级,可装载京东标准化货箱,承载干线与末端无人机网络的转接,在未来能够与京东物流仓储设施实现无缝对接。

除了顺丰和京东外,苏宁、菜鸟、中国邮政、饿了么也积极投入到无人机快递的研发,无人机技术和运营模式都在不断地创新,未来的无人机物流市场值得期待,无人机物流会成为智慧物流不可或缺的一部分。

### (二)无人配送车

为解决"最后一公里"的配送难题,电商巨头们都纷纷将目光投向了无人配送车,菜鸟网络、京东、苏宁、唯品会等电商巨头都纷纷开展无人配送车的研发和测试。

无人配送车会根据调度平台发出的命令,对目的地进行路径的自主规划,寻找最短线路并能规避拥堵路段。在路上行驶过程中,如果遇到车辆、行人等障碍物,无人配送车可以做到主动停车或绕路行驶进行避障。无人配送车也可以对交通信号进行识别,在十字路口可以判断红绿灯并做出相应决策。

### 1. 菜鸟无人配送车

菜鸟无人配送车

2016年菜鸟ET实验室,推出了一款智能配送机器人——菜鸟小G,首先在阿里的西溪园区给员工送包裹。小G能实现全自动无人驾驶,躲避人群、障碍,自主上下电梯,自动完成包裹的配送等功能。经过不断的迭代研发,目前小G已经发展到G Plus,2017年"双十一"期间,G Plus在浙江大学开展校园内的快递配送试运行。2018年4月17日,G Plus正式开展实际路测。

### 2. 京东无人配送车

京东无人配送车

2017年6月18日,京东无人配送车在京东董事长刘强东的母校中国人民大学首次试运营,并顺利完成了首单任务。此后,京东在清华大学、浙江大学和长安大学等高校也相继部署了无人配送车。2018年6月18日,京东无人配送车从校园走向街头,正式展开路测。

如今无人配送车从封闭的校园环境走向了全场景常态化配送,进一步推动了智慧物流的全面发展。无人车投入使用,可以提高配送频次,解决夜间配送等问题。甚至还能提供预约配送,定时定点配送等现在无法完成的服务,但是从实验到实现还有很长的路要走。

### (三)无人仓

随着机器人、自动化设备技术的提升,大数据技术、人工智能和运筹学相关算法的应用,在需求、技术、资本的多方促进下,我国无人仓技术发展迅速,应用逐步落地。目前,中国无人仓技术已经从自动化阶段进化到智慧化阶段,通过运营数字化、决策智能化和作业无人化,实现物流系统的状态感知、实时分析、自主决策、精准执行,正在开启全球智慧物流的未来。

**1. 日日顺无人仓**

日日顺青岛仓库是国内大件物流领域屈指可数的高科技仓库,是行业内第一个实现全流程无人化作业的大件物流立体仓库。从商品入库、上架、存取、出库全过程都由自动化设备在算法的指引下完成,不需要人工干预。

日日顺全国首个大件物流智能仓

**2. 京东无人仓**

2017年10月,京东物流首个全流程无人仓正式在上海市嘉定区亮相,这是全球首个正式落成并规模化投入使用的全流程无人的物流中心。从入库、存储,到包装、分拣,真正实现全流程、全系统的智能化和无人化。京东首个无人仓正式运营后,其日处理订单的能力将超过20万单,而传统的仓库一天的订单处理量只有3~4万。无人仓库是人工仓库效率的4~5倍。

京东全球首个全流程无人仓(上海嘉定)

**3. 菜鸟无人仓**

2018年3月,菜鸟与快仓机器人联手打造的无人仓在无锡投入使用。菜鸟与快仓共同打造的全自动化智能物流无人仓,利用AI技术,将存储环节、拣选环节、打包环节、分拣环节等几个自动化环节逐步联动并升级,实现整个仓内相对完整的系统性的自动化,让大量AGV机器人与机械臂协同作业,组合成易部署、易扩展、高效的柔性全链路仓储自动化解决方案。

菜鸟无人仓

**(四)无人驾驶**

在物流领域中,除了无人机、无人配送车、无人仓外,无人驾驶也受各方瞩目,亚马逊已经专门组建一个团队,专注于无人驾驶技术,以帮助零售业在交通运输的变革中占据先机。2018年4月12日,全球首台纯电动无人驾驶集卡HOWO-T5G(L4级)投入天津港试运营。在无人干预的情况下,装配有激光雷达、高清摄像头和智能计算单元的无人驾驶HOWO-T5G电动卡车,完成了道路行驶、精确停车、集装箱装卸、障碍物响应等指定动作,实现了集装箱从岸边到堆场的全程自动驾驶水平运输。

无人驾驶电动卡车

2018年5月24日,苏宁联手解放卡车打造的无人驾驶重卡——"行龙一号"进行首次测试,一辆具有行业最先进L4级无人驾驶技术的无人驾驶重卡"行龙一号"完成了线路规划、加减速、变道等一系列无人驾驶精准操控,并以厘米级精度准确停靠在指定位置。

2017年9月28日,京东对外公布了其在无人驾驶领域的最新进展,京东将联合上汽大通、东风汽车共同研发,推出基于上汽大通EV80的新能源无人货车和东风电动无人货车。京东的轻型无人货车已在交管部门指定的固定路段内开始路试。

苏宁解放卡车重庆测试

无人驾驶和人工智能作为智慧物流领域的变革性技术,将广泛应用于仓储、运输、配送等环节,提高物流前、中、末端的自动化水平。无人驾

183

驶电动卡车这种新型运输模式虽然近年来在国际上开始受到关注,但仍然只停留在概念性产品阶段,其智能化程度与电动底盘性能距离实地运营还有一定差距,但无人驾驶电动卡车产品商业化落地已经迈出去重要一步。

### (五) 智能快递柜

2010年中国邮政运营第一台智能包裹投递终端,智能快递柜开始进入了公众的视野。2012年,三泰控股投资成立速递易,与此同时越来越多的玩家开始加入,2015年以来,随着电子商务的快速发展,快递柜也开始进入快车道。2015年6月6日,由顺丰、申通、中通、韵达、普洛斯领航共同投资创建了丰巢快递柜。

智能快递柜作为近年来兴起的创新型快递末端配送无人化设施,自2013年起,国务院、发改委、国家邮政局均对智能快件箱的发展做出了明确的指示与政策指导,为智能快件箱行业快速发展带来了契机。智能快递柜作为一种新兴的快递投递模式,安全而高效,有效保护业主隐私,为用户提供了便利;通过集中配送,大大降低了人力成本,从而实现了快递末端配送模式的创新和突破。

## 四、大数据

大数据是构建智慧物流的基础。大数据时代的到来,使得云计算、大数据技术加速向物流行业渗透,逐渐累积海量物流大数据,涉及运输、仓储、装卸搬运、包装以及流通加工等物流关键环节中的数据信息。通过对大数据的加工,能够把涉及物流各方的数据进行整合、优化,从而实现快速、高效、低成本的物流。此外人与物流设备之间、设备与设备之间在大数据技术的支持下,可以实现更为紧密的结合,最终形成一个功能强大的智慧物流系统,实现物流作业与管理的自动化与智能化。

大数据已经渗透到物流领域的各个环节之中,其作为一种新兴技术,它给物流的发展带来了更多的机遇。对物流企业而言,合理地运用大数据技术,对企业的管理、客户关系维护、资源配置等方面都将起到积极的作用,使物流决策更加高效与准确。

### (一) 大数据与电子面单

2014年5月,菜鸟网络联合"三通一达"等14家主流快递公司推出了标准化的公共电子面单平台,并向商家和所有快递企业开放,免费申请接入。通过菜鸟网络的电子面单平台系统,可实现快递公司与商家系统的双向互动通道打通,可实时跟踪订单各个环节的处理状态,清晰记录各个系统间的订单处理效率,实现行业统一的电子面单接入规范,建立新的电子面单对接和应用标准。电子面单对商家的作用主要体现在发货速度、发货成本和操作准确率等方面的提升。

### (二) 大数据与路由分单

传统快递企业收件路径是这样的,来自全国各地的大量包裹先集中到分拨中心,再按照收货地址将包裹归类后分往下一网点。分拨中心流水线上会有大量的分拣员,他们需要看着包裹上的地址信息,凭记忆确定包裹下一站到达哪个网点。每个包裹需要3~5秒的时间来判断下一个路径并进行分拣,快递公司启用大数据路由分单后,只需1~2秒即可完成这个动作。

### (三) 大数据与预测

菜鸟网络成立以来,致力于利用大数据帮助快递行业提升效率,并且推出了多个基于全业务链条的大数据产品,如物流预警雷达可为"双十一"等电商销售旺季,提供精准的物流数据预测和预警,帮助快递公司调配运力运能。

**知识拓展**

观看视频《智慧物流提升"双十一"大件物流效率》和《大数据助力"双十一"物流升级》。

智慧物流提升"双十一"大件物流效率

大数据助力"双十一"物流升级

**想一想**

1. 无人机送快递有哪些优缺点?
2. 智能快递柜有哪些优缺点?

### 项目小结

随着人工智能、大数据、物联网等技术的发展,智慧物流有了技术上的支撑。目前在各行业转型升级的大背景下,发展智慧物流是促进我国从"物流大国"向"物流强国"迈进的必然选择。

### 项目巩固

**一、名词解释**

1. 智慧物流
2. 货到人拣选
3. AGV 机器人
4. e-WTP

**二、单项选择**

1. 下列目前没有自动化码头的港口是( )。
   A. 洋山港　　　　B. 青岛港　　　　C. 厦门港　　　　D. 大连港
2. 下列不是智慧物流的表现形式的是( )。
   A. 货到人拣选　　　　　　　　B. 无人机快递
   C. 代收包裹　　　　　　　　　D. 无人快递车
3. 国内企业最早选用胜斐迩旋转货架系统的公司是( )。
   A. 京东　　　　B. 菜鸟　　　　C. 苏宁　　　　D. SKU360
4. 世界上第一座自动化码头建在( )。
   A. 美国　　　　B. 日本　　　　C. 英国　　　　D. 荷兰
5. 构建智慧物流的基础是( )。
   A. 计算机　　　　B. 互联网　　　　C. 自动化设备　　　　D. 大数据

**三、多项选择题**

1. 物流大数据的作用有( )。

A. 电子面单　　　　B. 智能路由　　　　C. 预测　　　　　　D. 共同配送
2. 生产AGV仓库机器人的企业主要有(　　)。
A. GEEK+　　　　 B. 快仓　　　　　　C. 海康威视　　　　D. 江南机器人
3. 建有AGV机器人仓库的企业有(　　)。
A. 京东　　　　　　B. 菜鸟　　　　　　C. 苏宁　　　　　　D. 唯品会
4. 建有无人仓库的企业有(　　)。
A. 日日顺　　　　　B. 京东　　　　　　C. 菜鸟　　　　　　D. 沃尔玛
5. AGV机器人深入应用的行业有(　　)。
A. 汽车　　　　　　B. 微电子　　　　　C. 卷烟　　　　　　D. 食品加工

## 案例分析

### 苏宁的智慧物流实践

上海奉贤苏宁的仓库里,穿梭着200台仓库机器人,驼运着近万个可移动的货架。商品的拣选不再是人追着货架跑,而是等着机器人驼着货架排队跑过来,机器人行动井然有序。根据实测,1 000件商品的拣选,仓库机器人拣选可减少人工50%~70%,小件商品拣选效率超过3倍人工,拣选准确率可达99.99%以上。

2018年"双十一"前夕,苏宁的亚洲最大智慧物流基地首次对外开放。建筑面积达20万平方米的苏宁云仓,相当于28个标准足球场大小,由5个大型仓库组成,分成小件商品、中件商品、异形品、贵重品和温控商品五个区域,可存储2 000万件商品,日处理包裹181万件。而且,从订单生成到商品出库,最快只要30分钟的时间。

据悉,苏宁目前已经拥有行业领先的仓储规模,总面积将近500万平方米,而且80%以上为自建仓储。在物流体系的布局上也是最完善的,全国中心仓、区域中心仓、城市门店仓,以及快递点、自提点,连通充沛的运输网络资源,形成了一个完整的物流体系。

未来,苏宁物流还将以南京为范本,在北京、南京、广州、成都、沈阳、武汉、西安、深圳、杭州、重庆、天津等11个中心城市,升级全流程自动化作业能力,从南到北,从东到西,苏宁将构建起一张覆盖全国的智能云仓体系。

**思考题:** 苏宁是如何进行智慧物流体系构建的?

# 项目七 供应链物流管理

## 学习目标

**【知识目标】**
1. 了解供应链的种类、供应链物流管理的内容；
2. 熟悉并能解释供应链、供应链物流的基本概念以及供应链物流的特点；
3. 掌握供应链的特征和类型；
4. 掌握供应链物流模式和战略。

**【能力目标】**
1. 能够绘出正确的供应链结构链条；
2. 能够为一般企业设计简单的供应链流程；
3. 能够正确分析企业供应链物流模式和战略。

## 学习任务提要

1. 走近供应链；
2. 走近供应链物流管理。

## 工作任务提要

运用所学的基础知识，初步构建和分析供应链模型，厘清供应链物流模式。

## 建议教学时数

6学时。

## 任务一　认识供应链

### 案例导入

**小米供应链危机**

整个2015年,因为供应链的原因,小米5迟迟不能发布,最终拖到了2016年2月。2015年的"双十一",小米遭遇有史以来最艰难的一战。倒不是因为竞争对手有多强或者网店无人问津,而是小米5延期太严重,手中无牌,只好用一大堆红米机型来凑数。即使小米5发布以后,也遭遇了产能危机。小米5发布后评价都很好,但是两三个月买不到货。2016年7月,在雷军接管供应链以后,亲自到访三星总部,外界普遍解读他是去向三星请求屏幕供应了。

要管理好供应链,如何与供应商处理好关系就十分重要。在手机研发设计出来之前,你是甲方;但在手机设计出来以后准备量产时,你是超级乙方,很多时候不得不被供应商牵着鼻子走。比如供应商的物料有限,大家都在抢,究竟是给华为、给OV还是给小米,谁分配多谁分配少,都可能和跟彼此关系好不好挂钩。

产品研发也和供应链息息相关。一个产品在研发阶段,就在很大程度上决定了其量产的难度大小。小米MIX最初采用了全陶瓷机身,这种陶瓷产量本身就很少,加上良品率极低,所以MIX最初只能是一款难以大规模量产的概念机。但一年以后的MIX2,其标配版的侧边框采用7系铝来代替,大幅提升了良品率,总算实现了量产。

**案例思考**

1. 根据该案例,请你谈谈什么是供应链?
2. 为何说供应链管理关系到企业生存和发展?

### 一、供应链概述

**(一)供应链概念**

供应链(supply chain)产生于20世纪80年代末,随着全球化的不断发展和世界经济扁平化,近年来供应链被广泛应用和发展,日益成为一种重要的新型管理手段。

供应链是围绕核心企业,通过对信息流、物流、资金流的控制,从采购原材料开始,制成中间产品以及最终产品,最后由销售网络把产品送到消费者手中的,它是将供应商、制造商、分销商、零售商及最终用户连成一个整体的增值网链结构。

中华人民共和国国家标准《物流术语》(GB/T18354—2006)中供应链被定义为:"生产及流通过程中,涉及将产品或服务提供给最终用户所形成的网链结构。"如图7-1所示。

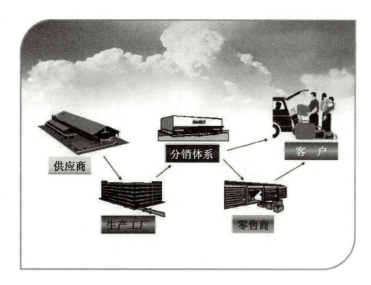

图 7-1　供应链

美国的史迪文斯(Stevens)认为："通过增值过程和分销渠道控制从供应商的供应商到用户的用户的流就是供应链,它开始于供应的原点,结束于消费的终点。"

以上描述都反映了供应链上下游的供需关系,以及其环环相扣的完整性。而供应链区别于一般的物流链,则主要体现在其"三流一体"的结构性。

(1)在供应链的物流中,每一个个体环节的物流行为,都影响到其上下游,以及上下游的上下游的物流行为,进而扩展到整个供应链的物流行为,因此每一个个体都对供应链物流的整体效率及产能起到重要的作用。

(2)在供应链的信息流中,由于个体环节之间的合作与沟通,直接影响到整个供应链的流通性和顺畅性,因此信息流的通畅与否,决定了供应链是否能够顺利而高效地衔接及运行,是现代供应链的重要组成部分。

(3)供应链的资金流是指从采购到设备投资再到销售产品之后收取的货款和清偿供货商款项的过程。资金流属于供应链必不可少的部分,正是因为有资金的投入和产出,整个供应链才能创造利润。而资金流的合理与否,则直接决定了供应链的总成本和最终各个环节的净利润。

(二)供应链的特征

供应链是一个紧密连接的网链结构,结合供应链的概念和内涵,我们可以得出供应链具有以下主要特征:

**1. 面向用户需求**

供应链,顾名思义是提供物料或服务供应的链条,既然是供应,就必须以需求为基础,否则,就容易造成供不应求或供过于求的情况。因此,供应链中的所有活动,都是以用户需求为导向的,用户需求是供应链中信息流、产品服务流和资金流运作的驱动源。

**2. 全局性**

供应链的绩效应当是全局的。在供应链中,效益是通过整体合作和整体优化而得到的,其所追求的是多方共赢的利益。因此供应链中的整体利益高于局部或个体利益,整个供应链体现出统一集成的全局性特征。

> **想一想** 你是如何理解供应链的全局性的?

### 3. 复杂性

由于供应链中企业数量大,层次多,范围广,再加上多由多种不同类型不同分工的企业构成,企业和企业之间又需要进行交叉合作,因此供应链的结构及业务模式比一般单个企业和机构的模式都要复杂许多。

### 4. 动态性

供应链的动态性体现在两个方面。首先,供应链中的企业不是一成不变的,而是在不停地发生着变化,有新加入的企业,也会有离开的企业,因此企业成员构成是动态的;其次,由于市场需求的驱动和导向,供应链中的产品表现、节点企业、管理方法等因素都必然会随着市场需求的变动而产生动态变化。因此,供应链是动态的。

### 5. 增值性

供应链在流通的过程中,伴随着运输、储存、流通加工等活动,产品会不断地得以增值,而为了顺应市场需求性,在供应链的设计过程中,也将更加注重从客户角度为产品赋予价值增值,来提升客户的满意度。增值性特点也同时为供应链中各个环节创造更多的利润。

供应链动画

> **想一想** 观看视频《供应链动画》,谈谈你对供应链的认识。

#### (三)供应链的类型

##### 1. 按供应链的范围及广度划分

(1)单元供应链。单元供应链由一家企业及该企业的直接供货商和直接客户组成,包括了从需到供的循环。它是供应链最基本的模式,也是最为简单的供应链模式。

(2)产业供应链。不难发现,在当今的全球大市场竞争环境中,单元供应链很难展开强有力的竞争力,企业和企业之间开始不仅仅考虑自己企业范围内的事,而是开始关注其他更多的企业,进而与其相互合作,构成联盟,来进行优势互补,于是就形成了产业供应链。

产业供应链,由单元供应链组成,是企业联合其他上下游企业,通过联盟和外包等合作方式建立一条经济利益相关、业务关系紧密、优势互补的产业供需关系网链。企业充分利用产业供应链上的资源来适应新的竞争环境,实现合作优化,共同增强竞争力。产业供应链中的单元供应链皆提供不同的部件或服务,为产品增加附加值。

(3)全球供应链。全球供应链顾名思义,是在全球范围内组合的供应链,是企业根据需要在世界各地选取最有竞争力的合作伙伴,结成全球供应链网络,以实现供应链的最优化。

全球供应链的范围最广,内含的企业数量最多,对于供应链的整合能力要求也最高。通过全球供应链,企业的经营运作方式将被广泛和彻底地影响和改变。

##### 2. 按企业的发展进程划分

(1)内部供应链。企业发展初期一般体现为内部供应链,其供应链主要着眼于企业内部的业务操作,致力于企业部门与部门之间的合作与协调。通过企业内部合作和内部供应链来寻求本企业的最佳表现。

（2）外部供应链。当企业发展到一定程度，就会开始注重外部资源的利用和与其他企业的合作。在这个阶段，本企业同其他企业共同形成外部供应链，通过对制造、加工、分销、零售和物流过程的分工合作，形成更为系统和高效的整体。通过外部供应链的形成，企业将得到更多的资源和信息，并通过供应链合力，达到多方共赢下的利益最大化。

**想一想** 通过上述学习，结合观看视频《生产物流全流程》和《SAP 供应链管理动画——从羊毛到成衣》，如何正确理解内部供应链与外部供应链？两者之间有何区别和联系？

生产物流全流程

SAP 供应链管理动画——从羊毛到成衣

### 3. 按供应链的功能特点划分

根据产品类型的不同，衍生出了功能性供应链和创新型供应链。

（1）功能型供应链。功能型供应链也称为效率型供应链。效率型供应链对应功能性产品，致力于用最低的价格，是以保障供应为基本，以提高效率为根本目标的供应链管理系统。由于功能性产品的需求一般是可预期的，因此在效率型供应链中，控制库存和设法实现高效物流成为其重要控制性指标。在这类供应链中，选择供应商的主要因素有成本、质量、服务和时间等。

（2）创新型供应链。创新型供应链也称为反应型供应链。反应型供应链对应创新型产品，由于创新型产品表现出市场需求的极不稳定性，因此反应型供应链着眼于如何对市场不可预见的需求变化作出迅速而有效的应对反应。为了尽可能降低市场突然变化给供应链带来的损失，反应型供应链的生产部门要求有强力的缓冲生产能力，并为库存部门准备有效的零部件和成品缓冲性库存。此类供应链在选择供应商时，应主要考虑柔性、速度、灵活性和质量等因素。

两种供应链的对比见表 7-1。

表 7-1 效率型供应链和反应型供应链的比较

| 比较项目 | 供应链类型 | |
| --- | --- | --- |
| | 效率型供应链 | 反应型供应链 |
| 主要目标 | 最低生产成本的有效需求 | 快速响应，减少过期库存产品的减价损失 |
| 制造过程 | 维持高平均利用率 | 消除多余的缓冲能力 |
| 库存战略 | 高周转率，最小库存 | 消除大量零部件和产品缓冲库存 |
| 提前期 | 保有成本前提下缩短提前期 | 采取主动措施缩短提前期 |
| 供应商选择 | 成本和质量 | 速度、柔性和质量 |
| 产品设计战略 | 绩效最大，成本最小 | 模块化设计，延迟策略 |

### 知识拓展

#### 功能型产品和创新型产品

根据产品的客户需求模式分类，可以将产品分为两类：功能型产品和创新型产品。

功能型产品的特点：

（1）能满足基本需要，因而需求稳定且可以预测，从而使供求可以达到近乎完美的平衡，这使市场调节变得很容易。但是，稳定性会引起竞争，进而导致利润率较低。

（2）生命周期长。

（3）生产这种产品的公司可以集中几乎全部的精力去使物质成本最小化。在大部分功能型产品的价格弹性给定的情况下，最小化物质成本是一个极重要的目标。在这一目标中，整个供应链中的供应商、制造商和零售商要协调他们的活动以便能以最低的成本满足预测的需求。功能型的产品更加重视物质功能。

创新型产品的特点：

（1）创新型产品需求不可预测。创新型产品能使公司获得更高的利润，但是创新型产品的新颖却使需求不可预测。

（2）创新型产品的生命周期短（通常只有几个月），这是因为仿制品大量的出现，使得创新型产品的竞争优势丧失，从而公司被迫进行一连串的更新颖的创新。生命周期缩短和产品的多样化使需求更加具有不可预见性。

（3）创新型产品具有高边际利润、不稳定需求的特点。因而，市场具有不确定性，这增加了供求不平衡的风险。对创新型产品而言，市场调节成本是主要的。最重要的是要仔细研究新产品在整个周期内的销售量或其他市场信号，并快速作出反应。选择供应商要考虑的不是低成本，而是供货的速度和灵活性。

两种产品类型的对比见表7-2所示。

表7-2 功能性产品和创新性产品的特点对比

| 对比项目 | 产品类型 | |
| --- | --- | --- |
| | 功能性产品 | 创新性产品 |
| 需求特征 | 可预期 | 不可预期 |
| 产品寿命周期 | 大于两年 | 3～12个月 |
| 边际收益率 | 5%～20% | 20%～60% |
| 产品多样性 | 低（10～20） | 高（大于100） |
| 平均预测误差幅度 | 10% | 40%～100% |
| 平均缺货率 | 1%～2% | 10%～40% |
| 订单生产产品的提前期 | 6～12个月 | 1～14天 |

**想一想** 试举例说明功能性产品和创新型产品。

### 4. 按供应链的驱动力划分

（1）推式供应链。推式供应链是以制造商为驱动源，产品的生产及流通从制造商逐级推向下游环节的供应链。推式供应链响应需求的能力较差，适用于市场需求变动较小的产品类型，供应链管理初期多表现为推式供应链。如图7-2所示。

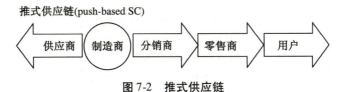

图7-2 推式供应链

（2）拉式供应链。拉式供应链是以最终用户为驱动源，产品的生产、供应及流通都由市场需求来进行拉动的供应链。拉式供应链对市场的响应能力高，并可以帮助完成定制化服务，适用于供大于求，或需求变动较大的市场环境。如图7-3所示。

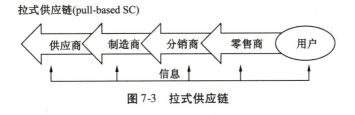

图7-3 拉式供应链

**想一想** 根据老师所述以及你的理解，谈谈推式和拉式供应链两者有何不同？

### 5. 根据供应链的结构特征划分

根据供应链的结构特征，可将供应链分为发散型供应链、汇聚型供应链和T型供应链。

（1）发散型供应链。发散型供应链又被称为V型供应链，生产中间产品的企业数量大于供应商数量，总体呈现发散状，产品由供应源向外发散。常见的V型供应链代表行业有石油、化工、造纸及纺织业等。

（2）汇聚型供应链。汇聚型供应链又叫做A型供应链，其核心企业拥有大量的供应商，供应商数量大于中间环节企业数量，整个链条自上而下呈现不断向核心企业收缩的会聚状态。A型供应链的典型行业有汽车工业、航空航天工业及机械制造等。

（3）T型供应链。T型供应链介于上述两种模式之间，其中的节点企业从众多供应商处采购大量物料，并为大量最终用户和合作伙伴提供相应的加工品，是大多数企业所处的供应链类型。较为典型的T型供应链行业包括食品行业、电子产品和医药保健等。

**想一想** 请举例说明上述三种供应链差异以及应用领域。

## 任务二　熟知供应链物流管理

**Faurecioa 公司的供应链管理模式**

法国的 Faurecioa 公司是世界上最大的汽车配件供应商之一,负责向沃尔沃、标致、丰田、大众、尼桑、雪铁龙等汽车公司提供零配件。该公司通过分别对外部(上游的厂商供货)与内部物流(工厂内部的零配件供应)进行流程分析与优化重组,合理制订上游供货厂商送货和工厂内部配送的频率、时间、数量,设定库存,改善包装,建立了新的物流管理模式,即由本厂统一采购、统一供货,对分散的供应商进行集成管理、优化,使每个产品形成一个说明书(标准、流程),采用集中配送。这一供应链管理模式不仅使公司的物流管理费用在营业额中所占的比例下降到4.3%(不含仓储费用),更主要的是大大提高了对市场的反应速度,把原来15天的供货期缩短到7天,增加了顾客的满意度。同时也为下游企业提高物流效率创造了条件。

**案例思考**

1. 结合案例,谈谈何为供应链物流管理。
2. 结合案例,谈谈法国的 Faurecioa 公司是如何降低成本提高效率的。

### 一、供应链物流管理的内涵

**(一) 供应链物流**

供应链物流是为了顺利实现与经济活动有关的物流,协调运作生产、供应活动、销售活动和物流活动,进行综合性管理的战略机能。

供应链物流能力由物流要素能力及物流运作能力构成。供应链物流能力是物流主体以顾客价值最大化和物流成本最小化为目的,围绕核心企业,从采购原材料到制成中间产品及最终产品,最后由销售网络把产品送到用户手中这一供应链物流活动中顺利完成相应物流服务的能力。

不同的供应链结构模型,就有不同的物流系统结构与之相适应。供应链物流系统一般由供应物流、生产物流和分销物流组成。整个供应链的物流服务,可以是专业的第三方物流企业提供(如图7-4所示),也可以由供应链合作伙伴中某个或某几个成员企业的物流部门提供。

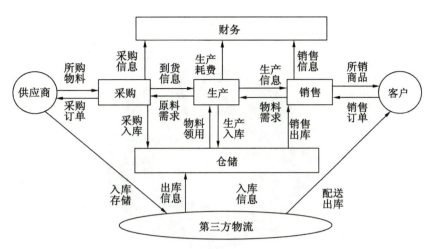

图 7-4　第三方物流提供的供应链物流系统

(二) 供应链物流管理

**1. 供应链物流管理的定义**

供应链物流管理(supply chain logistics management, SCLM)是指以供应链管理思想实施对供应链物流活动的组织、计划、协调与控制。强调供应链成员不再孤立地优化自身的物流活动,而是通过协作、协调与协同,提高供应链物流的整体效率。

供应链物流管理是以供应链核心产品或者核心业务为中心的物流管理体系。前者主要是指以核心产品的制造、分销和原材料供应为体系而组织起来的供应链的物流管理。例如,汽车制造、分销和原材料的供应链的物流管理,就是以汽车产品为中心的物流管理体系。后者主要是指以核心物流业务为体系而组织起来的供应链的物流管理,如第三方物流的配送、仓储、运输等供应链的物流管理。

**2. 供应链物流管理的原理**

供应链物流管理的原理,就是要结合供应链的特点,综合采用各种物流手段,实现物资实体的有效移动,既保障供应链正常运行所需的物资需要,又保障整个供应链的总物流费用最省、整体效益最高。

供应链物流管理,也是一种物流管理,它和通常的物流管理没有本质的区别。它同样包括运输、储存、包装、装卸、加工和信息处理等活动的策划设计和组织等工作,同样要运用系统的观点和系统工程的方法。供应链物流管理的特点,就是在组织物流活动时,要充分考虑供应链的特点。供应链最大的特点,就是协调配合,例如库存点设置、运输批量、运输环节、供需关系等,都要统筹考虑集约化、协同化,既保障供应链企业运行的需要,又降低供应链企业之间的总物流费用,以提高供应链整体的运行效益。供应链一体化服务详见图 7-5 所示。

图 7-5　供应链一体化服务

> **重要提示**
>
> 　　注意，这里提到的效益是着眼于供应链整体的效益，费用是供应链的总费用。这就是说不排除有的效益会降低、有的费用会增长的情况。因为既然供应链是一个系统，在以系统的观点处理问题时，这样的结果是正常合理的。

　　这里所谓的供应链整体的效益，其最主要的代表就是核心企业的效益。应该说整个供应链的使命，就是要为核心企业提高效益服务的。所以供应链物流管理实际上是要站在核心企业的立场上，沟通整个供应链的物流渠道，将它们合理策划、设计和优化，提高运行效率、降低运行成本，为核心企业的高效率运作提供有力的支持。

　　站在核心企业的立场来组织物流，并不是意味着完全不顾非核心企业的利益。相反，要取得非核心企业的合作，就必须兼顾着它们的利益。一方面，核心企业的利益最大化，本身就会带给非核心企业的利益最大化。例如汽车装配厂生产的汽车所占的市场份额扩大，就意味着部件厂的部件需要量更多，分销企业的销售收入也就更多。这样给上游企业和下游企业带来的利益自然也最大化。另一方面，在组织供应链物流方案时，碰到具体问题，在站在核心企业的立场的同时，在不影响大局的情况下，尽可能满足非核心企业的利益，这样作出的方案才是可行的。

**想一想**　为何说供应链主要应当由核心企业来组织管理？

　　结合供应链的特点来组织物流，既是供应链物流管理的优点，又是供应链物流管理的约束条件。优点，是因为它可以使物流在更大的范围内实行优化处理、在更大的范围内优化资源配置，因此可以实现更大的节约、更大地提高效益；约束条件，是因为它在进行物流活动组织时，需要综合考虑更多的因素，需要更多的信息支持和优化运算。因此物流设计策划的工作量更大、难度也更大。

前面我们说到，供应链主要应当由核心企业来组织管理，所以，供应链物流管理当然也应当由核心企业来组织管理。因为只有核心企业才真正知道它的供应链物流管理应当怎样做，才能够真正代表它的利益，才最有效益。但是由核心企业组织管理，并不一定要核心企业亲自来组织管理。由于物流管理比较烦琐，而供应链物流管理就更加复杂，任何一个生产企业，在把主要精力管好生产的同时还要把物流管理起来，都是很困难的。所以，一般按现在通行的做法，供应链物流管理可以由核心企业委托或外包给第三方物流公司来承担。自己作为合同的甲方，只提出管理目标和任务，只监督第三方物流公司的执行效果。而第三方物流公司作为合同的乙方，根据甲方的目标任务，提出物流方案，具体组织实施。由于第三方物流公司具有专业化的物流管理经验和能力，由他们根据核心企业的要求来组织管理供应链物流，可能收到比核心企业亲自组织管理更好的效果。

### 3. 供应链物流管理的内容

（1）前向物流与反向物流，包括运输、仓储、包装、装卸搬运、配送等。

（2）前馈与反馈的信息流，包括订单、交付、运输等活动的信息交换。既包括供应信息、需求信息，也包括共享信息。

（3）管理和控制，包括采购、营销、预测、库存管理、计划、销售和售后服务。

**想一想** 根据前面的讲述以及观看视频《亚马逊物流供应链关联》，你认为供应链物流管理有何特点？

亚马逊物流
供应链关联

### 4. 供应链物流管理的特点

供应链物流管理区别于一般物流管理的特点有：

（1）供应链物流是大系统物流。这个系统涉及供应链这个大系统中的各个企业，而且这些企业是不同类型、不同层次的企业，有上游的原材料供应企业、下游的分销企业和核心企业，有供、产、销等不同类型。这些企业既互相区别、又互相联系，共同构成一个供应链系统。这个大系统物流包括企业之间的物流，但是也可能要包括企业内部的物流，直接和企业生产系统相连。

（2）供应链物流是以核心企业为中心的物流。要站在核心企业的立场上，以为核心企业服务的观点来统一组织整个供应链的物流活动。

（3）更广泛的资源配置。供应链物流管理应当在更广大的范围内进行资源配置，包括充分利用供应链企业的各种资源，以实现供应链物流更优化。

（4）企业间的同盟关系。供应链企业之间是一种相互信任与支持、共生共荣、利益相关的紧密伙伴关系。组织物流活动时应体现这一宗旨，才能组织更有效的物流活动。

（5）企业间物流信息共享。供应链企业之间通常都建立起计算机信息网络，相互之间进行信息传输，实现销售信息、库存信息等的共享。组织物流活动时可以充分利用这个有利条件，在物流信息化、效率化上有较强的支持作用。

## 二、供应链物流模式分析

### (一) 供应链物流分析

供应链的特点是在反应能力和盈利能力之间进行权衡。对于一般的物流管理来说，每一种提高反应能力的战略，都会付出额外的成本，从而降低盈利水平。因此，相对于一般的物流管理，供应链有两种类型的竞争优势：一是反应优势；二是成本优势。

#### 1. 供应链物流反应能力

供应链物流的反应能力指的是具备需求变化反应能力，或是具备供货需求反应能力，或是同时具备这两种反应能力所产生的竞争优势。

（1）需求变化反应能力。需求变化反应能力是指当市场需求发生波动时，依据需求变化速度来改变供货速度的能力，主要体现在对大幅度变动的需求量的反应，提供多品种的产品，生产具有高度创新性的产品等能力上。

（2）供货需求反应能力。供货需求反应能力是指在客户发出货物订单后所需要的供货周期，主要表现在满足较短供货期的需求，满足特别高的服务水平要求等能力上。

#### 2. 供应链物流成本能力

生产企业供应链物流成本包括3个方面：过剩成本、投资成本和批量成本。供应链物流的成本优势是指供应链物流的总成本达到行业的最低水平。

（1）过剩成本。由于生产过剩所引起的供应链物流成本，即为过剩产品所支付的销售、生产、采购和物流成本。过剩成本包括两类：一是在规定的时间内产生了数量过剩的产品，即实际产出量大于实际的需求量；二是在规定的时间提前完成了生产任务，即在需求产生之前完成了生产任务。

（2）投资成本。投资成本指为了实现供应链物流的高效率而支付的成本，如为提高客户的需求反应所投资的成本。

（3）批量成本。批量成本指在供应链物流过程中由于流量的大小所引起的成本。

**想一想** 如何理解供应链两种类型的竞争优势？

### (二) 供应链物流模式分析

根据协调运作生产活动、供应活动、销售活动和物流活动机能的差异性，可以把生产企业供应链物流归纳成3类4种模式：批量物流、消费者订单物流、渠道订单物流、准时物流。详见表7-3。

表7-3 供应链物流模式

| 三类 | 四种 | | |
|---|---|---|---|
| | 批量物流 | 订单物流 | 准时物流 |
| | | 消费者订单物流 | 渠道订单物流 | |

每一种模式都有各自的特征，体现出不同的竞争优势。

#### 1. 批量物流

批量物流的协调基础是对客户需求的预测，生产企业的一切经济活动都是基于对客户需求预测而产生的。在预测前提下,生产企业的经济活动都是批量运营的,批量采购、批量生产和批量销售,也伴随着批量物流。

在成本方面,批量物流采取的是批量采购,最大能力的大规模生产,实行库存销售。这种模式在投资成本和批量成本上具有相当大的优势。但是由于大规模生产,这种模式会造成在规定的时间内提前完成任务,造成第二类过剩成本处于较高的水平;对需求预测的不准会导致渠道中产生过多的库存积压,产生较高的第一类过剩成本。所以这种模式的缺点是在反应能力方面,由于采取了最大能力的批量生产,很难调整生产的品种数和品种量,对最终消费者的需求变化的反应能力非常弱;优点是采取存货销售,最终消费者总能即刻获得购买的产品,这对最终消费者的市场供货反应能力非常强。

批量物流应该发挥其批量成本和投资成本低、供货需求反应能力强的优势,避免需求变化反应能力弱、过剩成本高的劣势。所以批量物流对于市场需求波动小,预测准确度高,市场需求量大,顾客希望能够即刻获得的产品比较合适。生产企业为了提高预测的准确性,可以同零售商合作,从零售商那里获得最终消费者的需求信息,而不是以直接渠道客户的需求信息作为预测的依据。

**想一想** 如何扬长避短,发挥批量物流的优势,减轻其弱势?

### 2. 订单物流

订单物流的协调基础是客户订单,生产企业的经济活动是基于客户订单而产生的。生产企业根据订单进行销售、生产和采购,而物流也是根据客户订单产生的经济活动而形成。订单物流主要表现为两种模式。

(1) 最终消费者订单驱动模式。

这种模式的典型代表是戴尔式物流模式。

戴尔物流是基于最终消费者订单驱动的供应链物流模式,是通过生产而不是库存来满足消费者的需求,所以戴尔物流能够及时、准确地反映消费者的需求变化,但是戴尔的客户必须等待1~2星期才能得到订购的产品,所以市场供货反应能力非常弱。在物流成本方面,戴尔物流通过生产消费者订购的产品,消灭了过剩生产所导致的积压库存,使一类过剩成本很低;但戴尔采用了大规模生产方式,这又造成高的二类过剩成本。戴尔的物流模式决定了客户的订单规模小,订单数量大,这就要求戴尔有非常强大的客户订单信息处理能力,因此信息设备的投资成本大。戴尔物流采取的是大规模定制,生产批量大,而另一方面其客户规模小,客户量大,为了能够缩短产品交货时间,戴尔采用包裹式运输,导致配送批量成本较高。所以戴尔物流的批量成本居于一个适中的水平。因此,戴尔式物流的需求变化反应能力强,市场供货反应能力弱,投资成本高,批量成本适中,一类过剩成本低,二类过剩成本高。

因此,戴尔式物流应该发挥其需求变化反应能力强的优势,避免市场供货需求反应能力弱的劣势。戴尔式物流对于市场的需求波动比较大,顾客购买频率低,并且顾客愿意延迟获得的产品比较适合。戴尔式物流需要企业能够对众多零散的最终顾客的购买信息进行及时、准确处理的信息系统,所以对企业的信息系统要求很高。

（2）渠道顾客订单驱动模式。

这种模式的典型代表是海尔式物流模式。

海尔的客户主要是海尔专卖店和营销点，海尔物流最大的特点是"一流三网"。"一流"是订单流，海尔通过客户的订单进行采购、制造等活动；"三网"分别是全球供应链资源网络、全球用户资源网络和计算机信息网络。"三网"同步运动，为订单信息流的增值提供支持。海尔式物流的实质是把客户的预测前移到渠道顾客，根据渠道顾客的订单驱动企业的运作。由于渠道顾客对最终消费者的预测比海尔自己对需求的预测更为准确，所以海尔物流对最终消费者的需求反应比批量物流要强，但是比戴尔式物流要弱得多。渠道顾客都保有海尔产品的库存，使对顾客的及时供货反应保持较高的水平。因为是渠道顾客订单驱动，订单规模比最终消费者的订单要大得多，所以在批量成本上居于两者之间。由于采用了批量生产，海尔式物流还是会产生高的第二类过剩成本，而其产出的产品都是渠道顾客订购的，所以第一类过剩成本很低。因为批量生产，所以生产设备投资成本较低，在对顾客的订单处理能力方面虽然要比批量物流高，但比戴尔式物流却要低。所以海尔式物流的投资成本处于中间水平。因此海尔式物流在市场需求变化反应能力比较差，市场供货反应能力强，一类过剩成本低，二类过剩成本高，投资成本和批量成本居中。

因此，海尔式物流应该发挥供货需求反应能力强的优势，并且依托渠道顾客的订单来实现成本优势。海尔式物流对于需求量大，顾客希望能够即刻获得的产品比较适合。海尔式物流模式的匹配范围比较广，如果生产企业能够跟渠道顾客进行合作，就能够使该供应链模式运作达到有效。

### 3. 准时物流

准时物流是订单物流的一种特殊形式，是建立在准时制管理理念基础上的现代物流方式。准时物流能够达到在精确测定生产线各工艺环节效率的前提下，按订单准确地计划，消除一切无效作业与浪费。准时物流的典型代表是基于均衡生产和看板管理的丰田模式。

由于丰田的生产计划来自渠道顾客最近一个星期的订单，这为丰田式物流对市场需求变化做出及时反应提供了有利条件；而且丰田采取了均衡式生产，看板式管理方式，能够及时对市场的需求变化做出反应，调整生产计划，这为丰田式物流方式创造了很强的需求变化反应能力。另外，丰田的渠道顾客总是能够维持一定量的丰田产品的库存，虽然在量上比不上批量物流和海尔式物流模式，但其快速的供应链物流反应，能够保证对最终消费者的及时供应。丰田式物流通过渠道顾客订单驱动，采取均衡式生产方式，使两类过剩成本都降到了最低。但是为了实现这种模式，在生产过程中，无法充分利用生产能力；而且追求准时化生产，使物流都在小批量的状态下运行，批量成本非常高。为了实现生产的柔性，及时掌握市场需求动态，提高对市场需求的反应能力，生产和信息设备的投资成本也相当高。所以，丰田式物流的需求反应能力强，市场供货能力强，过剩成本低，投资成本和批量成本高。

因此，丰田式物流应该发挥需求变化反应能力、供货需求反应能力强及过剩成本低的优势。丰田式物流对于需求波动大，顾客希望能够即刻获得的产品比较适合。这种模式适合于短渠道分销，特别是采用一级渠道分销的产品。丰田式物流对企业的运作系统和管理能力提出了很高的要求。

从以上的分析可以看出，不同的生产企业供应链模式具有不同的竞争优势特征。而每一种模式的成功，都是跟企业和产品的特征相匹配，以充分发挥其优势特征，避免其劣势特征。所以，供应链物流的模式应该匹配于相关的企业和产品的特征。

**想一想** 综合分析和比较各种模式的优劣以及适用条件。

### 三、供应链物流管理战略

物流战略是对物流发展设立的总目标和为实现这一目标所制定的方针、政策和措施的总和。在制定供应链物流战略的过程中，一般需要注意以下问题：要对客户进行细分，对不同类型的客户确定相应的服务水平，如订货周期、运输方式、库存水平等；要根据销售情况对产品进行分组，针对每一类别的产品可以采取不同的策略；订单录入、订单执行及交货作业处理占物流活动很大比例，因而需要通过技术和管理使整个供应链的物流流程更有效率，特别是对于成员企业间的接口部位，通过集成能剔除多余工作流，提高物流效益；各个成员企业应通过改善合作关系、使用现代管理手段和技术来实现准确预测、信息共享，从而减少不确定性因素带来的负面影响。

#### （一）物流战略的内容

**1. 一体化物流战略**

（1）纵向一体化物流。

纵向一体化物流要求企业将提供产品或服务的供应商和接受产品或服务的客户纳入管理范围，实现从原材料供应到最后将产品交给用户的全过程的每个环节的物流管理，要求企业利用自身条件建立和发展与供应商和客户的关系来赢得竞争优势。

（2）横向一体化物流。

横向一体化物流是通过同一行业中多个企业在物流方面的合作而获得规模经济效益和物流效率。从企业经济效益上看，这种做法降低了企业的物流成本；从社会效益上看，减少了社会物流过程的重复劳动。

（3）物流网络。

物流网络是纵向一体化物流与横向一体化物流的综合体。当一体化物流的某个环节，同时又是其他一体化物流系统的组成部分时，以物流为纽带联系的企业关系，就会形成一个网络关系，即物流网络。当加入物流网络的企业增多时，其规模效益就会进一步显现出来，整个社会的物流成本就会大幅下降。

**想一想** 试分析三种战略各有何优缺点。

**2. 物流服务延伸战略**

物流服务延伸战略，是指在现有物流服务的基础上，通过向两端延伸，为客户提供更加完善和全面的物流服务，从而提高物流服务的附加值，满足客户高层次物流需求的经营战略。这种模式对于从事单一物流服务功能的传统物流企业来说，不仅可以拓展物流服务的范围，而且可以达到提高物流服务层次的目的。

### 知识拓展

#### 供应链延伸战略

在通过横向或纵向聚焦锁定企业的核心能力以及所关注的行业后,物流企业应当尝试在所关注的行业供应链上下游进行业务和能力的延伸,形成基于该行业供应链的竞争优势,将每个行业供应链做深做透之后,再逐步拓展其他相关行业的纵深业务。

纵观国际知名物流企业的发展道路,均是沿着这种基本模式路径发展起来的。UPS,以快递作为其核心能力,逐渐拓展产品服务范围至包括综合物流、第三四方物流、供应链金融、电子商务等领域,现在已成为全球领先的整体供应链提供商。再如丹麦马士基,以集装箱海运业务为其核心能力,逐渐拓展产品服务范围至仓储分拨、空运陆运代理,甚至通过其在石油运输上的能力拓展到了石油勘探领域,足以显示其在石油供应链上的拓展延伸能力。而叶水福物流以其仓储业务为核心能力,在电子、化工、快速消费类三个行业供应链上不断拓展,形成了其所谓7PL的领先服务优势。

以电子行业为例,叶水福物流能够为客户提供包括代理采购、进出口报关、仓储、VMI配送、产线物料管理、成品包装、成品分销、产品上门安装、逆向物流等的全供应链条的服务,因其独到的定制化的物流服务,使其能够成为众多世界500强企业的物流合作伙伴。

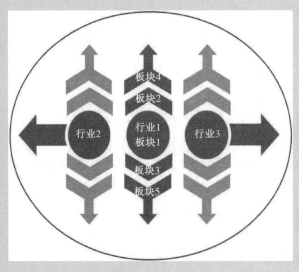

图 7-6　纵向聚焦基础上开展延伸战略

#### 3. 物流信息化战略

信息化是降低物流成本、实现物流增值的关键,也是现代企业有效运作和参与市场竞争的最主要的基础条件。物流管理很大程度上是对信息的处理,如物资订单、采购销售、存储运输等物流信息的处理和传送,也包括对物流过程中的决策活动,如供应商的选择、顾客分析、顾客服务审计等提供信息支持,并对其实施监控,以便采取优化资源的措施,降低生产成本,提高生产效率,增强企业竞争优势。

#### 4. 物流技术装备现代化战略

物流产业的发展离不开国家的政策支持和资金投入，不仅需要建设现代化的机场、车站、码头、公路、铁路等公共基础设施，同时，还需要物流企业加大资金投入，购置先进的物流技术装备，改善交通运输系统、集装箱装卸搬运系统、散料储运系统、自动仓储系统、产品包装系统、流通加工系统和配送中心技术装备的落后局面，为物流产业的发展提供强有力的物质保障和技术支持。

#### 5. 定制式物流服务战略

定制式物流服务，是指将物流服务具体到某个客户，为该客户提供从原材料采购到产成品销售过程中各个环节的全程物流服务模式，涉及储存、运输、加工、包装、配送、咨询等全部业务，甚至还包括订单管理、库存管理、供应商协调等在内的其他服务。现代物流服务强调与客户建立战略协作伙伴关系，采用定制式服务模式不仅能保证物流企业有稳定的业务，而且能节省企业的运作成本。物流企业可以根据客户的实际情况，为其确定最合适的物流运作方案，以最低的成本提供高效的服务。

#### 6. 物流战略联盟模式

物流战略联盟模式，是指物流企业为了达到比单独从事物流服务更好的效果，相互之间形成互相信任、共担风险、共享收益的物流伙伴关系的经营模式。国内中、小型物流企业的发展方向是相互之间的横向或纵向联盟。这种自发的资源整合方式，经过有效的重组联合，依靠各自的优势，可以在短时间内形成一种合力和核心竞争力；同时，它们在企业规模和信息化建设两个方面的提高，可形成规模优势和信息网络化，实现供应链全过程的有机结合，从而使企业在物流服务领域实现质的突破，形成一个高层次、完善的物流网络体系。

#### 7. 物流咨询服务战略

物流咨询服务，是指利用专业人才优势，深入到企业内部，为其提供市场调查分析、物流系统规划、成本控制、企业流程再造等相关服务的经营模式。企业在为客户提供物流咨询服务的同时，帮助企业整合业务流程与供应链的上、下游关系，进而提供全套的物流解决方案。企业通过物流咨询带动其他物流服务的销售，区别于一般仓储、运输企业的简单化服务，有助于增强企业的竞争力。

#### 8. 绿色物流战略

绿色物流，是指在运输、储存、包装、装卸和流通加工等物流活动中，采用先进的物流技术、物流设施，最大限度地降低对环境的污染，提高资源利用率。例如，包装材料尽量采用可回收材料，运输工具采用清洁能源，加强对废弃物的管理等。

> **知识拓展**
>
> **共享快递盒**
>
> 2017年，中国快递总量已经超过300亿件，焚烧不可降解快递袋和胶带所产生的二氧化碳危害极大，绿色物流是当下电商行业乃至全社会关注的焦点。苏宁早在2017年4月就推出共享快递盒计划，这款新版共享快递盒，采用环保高科技材料，重量轻，无毒无害，坚固耐用，可100%回收再循环，生产过程中不排放任何有毒气体、不排放污水，让可循环的快递盒本身也绿色环保。

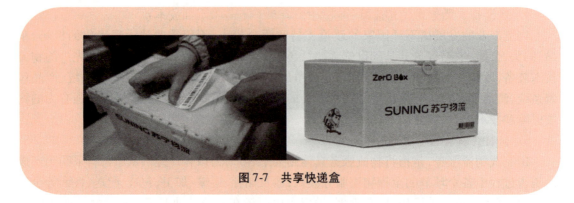

图 7-7　共享快递盒

#### 9. 企业物流专业化战略

专业化战略,就是把物流独立出来,建立自己的物流体系。企业的专业化物流,不仅为满足企业自身的物流需求,而且对外进行营业服务。专业化的物流系统,要求企业有自己的配送中心、服务团队、配送工具、强有力的组织领导和良好的企业形象等。

#### 10. 企业物流国际化战略

全球化进程加快了整个世界经济结构、产业结构的调整和全球贸易的发展,大大促进了资源配置的国际化。正是基于此形成了企业物流的国际化,一些较有实力的跨国公司为适应全球化的需求,努力在全球范围内配置资源。

**想一想**　供应链物流战略的内容有哪些?

### (二)物流战略管理的内容

#### 1. 现代物流市场的开拓管理

开拓管理,就是根据客户的需求,构建客户需要的业务流程,围绕着主要客户,调动各部门的力量,动员各种资源,完成从商流到物流的市场开拓。这就要求对物流市场的需求进行调研与预测分析,正确选择企业的目标市场,确立正确的市场定位。物流定位就是通过辨别物流客户的不同需求,突出服务的差异化,达到满足客户需求的目的。

#### 2. 员工凝聚力、责任感和归属感的塑造与培养

现代物流企业人力资源管理的一项重要工作,就是在企业内部营造一个安谧的环境,使每一个员工都能在一个和谐的气氛中工作,发挥其最大的潜能,努力为企业创造更大的价值。

#### 3. 现代物流企业的财务管理

(1)物流成本预测。

物流成本预测,就是根据有关的成本数据和企业的具体发展情况,运用一定的技术方法对未来的成本水平及其变动趋势做出科学估计。

(2)物流成本决策。

物流成本决策,就是在成本预测的基础上,结合有关资料,运用科学的方法,从若干方案中选择一个满意方案的过程。

(3)物流成本计划。

物流成本计划,就是根据成本决策所确定的方案、计划期的生产任务及有关资料,运用

一定的方法,以货币的形式规定计划期物流各环节耗费水平和成本水平,并提出保证成本计划顺利实现所采取的措施。

(4) 物流成本控制。

物流成本控制,就是根据物流计划的目标,对成本形成和发生过程及影响成本的各种因素和条件施加影响,以保证实现物流成本计划。

(5) 物流成本核算。

物流成本核算,就是采用一定的计算方法,按规定的成本项目,通过一系列的物流费用汇集与分配,计算出各种物流活动对象的实际成本。

(6) 物流成本分析。

物流成本分析,就是在成本核算及其他有关资料的基础上,运用一定的方法揭示物流成本水平的变动情况,进一步理出影响物流成本变动的各种因素。通过物流成本分析,可以提出积极建议,采取有效措施,合理地控制物流成本。

### 4. 运输的合理化管理

运输合理化就是在一定的产销条件下,对货物的运量、运距、时间、流向和中转等环节进行科学调配,以实现运输费用最省。因为运输费用在全部物流费用中占很大比例,运输费用的高低在很大程度上决定整个物流系统的竞争能力。

### 5. 仓储的科学管理

仓储管理是物流战略管理的重要组成部分。仓储管理包括两个方面的内容:一是对库存物资实行科学的维护与保养,保持库存物资的数量和质量不变;二是对库存的物资数量实行科学的控制。

## 项目小结

供应链(supply chain)是"生产及流通过程中,涉及将产品或服务提供给最终用户所形成的网链结构"。供应链具有以下主要特征:面向用户需求;全局性;复杂性;动态性;增值性。为便于分析和研究,供应链可以依据不同的标准进行分类。

供应链物流是为了顺利实现与经济活动有关的物流,协调运作生产活动、供应活动、销售活动和物流活动,进行综合性管理的战略机能。不同的供应链结构模型,就有不同的物流系统结构与之相适应。供应链物流管理是以供应链管理思想实施对供应链物流活动的组织、计划、协调与控制,是以供应链核心产品或者核心业务为中心的物流管理体系。供应链中的物流运作包括供应链物流网络布局、供应链运输管理、供应链物流中心建设与管理等方面的内容。

## 项目巩固

### 一、名词解释

1. 供应链
2. 供应链物流
3. 供应链物流管理

4. 功能型供应链
5. 物流战略

## 二、单项选择题

1. ( )是生产及流通过程中,为了将产品或服务交付给最终用户,由上游与下游企业共同建立的网链状组织。
   A. 供应链　　　　B. 合作伙伴　　　　C. 联盟组织　　　　D. 供应链管理

2. 供应链管理的英文简写为( )。
   A. SST　　　　　B. SC　　　　　　C. SCM　　　　　　D. CIMS

3. 供应链特征中不包含的因素有( )。
   A. 动态性　　　　B. 面向用户需求　　C. 静态性　　　　　D. 交叉性

4. 下列不属于功能性产品特征的是( )。
   A. 产品生命周期较长　　　　　　B. 边际利润较低
   C. 平均缺货率高　　　　　　　　D. 预测误差率低

5. 下列属于功能型产品特征的是( )。
   A. 边际贡献率5%~20%　　　　　B. 产品生命周期为3个月~1年
   C. 平均缺货率10%~40%　　　　　D. 季末平均打折百分比10%~25%

6. 下列属于创新型产品特征的是( )。
   A. 产品多样性低　　　　　　　　B. 市场需求可测性高
   C. 季末降价率高　　　　　　　　D. 产品生命周期长

7. 供应链主要应当由( )来组织管理,所以,供应链物流管理当然也应当由( )来组织管理。
   A. 上游企业　　　B. 核心企业　　　　C. 下游企业　　　　D. 非核心企业

8. 由于( )产品的需求一般是可预期的,因此在效率型供应链中,控制库存和设法实现高效物流成为其重要控制性指标。
   A. 效率型　　　　B. 创新性　　　　　C. 功能性　　　　　D. 反应型

9. ( )供应链对应创新型产品,由于创新型产品表现出市场需求的极不稳定性,因此反应型供应链着眼于如何对市场不可预见的需求变化作出迅速而有效的应对反应。
   A. 效率型　　　　B. 创新性　　　　　C. 功能性　　　　　D. 反应型

10. ( )供应链的典型行业有汽车工业、航空航天工业及机械制造等。
    A. A型　　　　　B. T型　　　　　　C. V型　　　　　　D. S型

## 三、多项选择题

1. 供应链具备的特征有( )。
   A. 复杂性　　　　B. 动态性　　　　　C. 用户需求性　　　D. 全局性
   E. 增值性

2. 供应链是一条连接供应商到客户的( )。
   A. 物料链　　　　B. 增值链　　　　　C. 信息链　　　　　D. 资金链
   E. 价值链

3. 根据供应链的功能模式可以将供应链分为( )。
   A. 推动式供应链　　　　　　　　B. 拉动式供应链

C. 反应型供应链　　　　　　　　D. 效率型供应链

4. 下列属于功能性产品主要特征的是(　　)。
A. 产品生命周期长　　　　　　　B. 产品多样性低
C. 市场需求可测性高　　　　　　D. 边际贡献率大于20%
E. 季末降价率低

5. 下列属于创新型产品主要特征的是(　　)。
A. 产品生命周期3个月~1年　　　B. 产品多样性低
C. 市场需求可测性高　　　　　　D. 边际贡献率大于20%
E. 季末降价率10%~25%

6. 按供应链的范围及广度,可将供应链划分为(　　)。
A. 单元供应链　　　　　　　　　B. 外部供应链
C. 内部供应链　　　　　　　　　D. 产业供应链

7. 功能型供应链也称为效率型供应链。在这类供应链中,选择供应商的主要因素有(　　)。
A. 成本　　　　B. 质量　　　　C. 服务　　　　D. 时间

8. 反应型供应链在选择供应商时,应主要考虑(　　)等因素。
A. 柔性　　　　B. 速度　　　　C. 灵活性　　　D. 质量

## 四、判断题

1. 反应性供应链的基本目标是对不可预测需求做出快速反应,使缺货、降价、库存尽可能低。(　　)
2. 供应链可以没有核心企业。(　　)
3. 核心企业必须是制造企业。(　　)
4. 在供应链的运行体系中有一个企业处于核心地位,它对供应链上的信息流、资金流和物流进行调度和协调的作用。(　　)
5. 21世纪的竞争不是企业和企业之间的竞争,而是供应链与供应链之间的竞争。(　　)
6. 功能型产品比创新型产品具有更高的边际利润。(　　)
7. 功能型产品的供应链目标是尽量减少成本,创新型产品的供应链目标是对市场作出快速反应。(　　)
8. 供应链的特点是在反应能力和盈利能力之间进行权衡。(　　)
9. 较为典型的T型供应链行业包括石油、化工、造纸及纺织业等。(　　)
10. 整个供应链的物流服务,可以是专业的第三方物流企业提供,也可以由供应链合作伙伴中某个或某几个成员企业的物流部门提供。(　　)

## 五、简答题

1. 简述供应链的基本特征。
2. 试比较功能型供应链与创新型供应链。
3. 简述供应链物流管理的内容。
4. 简述供应链物流管理的特点。
5. 简述物流战略的内容。

### 案例分析

**青岛啤酒的供应链问题**

众所周知,青岛啤酒是一家享誉世界的知名企业,截至2015年底,青岛啤酒在全国20个省、直辖市、自治区拥有60多家啤酒生产企业,公司规模和市场份额居国内啤酒行业领先地位。其营销网络遍布全国,销售收入、利税总额、市场占有率、出口及创汇等多项指标均在国内同行业中名列前茅。然而,早在十几年前,在刚刚跨入21世纪的时候,青岛啤酒公司的供应链却出现过诸多问题。

问题1:混乱的运输以及延误造成的"保鲜"之痛。

随着啤酒市场的逐渐扩大,在青岛啤酒公司想发力的时候,混乱的物流网络成了瓶颈。运输的混乱,使啤酒的新鲜度受到极大的考验。在青岛啤酒的原产地青岛,由于缺乏严格的管理监控,外地卖不掉的啤酒竟流了回来,结果不新鲜的酒充斥市场,使青岛啤酒的美誉度急剧下跌,销量自然上不去。

问题2:高库存量带来资金的浪费。

青岛啤酒在运输上的混乱,带来了审货、损耗过多等一系列问题。这让青岛啤酒公司对市场终端的管控力不从心。相应地,青岛啤酒公司难以对销售做出准确的预估,使安全库存数据的可信度几乎为零。

问题3:长鞭效应带来的问题。

供应链上增加的需求变动导致了生产计划扩大和库存投资过量,增加了资金投入,降低了资金的利用价值;而如果缺货,又会使收入减少,降低顾客水平,运输处于低效状态,误导生产等。这种长鞭效应的影响,使青岛啤酒的"新鲜度战略"无法实施,所以要变革。

**思考题**:分析青岛啤酒公司3个问题的原因,并提出合理的解决办法。

# 物流新领域

  学习目标

**【知识目标】**
1. 了解"互联网+物流"、应急物流、物流地产等细分物流的概念；
2. 了解我国冷链物流、"互联网+物流"的发展趋势以及物流金融业务模式；
3. 熟悉冷链和冷链物流的关系、我国冷链物流的发展现状及存在的问题；
4. 熟悉物流金融的含义、特点，"互联网+物流"的发展模式以及物流地产的特征；
5. 掌握冷链物流的定义、原理、适用范围、流程构成以及我国冷链物流的发展对策和物流金融风险类型。

**【能力目标】**
1. 具备运用冷链物流基本知识和原理来分析、解决实际问题的基本技能；
2. 能够运用所学的物流细分市场知识为企业建立和改善物流体系提供有效策略；
3. 初步具备分析物流金融风险的能力。

 学习任务提要

1. 认知冷链物流；
2. 认知"互联网+物流"；
3. 认知应急物流；
4. 认知物流金融；
5. 认知物流地产。

 工作任务提要

运用所学的知识，能比较准确地描述和把握我国物流新领域的现状、存在的问题以及改进的策略。

  建议教学时数

12学时。

## 任务一　领略冷链物流

### 案例导入

**夏晖冷链物流**

夏晖物流是应麦当劳的需求而产生的公司,是世界上冷链物流以及控温式配送中心的龙头企业,在供应链管理和冷链物流方面拥有领先的地位。

夏晖拥有世界领先的多温度食品分发物流中心,配备专业的三温度(冷冻、冷藏、常温)运输车辆。中心内设有冷藏库、冷冻库及干货库,各个库区都有极其严格的温度、湿度的要求,从而保证产品的品质。

为了满足麦当劳冷链物流的要求,夏晖主要为麦当劳提供一站式综合冷链物流服务,包括运输、仓储、信息处理、存货控制、产品质量安全控制等,并且根据麦当劳的店面网络建立了分拨中心和配送中心。这种为冷链物流需求方提供高效完善的冷链方案,全程监控冷链物流,整合冷链产品供应链的企业就是第三方冷链物流企业。

夏晖通过与麦当劳长期合作,形成了如图8-1所示的冷链物流营运流程。

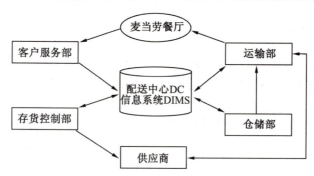

图8-1　麦当劳冷链物流营运流程

对于夏晖来说,在不折不扣地执行麦当劳标准的同时,自己也在不断地积极研究冷链配送的管理,并将危害分析和关键控制点(简称HACCP)管理体系应用于冷链物流。HACCP是目前全世界范围内应用最广泛的用于解决食品安全问题的管理体系,将其在冷链物流中应用实施能有效地使冷链物流在食品安全方面有一个大的提升。

夏晖物流宣传片

**案例思考**

1. 夏晖冷链物流的成功对于新型冷链物流企业有哪些值得借鉴的地方?

2. 你认为该如何有效地开展冷链物流?

## 知识链接

### 一、冷链物流概述

**(一) 冷链物流的概念、适用范围及特点**

**1. 冷链物流的概念**

中华人民共和国国家标准《物流术语》(GB/T18354—2006)将冷链定义为:"根据物品特性,为保持其品质而采用的从生产到消费的过程中始终处于低温状态的物流网络。"冷链如图8-2所示。

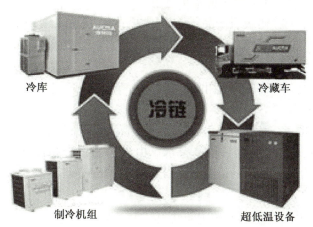

图8-2 冷链

冷链物流是由食品冷链扩展而来的。食品冷链是指易腐食品从产地收购或捕捞之后,在产品加工、贮藏、运输、分销、零售直到转到消费者手中,其各个环节始终处于产品所必需的低温环境下,以保证食品质量安全,减少损耗,防止污染的特殊供应链系统。蔬菜、水果、肉类、水产品等农产品(简称生鲜易腐农产品)需要通过低温流通才能使其最大限度地保持天然食品原有的新鲜程度、色泽、风味及营养,因此食品冷链物流应运而生。

中国物流与采购联合会所采用的冷链物流的定义是:冷链物流(environmental logistics)泛指温度敏感性产品在生产、贮藏运输、销售到消费前的各个环节中,始终处于规定的低温环境下,以保证物品质量,减少物流损耗的一项系统工程。冷链物流过程如图8-3所示。

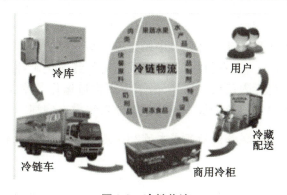

图8-3 冷链物流

然而冷链是供应链,冷链物流只是冷链的一个组成部分,二者应区分清楚。冷链是为了保证冷冻冷藏物品的品质而使其在从生产到消费的过程中始终处于物品所必需的温度条件下,以保证物品的质量安全、较少损耗、防止污染的供应链。由此,冷链物流是依托始终处于低温状态的配有专门设施设备的物流网络,将需要冷冻冷藏的物品从生产地运往消费地的过程。

冷链物流不断链

**想一想** 根据视频《冷链物流不断链》以及前面所学的知识谈谈你是如何理解冷链和冷链物流二者之间的关系的。

### 2. 冷链物流的适用范围

(1)初级农产品:蔬菜、水果;肉、禽、蛋;水产品;花卉产品等。

(2)加工食品:速冻食品;禽、肉、水产等包装熟食;冰淇凌和奶制品;快餐原料等。

(3)特殊商品:化工产品、医药用品、生物制品等。

### 3. 冷链物流的特点

易腐食品的含水量高,保鲜期短,极易腐烂变质,大大限制了运输半径和交易时间,因此对运输效率和流通保鲜条件提出了很高要求。由于食品冷链是以保证易腐食品品质为目的,以保持低温环境为核心要求的供应链系统,所以它比一般常温物流系统的要求更高,也更加复杂。

冷链物流相对于其他产品的物流有以下几个特点:

(1)复杂性。

冷藏物品在流通过程中质量随着温度和时间的变化而变化,不同的产品都必须要有对应的温度和储藏时间。同时,冷链物流服务的产品生产、消费市场和冷链物流服务环境还具有明显的区域性,这就大大提高了冷链物流的复杂性,所以说冷链物流是一个庞大的系统工程。

(2)协调性。

作为专业物流,冷链物流涉及的领域相当广泛。由于易腐生鲜产品的不易储藏性,要求冷链物流必须高效运转,物流过程中的每个环节都必须具有协调性,这样才能保证整个链条的稳定运行。同时,冷链物流的监控难度也很大,因为冷链物流不仅是点的监控,而且还要跟踪整个产品的流通链。

(3)高成本性。

为了确保易腐生鲜产品在流通各环节中始终处于规定的低温条件下,必须安装温控设备,使用冷藏车或低温仓库。有资料测算,如果我国每年约5亿吨蔬菜有20%冷藏运输,则需增加冷藏车投资100亿元人民币。另外,为了提高物流运作效率又必须采用先进的信息系统等。这些都决定了冷链物流的成本比其他物流系统成本偏高。

**想一想** 如何理解冷链物流的高成本性?这是制约冷链物流发展的决定性因素吗?

(4)全程温控。

在进行冷链运作时,温度控制要求高。为了保证商品品质并降低输送过程中的损耗,冷链条中的"线"与"节点"均需要进行温度控制,如图8-4所示。

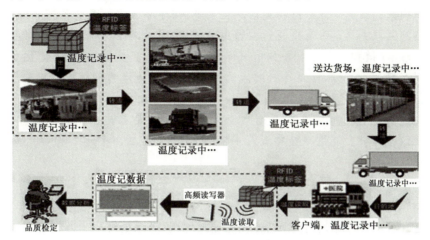

图8-4　全程温控示意图

根据国家对冷藏与冷冻的要求,冷藏温度需要在8℃以下、冻结点以上,而冷冻温度要求在-18℃以下,需要配备专门的冷冻冷藏车辆。例如,为了使蔬菜品质得到保证、寿命得以延长、损耗降低到最小,蔬菜从地里刚采摘下来,需经过急速预冷后放入冷藏库存放,使用冷藏车进行中、长途运输,分送到各地的批发市场冷藏库,再从批发市场冷藏库配送到各个卖场、超市及其他零售点,最后到达消费者手中。在这个过程中,蔬菜的急速预冷、冷藏库的存放、冷藏车的运输、超市的展示柜均属于在流通过程中的温度控制措施。

典型的冷冻食品冷链物流运作过程中,其各个作业环节下的温度控制如图8-5所示。

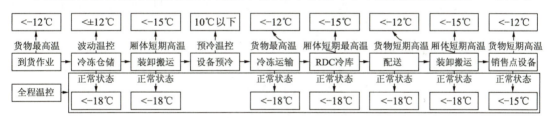

图8-5　全程温度控制图

### 知识拓展

#### 我国建设全程温控冷链物流体系

交通运输部《关于加快发展冷链物流保障食品安全促进消费升级的实施意见》(以下简称《意见》),明确到2020年初步形成全程温控、标准规范、运行高效、安全绿色的冷链物流服务体系,基本解决"断链"问题,全面提升冷链物流服务品质,有效保障食品流通安全。

《意见》重点围绕设施设备、运输组织、信息化、行业监管、配套政策等核心要素,明确了交通运输促进冷链物流发展的主要任务。一是加快完善冷链物流设施设备,严格冷藏保温车辆的市场准入和退出以及使用过程管理,提升冷链物流装备专业化水平;二是鼓励冷链物流企业创新发展,引导传统冷链物流企业转型升级,创新企业运营组织模式；三是提升冷链物流信息化水平，构建冷链物流温度监控系统，促进冷链物流信息互联共享；四是提高行业监管水平，强化对冷链物流运输环节温度监控的监管，开展冷链物流企业服务和信用评价；五是健全完善相关政策，优化城市配送冷藏保温车辆通行管理，降低冷链物流通行成本，确保冷链物流企业运输鲜活农产品依法享受"绿色通道"政策。

《意见》还明确了加快发展冷链物流的保障措施，要求健全完善部门协同机制，不断优化政策环境。注重冷链物流人才培养，提高冷链物流管理和操作人员知识水平和专业技能等。

（二）冷链物流的构成

冷链物流由冷冻加工、冷冻储藏、冷藏运输及配送、冷冻销售四个方面组成。

（1）冷冻加工：包括肉禽类、鱼类和蛋类的冷却与冻结，以及在低温状态下的加工作业过程；也包括果蔬的预冷，各种速冻食品和奶制品的低温加工等。在这个环节上主要涉及的冷链装备是冷却、冻结装置和速冻装置。

（2）冷冻储藏：包括食品的冷却储藏和冻结储藏，以及水果、蔬菜等食品的气调储藏，保证食品在储存和加工过程中的低温保鲜环境。在此环节主要涉及冷藏库（加工间）、冷藏柜、冷结柜及家用冰箱等。

（3）冷藏运输及配送：包括食品的中、长途运输及短途配送等物流环节的低温状态。它主要涉及铁路冷藏车、冷藏汽车、冷藏船、冷藏集装箱等低温运输工具。在冷藏运输过程中，温度波动是引起食品品质下降的主要原因之一，所以运输工具应具有良好的性能，在保持规定低温的同时，更要保持稳定的温度，远途运输尤其重要。

（4）冷冻销售：包括冷链食品进入批发零售环节的冷冻储藏和销售，它由生产厂家、批发商、零售商共同完成。随着大中城市的各类连锁超市的快速发展，这类连锁超市正在成为冷链食品的主要销售渠道，在这些零售终端中，大量使用了冷藏、冷冻陈列柜和储藏库，它们成为完整的食品冷链中不可或缺的重要环节。

**知识拓展**

**冷链物流基础设施——冷库**

冷库是用人工制冷的方法让固定的空间达到规定的温度以便于贮藏物品或对易腐物品进行冷加工的建筑物。冷库主要用作对食品、乳制品、肉类、水产、禽类、果蔬、冷饮、花卉、绿植、茶叶、药品、化工原料、电子仪表仪器等的恒温贮藏。冷库可广泛应用于食品厂、乳品厂、制药厂、化工厂、果蔬仓库、禽蛋仓库、宾馆、酒店、超市、医院、血站、部队、试验室等。19世纪中叶，世界上第一台机械制冷装置问世，利用人工制冷设备控制低温取得成功。从此冷库建筑在许多国家迅速发展，农畜产品从收获、加工到商品出售的各个环节全部实现了冷藏。在中国，北方的冰窖是冷库的初级阶段，中国建造现代冷库始于20世纪初。目前各大、中城市已有相当数量的冷库，且其容量不断增大。此外由于气调贮藏技术的发展，还出现了气调冷库。能创造低压、高湿环境的减压冷库也正在研究设计中。根据不同的标准，冷库可分为以下几类：

一、根据使用性质的不同，可分为生产性冷库、分配性冷库和生活服务性冷库。

生产性冷库是食品加工企业的重要组成部分，一般建在货源集中的地区。鱼、肉、禽、蛋、果、蔬等易腐食品，经过适当加工后，送入冷库进行冷加工，然后运往消费地区进行分配。其特点是冷加工能力大，贮存物品零进整出。

分配性冷库一般建在大城市或水陆交通枢纽及人口密集的工矿区，为市场供应、运输中转而贮备食品时用。其特点是冷藏容量大、冻结能力小，适宜于多种食品的贮存。

生活服务性冷库是为调剂生活需要而临时贮存食品时用，其特点是库容量小、贮存期短、品种多、堆货率低。

二、按冷库容量规模分为大、中、小型冷库。

大型冷库的冷藏容量在 10 000 吨以上；中型冷库的冷藏容量在 1 000～10 000 吨；小型冷库的冷藏容量在 1 000 吨以下。

三、按冷藏设计温度分为高温、中温、低温和超低温四大类冷库。

一般高温冷库的冷藏设计温度在 -2℃ 至 8℃；中温冷库的冷藏设计温度在 -10℃ 至 -23℃；低温冷库温度一般在 -23℃ 至 -30℃；超低速冻库温度一般为 -30℃ 至 -80℃。

四、按库体结构类别分为土建冷库、合板式冷库、覆土冷库和山洞冷库。

土建冷库是目前建造较多的一种冷库，可建成单层或多层。建筑物的主体一般为钢筋混凝土框架结构或者砖混结构。土建冷库的围护结构属重体性结构，热惰性较大，室外空气温度的昼夜波动和围护结构外表面受太阳辐射引起的昼夜温度波动，在围护结构中衰减较大，故围护结构内表面温度波动就较小，库温也就易于稳定。

合板式冷库冷库为单层形式，库板为钢框架轻质预制隔热板装配结构，其承重构件多采用薄壁型钢材制作。库板的内、外面板均用彩色钢板（基材为镀锌钢板），库板的芯材为发泡硬质聚氨酯或粘贴聚苯乙烯泡沫板。由于除地面外，所有构件均是按统一标准在专业工厂成套预制，在工地现场组装，所以施工进度快，建设周期短。

覆土冷库又称土窑洞冷库，洞体多为拱形结构，有单洞体式，也有连续拱形式。一般为砖石砌体，并以一定厚度的黄土覆盖层作为隔热层。用作低温的覆土冷库，洞体的基础应处在不易冻胀的砂石层或者基岩上。由于它具有因地制宜、就地取材、施工简单、造价较低、坚固耐用等优点，在我国西北地区得到较大的发展。

山洞冷库一般建造在石质较为坚硬、整体性好的岩层内，洞体内侧一般作衬砌或喷锚处理，洞体的岩层覆盖厚度一般不小于 20m。

### 二、冷链物流运输

冷链运输是指在运输全过程中，无论是装卸搬运、变更运输方式、更换包装设备等环节，都使所运输货物始终保持一定温度的运输。冷链运输方式可以是公路运输、水路运输、铁路运输、航空运输,也可以是多种运输方式组成的综合运输方式。冷链运输是冷链物流的一个重要环节,冷链运输成本高,而且包含了较复杂的移动制冷技术和保温箱制造技术。

### (一)公路冷链运输

公路冷藏运输也称汽车冷藏运输。冷藏汽车也称厢式冷藏卡车,是公路冷藏运输的主要工具,按设备功能可分为保温车、保鲜汽车、冷藏汽车。有隔热车体而无制冷机组的称为保温汽车;有隔热车体和制冷机组,且车内温度可调至 -18℃的,用来运输冻结货物的称为冷藏汽车;有隔热车体和制冷机组,车内温度可调至 0℃左右,用来运输生鲜冷藏货物的称为保鲜汽车。公路冷藏汽车具有使用灵活,建造投资少,操作管理与调度方便的特点。它既可以单独进行易腐食品的短途运输,也可以配合铁路冷藏车、水路冷藏船进行短途转运。

### (二)铁路冷链运输

铁路运输的工具主要有铁路冷藏车和铁路冷藏集装箱。根据降温方式的不同,铁路冷藏车主要可分为加冰冷藏车和机械冷藏车。加冰冷藏车俗称冰冷车,机械冷藏车俗称机冷车,此外还有少量的干冰制冷车、储冷板制冷车。我国从 20 世纪 50 年代开始设计制造铁路冷藏车,产量逐年增加,车的质量性能也逐年提高,目前主要生产的车型有:加冰冷藏车 B11、B14、B16、B17 型,机械冷藏车 B18、B19、B21、B23 型。

### (三)船舶及集装箱冷链运输

低温运输货物的船称为冷藏船,冷藏船主要用于渔业,尤其是远洋渔业。远洋渔业的作业时间很长,有时长达半年以上,必须用冷藏船将捕获物及时冷冻加工和冷藏。此外由海路运输易腐食品必须用冷藏船,冷藏船运输是所有运输方式中成本最低的。在过去由于冷藏船的速度最慢,而且受气候影响,运输时间长,装卸麻烦,因而使用受到限制。现在随着冷藏船技术性能的提高,船速加快,运输批量加大,装卸集装箱化,冷藏船的运输量逐年增加,成为国际易腐食品贸易中主要的运输工具。

冷藏集装箱是一种标准化的运输工具,它应具备以下条件:具有足够的强度,可反复使用;适用于一种或多种运输方式,途中转运时箱内不需要换装;具有快速装卸和搬运的装置,便于从一种运输方式转移到另一种运输方式;便于货物装满和卸;具有 1 立方米及以上的容积。

> **想一想** 结合观看视频《冷链物流知识》视频,进一步谈谈你对冷链物流的感想。

冷链物流知识

## 三、我国冷链物流的现状及存在的问题

### (一)我国冷链物流的发展现状

**1. 冷链物流需求加大**

随着我国经济的发展和人民生活水平的提高,冷藏商品的消费量越来越大。其中以肉制品、速冻食品和乳制品等冷链食品发展较快。

(1)肉制品市场需求。我国肉制品加工业处在成长期,消费群体迅速扩大,产量与销售额持续增长。据有关资料显示,2013 年我国人均消费肉 61.5 公斤,主要肉类人均占有量处

在世界先进水平。

(2) 速冻食品市场需求。速冻食品是利用现代速冻技术，在-25℃迅速结冻，然后在-18℃或更低温条件下贮藏并能远距离地运输和长期保存的一种新兴食品，常见的有速冻水饺、速冻汤圆、速冻馒头等。速冻食品对贮藏运输要求十分严格，目前尚未形成专业化、社会化并能不断适应市场变化的速冻食品冷链配送体系。

(3) 乳制品市场需求。乳制品包括液态奶、各种奶粉和其他乳制品等。自1990年以来，我国以牛奶为主的乳制品进入快速发展期。快速增长的乳制品行业给冷链物流带来了巨大的需求。乳制品很容易变质，因此，高质量的冷链物流运作对促进乳制品行业的发展有至关重要的意义。

### 2. 冷链物流过程越来越复杂但也逐步规范

(1) 冷链物流过程日益复杂。随着冷产品产量的提高，以及人们对冷产品种类及特种需求的增加，冷产品从原产地到消费者的距离越来越大，产品覆盖范围越来越广，产品流通渠道也越来越复杂。目前的商品市场已是买方市场，导致形成的原因有：一方面，消费者的需求引导零售商品向着多品种、小批量的方向发展；另一方面，市场竞争的压力使得生产商将产品销售得越来越远，销售的渠道也越来越多元化。市场及消费模式的变化使得冷产品流通过程更趋复杂化。

(2) 冷链物流过程逐步规范。随着物流业务的发展，近几年物流业务外包现象逐渐增多。基于此，许多食品、药品等生产（或销售）企业纷纷成立冷链物流部门或者将冷链物流业务外包，加大力度监控冷链物流运作过程，加上相关冷链物流技术标准出台、法律法规的推动和市场舆论的监督，冷链物流行业的运作逐步走向规范。

### 3. 冷链物流企业慢慢起步并逐步发展

我国冷链物流起步比较迟，有学者认为，我国的冷链物流尚处在发展的初级阶段。

目前，虽然冷链物流企业得到快速发展，但国内专业的冷链物流企业仍然不多。只有极少数的物流供应商能够保证对整个冷藏供应链进行温度控制，而大多数的物流供应商只能提供冷藏运输服务，并非真正意义上的冷链物流服务。

### 4. 越来越重视专业的冷库建设

在商品短缺的时代，食品的主要功能是保证人们的生存和温饱。人们对食品质量的认识也主要关注于营养、卫生、品味和外观等方面。随着商品的丰富和社会的发展，人们对食品的质量越来越重视，对食品的加工过程和流通过程也给予更多的关注。冷产品的加工、流通、销售过程更复杂，且其对温度有严格的要求。专业化的冷库建设将保证冷产品的质量，更能促进冷链物流企业更好地发展。

### 5. 冷链物流信息技术开始发展

随着冷链物流企业的逐渐发展，冷链物流信息技术也慢慢改善。冷藏车载GPS定位系统是冷链信息技术的重要方面。利用多采点智能温度仪与冷藏车载GPS系统实现无缝对接，能够迅速准确地记录和回传冷藏车厢体内的多点温度，使冷藏运输监控借助GPS系统在互联网和移动通信系统中实现。

另外，RFID射频监控技术是冷链物流信息技术发展的趋势之一。利用RFID技术，将温度变化记录在带温度传感器的RFID标签上，对产品的生鲜度、品质进行细致、实时的管理。冷链信息技术集成应用如图8-6所示。

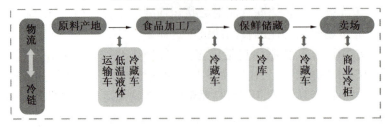

图 8-6 冷链信息技术集成应用

**想一想** 如何科学正确地认识我国冷链物流的现状?

### (二) 我国冷链物流发展存在的问题

近年来,随着城市居民消费水平的迅速提高,生鲜食品在城市的消费量显著增加。与此同时,消费者对生鲜食品鲜度和安全性的关注程度的显著提高,推动了冷链物流系统的革新与升级。特别是近年来,以国内市场和国际市场的需求为背景,从中央到地方都十分重视冷链物流体系建设。中央在近几年关于农业和流通问题的相关文件中,都提出了加快农产品冷链物流体系建设和促进农产品流通的任务。但是,现状与要求之间还存在一定差距,主要问题表现在以下几个方面:

#### 1. 基础设施和技术相对落后,装备条件不足

目前我国发展冷链物流的关键瓶颈是设施和装备不足。尽管我国物流基础设施在政府部门的大力扶持下已有较大的改善,但与我国经济以及物流产业的发展要求相比仍存在着较大的差距,冷冻运输装备和技术手段落后,物流信息技术应用滞后,这直接影响着冷链物流效率的提高。

#### 2. 冷链物流市场不成熟,供求不平衡,外包程度低

第三方冷链物流企业发展较缓慢,服务质量不高。目前国内专业化冷链物流服务的方式有限,手段原始且单一,缺乏竞争实力,能提供综合、全过程、集成化的现代冷链物流服务的专业企业不多,主要是停留在货物代理、仓储、库存管理、搬运和定向性运输上。多数从事冷链物流服务的企业缺乏必要的服务规范和内部管理规程,经营管理粗放,很难提供规范化的冷链物流服务,服务质量较低。

#### 3. 冷链运输成本过大

冷链物流业不能快速高标准发展起来的原因之一,就是由于冷链物流的成本过大所致。首先,冷链运输业受国际能源(石油、汽油、柴油)价格的影响因素很大。其次,须留下的买路钱所造成的成本压力也很大。据冷链运输从业人员反映,仅油费、路桥费以及易腐品在运输过程中的损耗这三项的经济成本折算,约占所运易腐食品总成本的70%,在正常情况应不超总成本的50%为宜,这是给产品增加成本的最大压力和来源。

#### 4. 信息技术应用水平较低

我国冷链物流行业信息系统建设滞后,企业内部物流信息管理和技术手段都还比较落

后,如条形码技术、全球卫星定位系统、物资采购管理和企业资源管理等物流管理软件的应用水平较低;此外,公共物流信息交流平台极度缺乏,目前以 EDI、互联网等为基础的物流信息系统在我国还没有得到广泛的应用。

#### 5. 完整独立的冷链体系尚未形成

从整体冷链体系而言,我国的冷链还未形成体系,无论是从我国经济发展的消费内需来看,还是与发达国家相比,差距都十分明显,冷链发展的滞后在相当程度上影响着食品产业的发展。目前我国还未建立起一套能监控保障食品从生产、包装、储存运输和销售(即从农田到餐桌)的全过程质量状况的完整体系,缺乏相关的温度立法,食品卫生法规执行不力,致使食品在整个物流过程中的质量状况无法得到有效控制和保障。

#### 6. 相关法律、法规体系不完善,缺乏具体的可操作的产业政策扶持

冷链物流的发展离不开政府的引导与支持,目前我国在冷链物流产业政策方面还缺少相应的扶持政策,各种法律法规也有待完善。

#### 7. 冷链物流企业之间缺乏信任度,供应链上下游缺乏整体发展规划与协调

由于企业高层领导者管理理念的约束,我国企业大多奉行单打独斗的原则,企业片面追求局部效应和短期经济效益,冷链节点企业之间缺乏相互信任和整体发展规划,行动不能协调一致,这直接导致运营效果不佳,供应链整体绩效较低。

#### 8. 冷链物流专业人才缺乏

目前我国从事冷链物流研究的大学和专业研究机构还不多,企业层面的研究和投入更是微乎其微,物流人才严重匮乏,缺乏既懂管理又懂技术的高素质复合型人才,严重制约了冷链物流的发展。

#### 9. 冷链物流行业标准化问题

当前,我国冷链物流行业国际标准采用比例较低,标准之间协调性差,存在重复和交叉现象,标准的可操作性不强以及标准未覆盖冷链物流全过程。冷链物流过程涉及原料获取、冷冻加工、冷藏、冷藏运输和配送、销售等诸多环节,任何一个环节上的疏忽都有可能带来服务"断链",影响食品品质,甚至给消费者健康带来损害。

> **想一想** 我国冷链物流存在的主要问题集中表现在哪些方面?

### 四、我国冷链物流的发展趋势

#### (一)冷链基础设施建设将进一步加快

国内冷链物流基础设施建设将快速发展,主要表现在冷库设施建设、冷库技术水平提高和冷藏车辆多元化发展等方面。冷库的发展趋势主要表现在:一批符合地区经济发展需要的现代化冷藏库和冷链物流配送中心逐步建立,适合农户建造使用的微型冷库将快速发展,果品蔬菜恒温气调库迅速发展,低温库比例将进一步增加。从铁路冷藏运输车辆发展来看,铁路冷藏车将定位于深冷、高品质货物的中长途运输以及低附加值冷藏货物的长距离运输。铁路冷藏运输工具将重点发展以下车型:能与客车连挂的适应城际间运输的快速冷藏车、能适应货物品类多样化及长距离运输的冷藏集装箱、能满足小批量货物运输的单节及小编组机冷车、气调保鲜车和适应大批量运输的冷藏集装箱等。在公路冷藏保温车发展方面,未来冷藏车市场将进一步整合,出现两极分化的趋势:一种是小吨位、针对短途和小批量运输

的，如超市冷饮、牛奶、冰淇凌、冷藏药品等配送中心所使用的；另一种是大容量、大吨位的，主要满足长途运输的需要。

（二）冷链物流将逐步实现封闭化运作

目前，冷链物流经常出现"断链"现象，影响了产品的质量和安全，大大增加了产品的损耗。另外，冷链物流缺乏应急处理措施，如曾经出现过因执法人员检查违章冷藏运输车辆时间过长而导致运输食品发生变质的情况。为防止上述情况的发生，需要将生产企业、冷链物流企业及政府监管部门捆绑在一起，实行封闭化运作；需要参与冷链物流运作的企业建立统一的规范和标准，建立基于物流信息技术的动态质量跟踪监测系统，建立完善的冷链质量信息发布和责任追究系统等。

（三）冷链物流将得到整合

首先，加工配送中心建设将成为热点。以加工配送中心为核心，向冷冻冷藏供应链的上游延伸，使卖场、连锁超市、便利店等下游节点与供应链上游的沟通更加顺畅，使商品采购供应更有保障，有效防止供应链断档。其次，共同配送成为趋势。共同配送可提高车辆装载运输效率，形成规模效应。从配送成本角度考虑，共同配送比厂家直送、一般配送更为经济，是未来理想的选择。

## 任务二　领略"互联网+物流"

案例导入

### "互联网+物流"助力百世实现新的跨越

以"互联网+"为核心的新技术的嵌入，正深刻改变着传统物流快递业，而正是现代物流业的发展，支撑着快速发展的电商业务，并悄悄地让消费者尊享快乐网购体验。

在外人看来，物流与仓配是个十足的"卖苦力"的传统行业。但是，这一陈旧观念正在发生深刻变化，这种变化来自于以"互联网+"为核心的新技术的嵌入，更来自于行业领航者的先行探索。可以说，正是有百世集团这样著名的现代物流业企业在电商和消费者之间的现代化对接服务，才有了短时间内的电商天量销量和消费者极爽的购物体验。

为了支撑庞大复杂的全业务物流服务体系，百世自主研发了GeniMax综合物流业务运营平台。该平台全面采用新一代互联网技术，包含近千个运算节点，每天处理数亿笔业务交易，同时具备实时海量数据分析能力，为百世快递、快运、仓储业务线提供从规划决策、交易处理直至现场作业指导的全环节支撑。在有效支撑百世业务运营的同时，GeniMax平台也延伸至业务链上下游，为品牌商、电商卖家、运力供应商等合作伙伴提供基于云端的软件服务，与合作伙伴一起共同提升协同效率，提高用户体验。现在，每天有数百家国内外知名企业使用百世供应链订单管理系统，覆盖包括服装、箱包、快消、日化、食品、百货、数码等在内的多领域多行业。

作为零担物流行业的新晋成员，百世快运提供标准化、信息化、产品化的零担物流服务。为方便客户操作，百世快运利用互联网技术，自主创新研发智能分拨、移动门店、微信拍照下单、主动跟踪预警等项目,在客户端配置方便快捷的操作系统。为解决快递最后100米投递服务质量,百世携手小微商户在全国各地同步推出社区增值服务项目"百世邻里",目前在全国服务站已超过8.5万家。移动端的"互联网+",在百世系统内部也有广泛应用。百世为快递员、班车司机、加盟商等提供了多种手机APP,成为百世快递员工作中的得力助手。

### 案例思考

1. 互联网如何助力百世实现新的跨越的?
2. 通过案例你是如何认识百世物流的?

## 知识链接

### 一、"互联网+物流"的界定

#### (一)"互联网+"的提出

阿里研究院的《"互联网+"研究报告》指出,"互联网+"正在悄悄进入我们的生活,而未来互联网也将像水电一样让我们时刻离不开它。而关乎国民经济和生活的物流业,在"互联网+"的大潮中亟需找到"互联网+物流"的终极生存之道。

目前,我国国内水路、铁路、公路的货物发送量、周转量、吞吐量均居世界第一,航空货运量和快递量居世界第二,物流业已成为我国国民经济的支柱产业和最重要的现代服务业之一。但总体上看,我国物流业发展方式仍处于相对粗放的阶段,总体滞后于经济社会发展水平。传统的物流运作模式已经难以为继,而在"互联网+"环境下,以移动互联网、大数据、物联网等为代表的新思维、新技术的出现,给"互联网+物流"的发展带来想象空间。

### 知识拓展

在2015年3月5日十二届全国人大三次会议上,李克强总理在政府工作报告中首次提出"互联网+"行动计划,将互联网建设上升到国家层面。一时间,众多学者和管理实践者对"互联网+"领域的理论及实践进行研究和探索,形成了百家争鸣的局面。这其中,关于"互联网+"理念的具有代表性的观点,如表8-1所示。

表8-1 "互联网+"理念的主要观点

| 提出者 | "互联网+"的观点 | 来源 |
|---|---|---|
| 马化腾 | "互联网+"不仅仅是一种工具,更是一种能力,一种新的DNA,当其与各行各业结合之后,能够赋予后者以新的力量和再生的能力 | 《互联网+:国家战略行动路线图》,中信出版集团,2015年7月 |
| 阿里研究院 | "互联网+"的本质是传统产业的在线化、数据化。商品、人和交易行为迁移到互联网上,实现"在线化",形成"活的"数据,随时被调用和挖掘。在线数据随时可以在产业上下游、协作主体之间以最低的成本流动和交换 | 《互联网+研究报告》,阿里研究院发布,2015年3月 |

续表

| 提出者 | 互联网+的观点 | 来　源 |
|---|---|---|
| 马化腾 | “互联网+”是指利用互联网的平台、信息通信技术把互联网和包括传统行业在内的各行各业结合起来,从而在新领域创造一种新生态 | 《以融合创新的“互联网+”模式为驱动,全面推进我国信息经济的发展》,2015 年全国“两会”提案 |
| 刘润 | “互联网+”的商业环境下,小米是“达尔文雀”。它通过充分利用互联网,实现了创造价值和传递价值的改变,成为“互联网+”的标杆企业 | 《互联网+(小米案例版)》,北京联合出版公司,2015 年 4 月 |
| 曹磊,陈灿,郭勤贵 | “互联网+”被传统企业掌握之后,其本质还是所在行业的本质。“互联网+”把这种供需的模式以一种更有效率、更有经济规模的方式实现,互联网是工具,每个企业应该通过“互联网+”找到自己的立足点 | 《互联网+:跨界与融合》,机械工业出版社,2015 年 4 月 |
| 王吉斌,彭盾 | “互联网+”将互联网、移动互联网、云计算、大数据等信息技术的创新成果与传统产业融合,改造和提升传统产业,创造出物联网、工业互联网这样新的巨大市场,而传统产业是接受改造的对象和其发挥威力的基础 | 《互联网+:传统企业的自我颠覆、组织重构、管理进化与互联网转型》,机械工业出版社,2015 年 4 月 |

从现有研究来看,“互联网+”的理论与应用尚处于初级阶段,各行业领域对“互联网+”还处在论证与探讨过程中。但毫无疑问,“互联网+”正逐步渗透、扩展和应用到第三产业,形成了诸如互联网金融、互联网教育等新的行业形态,并开始推动如物流等传统产业进行转型升级,为其带来新的机遇和提供广阔的发展空间,如图 8-7 所示。

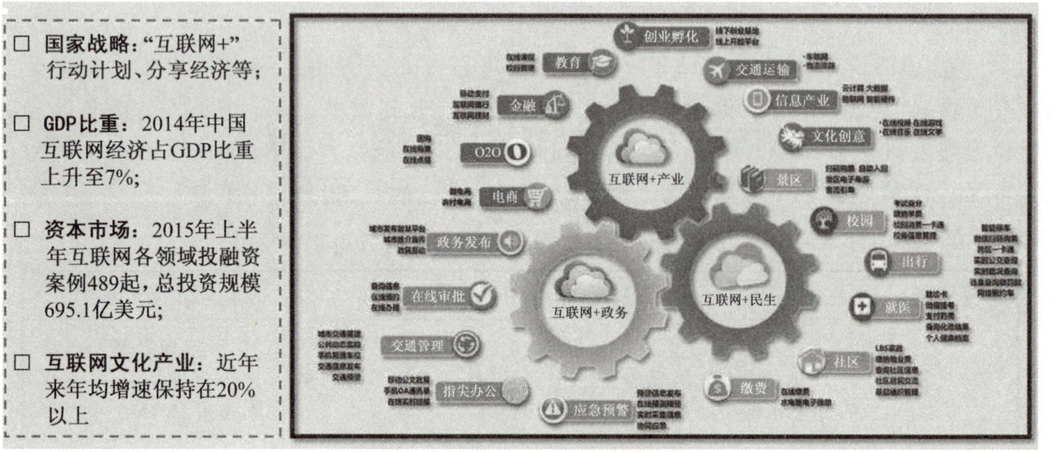
□ 国家战略:“互联网+”行动计划、分享经济等;
□ GDP比重:2014年中国互联网经济占GDP比重上升至7%;
□ 资本市场:2015年上半年互联网各领域投融资案例489起,总投资规模695.1亿美元;
□ 互联网文化产业:近年来年均增速保持在20%以上
互联网+产业
互联网+政务
互联网+民生
创业孵化
教育
交通运输
金融
信息产业
文化创意
O2O
景区
电商
校园
政务发布
出行
在线审批
就医
交通管理
社区
指尖办公
缴费
应急预警

图 8-7 “互联网+”全景展示

**想一想** 互联网已经极大地深入和改变了人们的生活、工作和学习方式了,请你尝试着说明互联网是如何改变人们的生活、工作及学习的。

项目八 物流新领域

（二）"互联网＋物流"的概念

在"互联网＋"环境下，信息化的时效性使得空间距离相对缩短，由此引发对物流产业资源整合和物流运营效率提升的强烈需求。传统物流业以劳动密集型为特点，以人工作业为主，偏好于物流硬件设施及设备的投入，但随着物流活动由制造业驱动向电商业驱动转变，快递、零担类的物流在部分取代传统合同物流，并越来越倾向于小批量、多批次、高频率的物流作业，传统的粗放式物流运营模式越来越跟不上市场需求的步伐，服务内容同质化、恶性价格竞争、服务水平低下、遭遇客户投诉等问题越来越多。要解决这些"痛点"，"互联网＋物流"是一条可行之道，如图 8-8 所示。

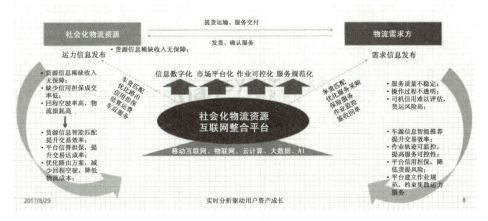

图 8-8　"互联网＋物流"

因此，可以将"互联网＋物流"描述为移动互联网与物流行业融合发展下的一种新的物流形态，通过充分发挥移动互联网在物流资源要素配置中的优化和集成作用，重构物流价值链，并形成供应链上下游信息共享、资源共用和流程可视，从而深度参与采购、运输、仓储、配送等物流全过程。"互联网＋物流"通过深刻了解客户需求，实时调度运、储、配等中间物流环节的资源，达到增强客户满意体验和提升物流服务效率的目标。

**想一想**　结合视频《改变，让物流更简单》，《打破瓶颈之路》，请你谈谈互联网与物流结合能擦出什么样的火花。

改变，让物流更简单　　打破瓶颈之路

### 二、"互联网＋物流"的模式

从"互联网＋物流"的定义来看，基于传统物流业的"痛点"，"互联网＋物流"的首要途径在于改变原有的物流运作模式，利用移动互联网、大数据及物联网等的优势，在管理监控、运营作业、金融支付等方方面面实现物流供应链信息化。从"互联网＋物流"的价值内涵和理论内涵来看，在交易成本、市场均衡等理论下，"互联网＋物流"通过对物流资源整合及去中介化形成物流平台模式；在委托代理、长尾、消费主权等理论下，"互联网＋物流"通过高效集聚闲散的物流资源而形成物流众包模式；在资源基础/依赖理论、价值链理论等理论下，"互联网＋物流"通过物流价值链的重构而形成物流跨界模式。"互联网＋物流"的模式

223

及其内涵如表 8-2 所示。

表 8-2 "互联网+物流"的模式及其内涵

| "互联网+物流"模式 | | 主要代表 | 价值内涵 | 理论内涵 |
| --- | --- | --- | --- | --- |
| 平台模式 | 供应链平台 | 怡亚通模式 | 物流资源整合去中介化功能 | 交易成本理论、市场均衡理论、消费主权理论、价值链理论、资源基础/依赖理论 |
| | 物流平台 | 菜鸟网络模式 | | |
| | 运输平台 | 卡行天下模式 | | |
| 众包模式 | | 快递兔模式 | 物流资源整合价值链重构去中介化功能 | 委托代理理论、长尾理论、消费主权理论、价值链理论、资源基础/依赖理论 |
| 跨界模式 | 功能跨界 | 德邦快递模式与顺丰物流模式 | 物流资源整合价值链重构 | 资源基础/依赖理论、价值链理论、交易成本理论 |
| | 行业融合 | 顺丰电商模式与京东物流模式 | | |
| | 行业联动 | 日日顺模式 | | |
| | 行业跨界 | 传化物流模式 | | |

（一）平台模式

**1. 供应链平台——怡亚通模式**

"互联网+物流"的供应链平台模式以怡亚通为代表。深圳市怡亚通供应链股份有限公司（简称怡亚通）从传统的委托采购、分销式"广度供应链管理"，转向帮助客户扁平渠道、让产品直供门店的"深度供应链平台"。怡亚通为客户提供一站式的供应链服务，包括采购、深度物流、销售、收款等。与传统的委托采购、分销相比较，怡亚通供应链管理平台集合了企业的非核心业务外包，提供更多的专业性增值服务，而且，供应链管理服务的费用率和综合毛利率水平更高。怡亚通根据客户的需求，对供应链各环节进行计划、协调、控制和优化，并通过建立快速响应机制、灵活的服务，实现商流、物流、资金流、信息流四流合一，同时结合 JIT 运作管理，形成怡亚通特有的一站式供应链解决方案及服务组合，为企业提供专业、全方位的供应链服务。

**2. 物流平台——菜鸟网络模式**

"互联网+物流"的物流平台模式以菜鸟网络为代表。基于中国智能物流骨干网项目而组建的菜鸟网络科技有限公司（简称菜鸟网络），应用物联网、云计算、网络金融等新技术，为各类 B2B、B2C 和 C2C 企业提供开放的物流服务平台。菜鸟网络利用互联网技术，建立开放、透明、共享的数据应用平台，为电子商务企业、物流公司、仓储企业、第三方物流服务商、供应链服务商等各类企业提供服务，支持物流行业向高附加值领域发展和升级，目的是建立社会化资源高效协同机制，提升社会化物流服务品质。

**3. 运输平台——卡行天下模式**

"互联网+物流"的运输平台模式以卡行天下为代表。卡行天下供应链管理有限公司（简称卡行天下）本质上是一个运输平台，这个平台通过不赚取双方交易差价的利他性促进交易。卡行天下有线下和线上两张网。线下建立流通网络，线上建立平台标准化模式，对接各种各样的第三方企业，满足各方的服务需求。

### (二)众包模式

"互联网+物流"的众包模式以快递兔为代表。上海随迅信息科技有限公司下的快递平台——快递兔,在配送过程中采用的是社会化众包方式,其快递能力通过调动社会闲散资源而得到极大的提高。快递兔的快递员是普通的社会人员,通过对其进行严格的审核和规范化培训,采用中央调度模式,距离最近的配送员领到任务,在1个小时内完成取件。从盈利模式上看,快递兔整合了散件寄件的长尾需求,打包后给各大快递公司,相当于是一个手里拿着大单的大客户。而除了个人用户,快递兔的用户还包括近千家中小企业,借此可整合公司内部的散件。快递兔减少甚至取代快递公司的线下网点,直接发到各物流公司总站,从而提高整个物流效率。

**知识拓展**

众包是指一个公司或机构把过去由员工执行的工作任务,以自由自愿的形式外包给非特定的(而且通常是大型的)大众网络的做法。众包的任务通常由个人来承担,但如果涉及到需要多人协作完成的任务,也有可能以依靠开源的个体生产的形式出现。众包这一概念实际上是源于对企业创新模式的反思。

众包模式其实就是把传统上由企业内部员工承担的工作,通过互联网以自由自愿的形式转交给企业外部的大众群体来完成的一种组织模式。在这一过程中,企业只需要为贡献者支付少量报酬,而有时这种贡献甚至完全免费。

众包模式已经对美国的一些产业产生了颠覆性的影响:一个跨国公司耗费几十亿美元也无法解决的研发难题,被一个外行人在两周的时间内圆满完成;过去要数百美元一张的专业水准图片,现在只要一美元就可以买到。众包,从创新设计领域切入,悄然颠覆传统产业结构。而在中国,众包模式也已经有了尝试者。

### (三)跨界模式

**1. 功能跨界——德邦快递模式与顺丰物流模式**

"互联网+物流"的功能跨界模式以德邦和顺丰为代表。德邦物流股份有限公司(简称德邦)主营国内公路零担运输和空运代理服务。2013年11月德邦快递业务开通,从运输领域跨界进入配送领域。就行业而言,快递和零担运输是两个相似度很高的细分物流功能,都有网络化特征、提供标准化的服务、具备可复制性。服务标准化的结果是能够批量、快速复制,因而,德邦通过对快递业务的清晰定位,成功地跨界进军快递业。而与此相对,顺丰速运集团有限公司(简称顺丰)的主营业务为快递。2014年4月顺丰组建公路运输车队,推出一站式"门到门"的陆运物流产品"物流普运",直面德邦、天地华宇、佳吉等国内公路运输物流企业竞争。顺丰从配送领域跨界进入运输领域,借此满足客户需求,占领市场。而作为战略层面,顺丰更是自恃有更为成熟和先进的运作模式和管理经验,想在格局未定的物流市场,(尤其是零担货运市场)占得先机,主导市场。

**想一想** 根据顺丰和德邦的企业实践和你的观察,你认为两家企业功能跨界前景如何?

### 2. 行业融合——顺丰电商模式与京东物流模式

"互联网+物流"的行业融合模式以顺丰和京东为代表。2012年顺丰速运旗下电商食品商城"顺丰优选"上线，依托于顺丰覆盖全国的快递配送网，从原产地到住宅进行全程冷链保鲜，定位于中高端食品B2C。"顺丰优选"的本质是快递物流业与电子商务行业的融合。与此相对，京东商城在其不断占领市场的过程中独立构建以"亚洲一号"为枢纽的电商物流体系，并申请快递牌照，实现电商业与物流业的相互促进和深度融合。

**想一想**　这两家企业大家也都不陌生，请你谈谈在行业融合方面的看法。

### 3. 行业联动——日日顺模式

"互联网+物流"的行业联动模式以日日顺为代表。2013年12月海尔电器旗下日日顺物流有限公司（简称日日顺）成立，海尔与日日顺共同建立端到端大件物流服务标准，共同开发、提供创新的供应链管理解决方案及产品。日日顺模式促进了家电制造业与物流服务业之间的协作与联动。

### 4. 行业跨界——传化物流模式

"互联网+物流"的行业跨界模式以传化物流为代表。传化集团投资的传化物流是一家定位于"公路港"物流平台整合的运营商，已建成浙江、苏州、成都和富阳公路港物流园区。从宏观的角度看，物流运作是一个复杂的网络体系，其中，节点就是各种货物集散的物流中心、物流园区等地产概念，因此，传化物流模式其实质为物流业跨界到地产业。

## 三、"互联网+物流"的发展趋势

显然，"互联网+物流"并非只有上述几种模式，在互联网思维和"互联网+"理念的不断发展下，"互联网+物流"的模式将逐步向细分化、个性化、多样化演进，形成百花齐放的局面。具体而言，基于对"互联网+物流"内涵的分析，"互联网+物流"有五种发展趋势。

### （一）物流平台互联网化趋势

基于互联网思维构建物流平台，其代表有：

（1）"互联网+物流"的阿里巴巴生态模式。主要盈利点为从物流平台角度延伸出数据、金融、流量、营销等商业价值，并带动和帮助更多的中小物流企业来实现创业。

（2）"互联网+物流"的小米模式。物流平台是上游下游整合的模式，主要盈利点不在基础物流服务上，而在延伸服务和增值服务上。

（3）"互联网+物流"的360模式。即物流平台的免费模式，通过吸收大量的用户，从而带来另一种商业升级。

### （二）物流运营大数据化趋势

基于互联网进行物流大数据运营，其主要特征为：

（1）"互联网+物流"整合物流客户资源，利用良好的客户体验汇集大量的客户人群，应用客户信息进行精准营销。

（2）"互联网+物流"催生新营销，物流末端数据通过物流延伸整个供应链，催生出新的营销功能。

（3）"互联网+物流"平台辅助决策，通过整合客户的需求和关注点，打造一个为客户企业高层服务的有价值的平台，进而带来更高的客户黏度。

## (三)物流信息扁平化趋势

基于互联网进行物流信息高效共享。"互联网＋物流"将物流行业的供求信息进行高效共享,从而实现物流服务供需双发的交易扁平化,物流运营监控管理的可视化,物流园区、配送中心平台化的整合,以及物流人才供求信息的透明。

## (四)物流资源众筹化趋势

基于互联网的物流资源众筹。"互联网＋物流"为物流运营资本和物流设施设备的众筹提供基础平台,通过整合资本来整合物流资源进而整合物流运营能力,形成高效的物流运营环境和物流运营模式。

## (五)物流生态立体化趋势

基于互联网的物流价值链网络。"互联网＋物流"使得物流企业可以将作业层面的配送、仓储、信息平台、数据、金融等服务,延伸到商贸、生产制造等领域,形成庞大的价值链网络体系,构成物流的立体生态经济模式。

**想一想** 学过"互联网＋物流",请简要说说你的感想或体会。

 领略应急物流

**案例导入**

### 美国在海地地震后的应急物流方案

2010年海地地震发生后,美国的救灾应急物流反应速度、效率都令人刮目相看。灾害发生后不到3小时,美国已通过外交渠道,争取到海地唯一邻国——多米尼加共和国的帮助,开放两国边界,打通物流通道,启动美国海军的核航母,建立海上地震救援的交通枢纽与中心。在应急物流组织上,美国并没有因灾情紧迫而一次投入大量兵力,而是有序投放:空降兵82师的100名先锋队开辟空中通道,建立通讯联系;速度最慢但最有效能的海军舰船最先出发,以免赶不上趟,而所派舰船也经过精心思虑——核航母既可充当临时直升机场、前线指挥中心、通讯情报中心、应急物流中心,还可直接为灾区供电(其供电能力可满足一个中等城市需要,而且无需加注燃料),而医院船的到位,将大大改善灾区的医疗条件。不仅如此,在自身指挥协调机制尚未完善之前,美国还"放下架子",和依托海外领地瓜德罗普岛的法国建立了救灾协调机制及物流中心,确保了救灾投入的效率优化。

**案例思考**
1. 请你谈谈什么是应急物流。
2. 从案例不难看出应急物流系统建设的重要性,你认为应急物流系统应该包括哪些基本要素?

### 知识链接

#### 一、应急物流简介

**（一）应急物流含义**

对应急物流的定义有很多。一般认为，应急物流是指以提供突发性自然灾害、突发性公共卫生事件等突发性事件所需应急物资为目的，以追求时间效益最大化和灾害损失最小化为目标的特种物流活动。

> **知识拓展**
>
> 国务院发布的《国家突发公共事件总体应急预案》中规定，突发公共事件是指"突然发生，造成或者可能造成严重社会危害，需要采取应急处置措施予以应对的自然灾害、事故灾难、公共卫生事件和社会安全事件"，如表8-3所示。
>
> **表8-3 突发公共事件种类及范围列举**
>
> | 自然灾害 | 事故灾难 | 公共卫生事件 | 社会安全事件 |
> | --- | --- | --- | --- |
> | 水旱灾害 | 安全生产事故 | 传染病疫情 | 恐怖袭击事件 |
> | 气象灾害 | 交通运输事故 | 群体性不明原因疾病 | 经济安全事件 |
> | 地震灾害 | 公共设施设备事故 | 食品安全危害 | 涉外突发事件 |
> | 地质灾害 | 环境污染事件 | 职业危害动物疫情 | |
> | 海洋灾害 | 生态破坏事件 | 其他严重影响生命健康事件 | |
> | 生物灾害 | | | |
> | 森林草原火灾 | | | |

应急物流作为一种对各类突发事件的物资、人员、资金的需求进行紧急保障的特殊物流活动，它有着突发性、不确定性、弱经济性、非常规性等特点。2003年"SARS"疫情爆发后，国内对应急物流的研究逐渐重视。欧忠文等学者提出，应急物流是指以提供突发性自然灾害、突发性公共卫生事件等突发性事件所需应急物资为目的，以追求时间效益最大化和灾害损失最小化为目标的特种物流活动。

中华人民共和国国家标准《物流术语》（GB/T18354—2006）中对应急物流的定义是："针对可能出现的突发事件已做好预案，并在事件发生时能够迅速付诸实施的物流活动。"

> **知识拓展**
>
> 应急物流，最初是由军事物流发展起来的。在二战时期，由于军事物资的运送关系着整个战争形势的走向，军事物流的研究是每个国家的专家学者的研究重点。然而随着战争的结束以及人们对自然灾害的认识逐步深入，国际物流体系也逐步被纳入应对灾难事件的解决方案之中。

2009年3月《国务院关于印发物流业调整和振兴规划的通知》将"应急物流"列入九大重点工程和七个专项规划,标志着应急物流已纳入国家战略决策;2011年3月,商务部等在《商贸物流发展专项规划》中提出了"完善应急物流运行机制"的要求,明确了相关建设任务;2014年10月《国务院关于发物流业发展中长期规划(2014—2020年)的通知》再次将"应急物流"列入十二大重点工程;2014年12月《国务院办公厅关于加快应急产业发展的意见》中将"应急物流"列为"应急服务"重点方向之一;2014年12月《国家发展改革委关于印发促进物流业发展三年行动计划(2014—2016年)的通知》中,将"完善应急物流体系"作为推进物流业重点工程建设的重要任务。

（二）应急物流类型

根据突发事件所发生的领域,可以将应急物流分为四类:突发自然灾害应急物流、突发事故灾难应急物流、突发公共卫生事件应急物流和突发社会安全事件应急物流。突发自然灾害应急物流包括地震、台风等灾害发生时的应急物流,突发事故灾难应急物流包括重大交通事故、生产事故、环境污染等发生时的应急物流,突发公共卫生事件应急物流包括人群疫情和动物疫情等发生时的应急物流,突发社会安全事件应急物流包括各类恐怖事件、骚乱等事件发生时的应急物流。

**想一想** 观看视频《顺丰完成国内首次应急物流场景演示飞行》,尝试举例说明其中一类事件以及应急物流是如何发挥作用的。

顺丰完成国内首次应急物流场景演示飞行

## 二、应急物流的特点

与普通物流相比较,应急物流具有以下特点:

（一）突发性

顾名思义,由突发事件所引起的应急物流,其最明显的特征就是突然性和不可预知性,这也是应急物流区别于一般物流的一个最明显的特征。由于应急物流的时效性要求非常高,必须在最短的时间内,以最快捷的流程和最安全的方式来进行应急物流保障,这就使得运用平时的那套物流运行机制已经不能满足应急情况下的物流需要,必须要有一套应急的物流机制来组织和实现物流活动。

（二）不确定性

应急物流的不确定性,主要是由于突发事件的不确定性,人们无法准确地估计突发事件的持续时间、影响范围、强度大小等各种不可预期的因素,使应急物流的内容随之变得具有不确定性。例如,在2003年上半年对"SARS"的战斗开始阶段,人们对各类防护和医疗用品的种类、规格和数量都无法有一个确定的把握,各种防护服的规格和质量要求都是随着人们对疫情的不断了解而确定的。其他应急物流活动中,许多意料之外的变数可能会导致额外的物流需求,甚至会使应急物流的主要任务和目标发生重大变化,如在抗洪应急物流行动中,可能会爆发大范围的疫情,使应急物流的内容发生根本性变化,由最初的对麻袋、救生器材、衣物、食物等物资的需求,变成对医疗药品等物资的需求。

### （三）弱经济性

应急物流的最大特点就是一个"急"字，如果运用许多平时的物流理念，按部就班地进行就会无法满足应对紧急物流的需求。在一些重大险情或事故中，平时物流的经济效益原则将不再作为一个物流活动的中心目标加以考虑，因此应急物流目标具有明显的弱经济性。甚至在某些情况下成为一种纯消费性的行为。

**想一想** 你是如何理解应急物流的弱经济性的？

### （四）非常规性

应急物流本着特事特办的原则，许多平时物流过程的中间环节将被省略，整个物流流程将表现得更加紧凑，物流机构更加精干，物流行为表现出很浓的非常规色彩。例如，在军事应急物流中，在以"一切为了前线、一切为了打赢"的大前提下，必然要有一个组织精干、权责集中的机构统一组织指挥物流行动，以确保物流活动的协调一致和准确及时。同样在地方进行的应急物流的组织指挥中，也带有明显的行政性或强制性色彩，如在1998年的抗洪抢险战斗中，庐山站作为九江地区抗洪最前沿的卸载站，承担了324个列车的卸载任务，列车卸载最短时间仅为20分钟，超过该站卸载能力的一倍。当然，这种行政性和强制性与普通意义上的行政干预是不同的，前者是由专业化的物流组织机构组织的，是应急物流目标实现的一个重要保证；而后者可能会取得适得其反的结果。

### （五）需求的事后选择性

由于应急物流的突发性和随机性，决定了应急物流的供给不可能像一般的企业内部物流或供应链物流，根据客户的订单或需求提供产品或服务。应急物流供给是在物流需求产生后，在极短的时间内在全社会调集所需的应急物资。

### （六）流量的不均衡性

应急物流的突发性决定了应急物流系统必须能够将大量的应急物资在极短的时间内进行快速的运送。

### （七）时间约束的紧迫性

应急物资多是为抢险救灾之用，时关生命、时关全局。应急物流速度的快慢直接决定了突发事件所造成的危害的强弱。

### （八）社会公益性

在应急物流中社会公共事业物流多于企业物流，因此经济效益的重要性位于社会效益之后。

**想一想** 应急物流与我们前面讲述的物流活动的原则和特点有什么区别和联系？

## 三、应急物流的研究内容

应急物流是一个系统，在整个运作过程中需要考虑到应急物流中心的建立、应急物资的采购、应急物资的运输与配送、应急物资的储备等环节；从应急物流的运作流程和进度来看，也可以将其划分为计划、运营、控制、反馈几方面。从应急物流的运作流程来看，如图8-9所示，当灾害性事件发生时，应急物流协调指挥中心负责在灾害发生初期及全过程制订应急救灾计划,并向下设的采购部门、运输部门、物流中心发送指令信息,并通过应急物流信息平台进行协调指挥。得到指挥中心的信息后,采购、运输、物流中心等部门就行使各自职能对物流过程中的采购、运输、流通加工及配送各环节进行具体的运营和控制。同时,各部门实时回馈应急物流运作中的各种信息,并实现各部门信息的双向传送。

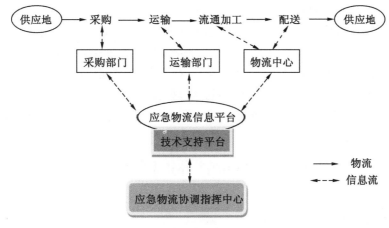

图8-9　应急物流的运作流程

综上,应急物流的研究内容主要包括以下几个方面。

（一）应急物流的保障机制

建立应急物流保障机制的目的在于使应急物流的流体充裕、载体畅通、流向正确、流量理想、流程简洁、流速快捷,使应急物资能快速、及时、准确地到达事发地。国内外的经验表明,在此过程中,政府扮演着重要角色,包括完善与自然灾害相关的法律,出台新的法律和法规;建立从中央到地方的自上而下的专门管理机构,分工明确,协调和管理应急物资的储存和运输,以实现对应急物流的高效运作等。

（二）应急物流技术支持平台构建

应急物流技术平台包括通信平台、信息平台、电子商务技术平台、物流技术平台(包括应急物流包装技术,装卸运输技术和物资养护技术等),从而有效缩短应急物资的采购和供应时间。应急物流技术要充分体现简洁、快速、稳妥、实用、方便的原则。应急物流技术支持平台的建设需要充分考虑和利用最新的物流技术和信息技术。

（三）应急物资的运输与配送

这是应急物流的核心环节之一。应急物资对于物资的流动速度要求比较高,通常选择运输途径时节约运输成本的原则已不重要,有效压缩应急物资的运输时间则是关键。在应急物资的运输与配送过程中,应根据物资的价值、数量和对运输条件的要求。选择合适的运输方式,尽量实现直达运输和联合运输。应急物资的运输和配送是技术性较强的内容,通常需借助优化模型和工具进行决策。

（四）应急物资的采购

这是应急物流得以实现的物质基础。它包括灾后重建工作所需的建设物资和灾区民众的一般生活物资。它的采购量一般相当大,时间上要求比较高。在进行应急物资采购时,应当开辟多种渠道,保证物资采购的效率和物资的质量。

### （五）应急物资的储备

大量的有效物资储备可以大大压缩从灾害发生到救灾完成的间隔时间,减少采购和运输量,大大减少相关成本。应急物资的储备关键在于储存仓库的合理布局,修建的数量和容量、物资的种类、长期和中期的储备量,以及储备物资的合理维护和有效管理。

### （六）应急物流中心的建立

为了使各类物资能够在最短的时间送达灾区和救灾机构,应该允分做好物资的有效调配工作。因此,合理设置物流中心就显得尤为必要,在物流中心可以将物资进行分拣、包装甚至简单的加工,将救灾物资进行有效的分类,在最短的时间内配送到目的地。在此过程中,需要重点关注应急物流中心的选址、规划、管理等内容。

以上各部分是应急物流体系的核心内容。只有这几个基本要素的有效协作才能最大限度地保障安全、减少损失。

**想一想**　应急物流体系是如何运作的？你认为应急物流体系具体包括哪些内容？

## 四、应急物流的地位和作用

应急物流是现代物流新兴的分支领域,属于特种物流。为突发事件提供物资支援的应急物流,已经成为当今我国经济持续健康快速发展的重要保障力量,在科学发展、构建和谐社会的大背景下,日益得到重视。

### （一）应急物流是国家安全保障系统的重要力量

社会在发展过程中难免发生一些突发公共事件。突发公共事件发生时,短时间内需要大量物资,因此,救灾的胜负不仅取决于现场救援力量,也依赖于应急物流的能力,具体包括：快速抢救受灾物资和各类设施、设备,减少损失；及时补充物资,维系救灾活动的顺利进行；快速供应物资,帮助灾区重建；稳定民心,维护社会经济秩序安定等。良好的应急物流体系,能够源源不断地将救灾物资输送到灾区,补充救灾物资消耗,恢复救灾力量,成为救灾能力的倍增器。可见,良好的应急物流系统,既是综合国力的重要组成部分,又是其发展水平的重要标志,更是综合国力转化为救灾能力的物质桥梁。因此,应急物流是国家安全保障系统的重要力量。

### （二）应急物流为应急管理提供强大的物资支撑

应急管理理论认为,突发事件可分为潜伏期、发展期、爆发期和痊愈期四个阶段。应急物流在突发事件潜伏期做好各种准备,在发展期启动,在爆发期和痊愈期真正运作、体现价值。在应急行动中,大致可分为实施抢救的现场救援活动和实施物资保障的物流活动,国家实力不会自动地转化为救灾实力,应急物资必须经过流通加工、组配、储存、配送、分发等多环节,通过物流这种桥梁作用,才能为现场救援提供不间断的物资供应。

### （三）应急物流是做好应对准备的重点建设工程

我国现行分类管理、分级负责、条块结合、属地管理等应急管理体制,各个种类突发公共事件所需应急物资均以本主管部门为主线,构建相对独立、自上面下、垂直式的补给通道,各个部门之间平行作业,整个物流呈现分离式平行线性运作。这一模式导致了补给线路细长凌乱、保障对象补给分离、保障能力分散、建设效率比较低等状况,无疑给应急物流的组织和指挥带来巨大困难。

应急物流系统集成、整体优化理念,将有力促进现场救援的物资保障要素高度集成,环节衔接流畅、集约性能显著。在应急处置中,物流为有效对社会突发公共事件提供物质基础和现实条件。

## 任务四 领略物流金融

### 案例导入

#### 物流金融业务在国内的开展情况

物流金融在许多国家和企业已经得到初步发展和应用,物流金融已经成为一些企业最大的利润来源。

中国物资储运总公司(以下简称"中储")是我国最早推广质押监管业务的企业之一。中储1992年就开始了对"物资银行"的探索;1999年,质押监管业务作为中储的主业——仓储保管的增值服务,在中储无锡分公司完成了第一单物流金融实际操作业务。中储主要利用其遍布全国的仓储网络,为近500家企业提供质押融资监管服务。中储的质押监管业务以每年近120%的速度增长,公司先后共为500多家客户提供了质押融资服务,质押产品涉及黑色、有色、建材、汽车、纸张、煤炭、化工等产品,包括4大国有商业银行等数十家金融机构都与中储建立了合作关系。

2005年,中国外运开始为国内外生产商和商贸企业提供质押(抵押)担保物管理服务,并与中国工商银行、中国银行、交通银行、中信银行、平安银行、渣打银行等30多家中外银行建立了紧密的合作关系。中国外运开展的担保物管理服务主要包括存货融资监管业务、进口融资监管业务和国内买方信贷融资监管服务等,其担保物涵盖钢铁、矿石、煤炭、化工品、粮食、燃料油等14大类。2012年,中国外运协助银行提供的贷款额度已超过510亿元,为帮助广大中小企业解决融资问题作出了贡献。在提供担保物管理服务的同时,中国外运正积极探索其他物流金融业务,为客户提供包括国际(国内)贸易融资、代理采购(销售)、资金结算、全程物流,以及信息交换等一体化供应链管理服务。

### 案例思考

国内一些大中型物流企业都在相继开展物流金融服务,你是如何理解物流金融的?物流金融中的主体有哪些?

 知识链接

### 一、物流金融概述

**（一）物流金融的概念**

物流金融是指在物流运营过程中，与物流相关的企业通过金融市场和金融机构，开发和运用各种金融产品，有效地组织和调剂物流领域中货币资金的运动。

这些资金运动包括发生在物流过程中的各种存款、贷款、投资、信托、租赁、抵押、贴现、保险、有价证券发行与交易，以及金融机构所办理的各类涉及物流业的中间业务等。这种新型金融服务在其发展过程中，逐渐改变了传统金融贷款过程中银行与申请借款企业双方的责权关系，也完全不同于担保贷款中担保方承担连带赔偿责任的三方关系。它越来越倚重于第三方物流企业，目前主要表现为物流企业的配套管理和服务，形成了银行—物流企业—借款企业的三方密切合作关系。

因此，在物流金融中一般涉及4个主体：买方、卖方、第三方物流企业和金融机构。

**（二）我国物流金融的发展**

国外物流金融服务的推动者更多是金融机构，而国内物流金融服务的推动者主要是第三方物流公司。物流金融服务是伴随着现代第三方物流企业而生的，在物流金融服务中，现代第三方物流企业业务更加复杂，除了要提供现代物流服务外，还要跟金融机构合作一起提供部分金融服务。国内学者关于物流金融相关领域的研究主要是物资银行、融通仓等方面的探讨，然而这些研究主要是基于传统物流金融服务展开的，未能从供应链、物流发展的角度探讨相应的金融服务问题。在国内实践中，中国储运集团从1999年开始从事物流金融部分业务。

#### 知识拓展

**物流金融常用名词释义**

（1）融资贷款/授信——指银行给予贷款人资金支持。

（2）质押——指贷款人将货物或物权凭证移交银行占有以担保偿还贷款。

（3）货押——指用货物作质押。

（4）质押标的——指用作质押的东西。

（5）质押货物/押品——均指用作质押货物。

（6）解押——指解除质押。

（7）保证金——指银行要求客户缴纳占贷款总额一定比例的资金，一般以30%为基本比例。

（8）风险敞口——指贷款总额减去保证金。

（9）质押率——指风险敞口/质押物价值。

（10）预警线——指质押货物的实际价值接近银行规定的质押物最低值。

（11）冻结线——指质押物的实际价值等于质押物的最低价值。

（12）融资贷款/授信——指银行给予贷款人资金支持。

(13）质押——指贷款人将货物或物权凭证移交银行占有以担保偿还贷款。
(14）货押——指用货物作质押。
(15）质押标的——指用作质押的东西。
(16）质押货物/押品——均指用作质押货物。
(17）解押——指解除质押。
(18）保证金——指银行要求客户缴纳占贷款总额一定比例的资金，一般以30%为基本比例。
(19）风险敞口——指贷款总额减去保证金。
(20）质押率——指风险敞口/质押物价值。
(21）预警线——指质押货物的实际价值接近银行规定的质押物最低值。
(22）冻结线——指质押物的实际价值等于质押物的最低价值。
(23）融资贷款/授信——指银行给予贷款人资金支持。
(24）质押——指贷款人将货物或物权凭证移交银行占有以担保偿还贷款。
(25）货押——指用货物作质押。
(26）质押标的——指用作质押的东西。
(27）质押货物/押品——均指用作质押货物。
(28）解押——指解除质押。
(29）保证金——指银行要求客户缴纳占贷款总额一定比例的资金，一般以30%为基本比例。
(30）风险敞口——指贷款总额减去保证金。
(31）质押率——指风险敞口/质押物价值。
(32）预警线——指质押货物的实际价值接近银行规定的质押物最低值。
(33）冻结线——指质押物的实际价值等于质押物的最低价值。

## 二、物流金融的特点

### （一）标准化

不仅所有物流产品的质量和包装标准都以国家标准和协议约定的标准由物流企业验收、看管，而且要求所有动产质押品都是按统一、规范的质押程序由第三方物流企业看管，避免动产质押情况下由银行派人看管和授信客户自行看管的不规范行为，确保质押的有效性。

### （二）信息化

所有质押品的监管都借助物流企业的物流信息管理统一进行，从总行到分行、支行的业务管理人员，都可以随时通过物流企业的信息管理系统，检查质押品的品种、数量和价值，获得质押品的实时情况。

### （三）远程化

借助物流企业覆盖全国的服务网络，再加上银行系统内部的资金清算网络，动产质押业务，既可以在该行所设机构地区开展业务，也可以开展异地业务，并能保证资金的快捷汇划和物流的及时运送。

### （四）广泛性

物流金融的服务区域具有广泛性，既可以在银行所设机构地区，也可以超出该范围开展业务。质押货物品种具有广泛性，可以涵盖物流企业能够看管的所有品种，如各类工业品和生活品，产成品以及原产品等。

> **想一想** 观看视频《物流金融前世今生》，你认为什么是物流金融？物流金融有何作用？

物流金融前世今生

## 三、物流金融的运营模式

### （一）代客结算模式

**1. 代收货款业务**

代收货款是指第三方物流企业在将货物送至收货方后，代发货方收取货款，并在一定时间内将货款返还发货方。出于方便或电子结算的要求，供货方与收货方可能委托第三方物流代为收取货物款项，以提高资金周转效率。

从第三方物流的角度来看，由于时空、各种技术条件等的限制，物流公司代收货款后不可能即时向供方返款，真正返款时往往已经是收款后的 10 天或更长时间。这样，在第三方物流公司的账户中，不断收款付款就积淀下一笔非同小可的资金，从而不仅能因为方便顾客而提高其满意度，也大大改善了自己的现金流。代收货款模式直接利益属于物流企业，另外两方获得的是方便快捷的服务。代收货款模式常见于企业对客户（B2C）业务，并且已经在发达地区的邮政系统和很多中小型第三方物流商中广泛开展。

代收货款模式中，供方企业与第三方物流企业签订相关委托业款合同，物流企业向顾客送货上门同时根据合同代收货款，物流企业定期与供方企业结清货款并从中收取一定比例的费用，如图 8-10 所示。

图 8-10 代收货款的基本流程

**2. 垫付货款业务**

垫付货款是指发货人将货权转移给银行，银行根据市场情况按一定比例提供融资，当提货人向银行偿还货款后，银行向第三方物流企业发出放货指示，将货权还给提货人。

在垫付货款模式下，物流企业的角色发生了变化，由原来商业信用主体变成了为银行提供货物信息、承担货物运送、协助控制风险的配角。在此业务中，厂商获得了融资，银行获得了利息收入，物流企业因为提供了物流信息、物流监管服务而获得了利润。

特别地，市场上也存在物流企业不通过银行，用自有资金为收方垫付货款的新型物流金融服务方式。

垫付货款模式中，在货物运输过程中，发货人将货权转移给银行，银行根据市场情况按一定比例提供融资；当提货人向银行偿还货款后，银行向第三方物流商发出放货指示，将货权还给提货人，如图 8-11 所示。

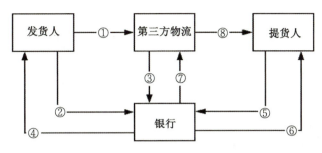

图 8-11 垫付货款的基本流程

**想一想** 代收货款业务和垫付货款业务有什么不同？

### （二）融通仓模式

融通仓是一个以质押物资仓管与监管、价值评估、公共仓储、物流配送、拍卖为核心的综合性第三方物流服务平台。融通仓融资的实质是将银行不太愿意接受的动产（主要是原材料、产成品）转变成其乐于接受的动产质押产品，并以此作为质押担保品或反担保品进行信贷融资，如图 8-12 所示。

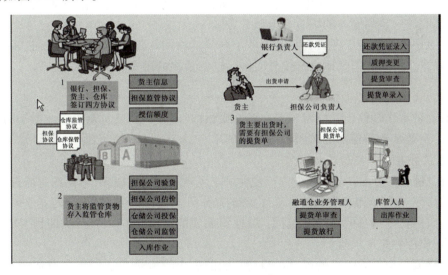

图 8-12 融通仓业务操作说明

#### 1. 仓单质押业务

仓单是仓库接受货主的委托，将货物受存入库后向货主开具的说明存货情况的存单。所谓仓单质押是指货主把货物存储在仓库中，然后可以凭仓库开具的仓单向银行申请贷款，银行根据货物的价值向货主企业提供一定比例的贷款。

**知识拓展** 观看视频《中仓仓单宣传片》。

中仓仓单宣传片

### 2. 保兑仓业务

保兑仓业务是指在供应商承诺回购的前提下，购买商向银行申请以供应商在银行指定仓库的既定仓单为质押的贷款额度，并由银行控制其提货权的融资业务。在这一业务中，第三方物流企业实际控制货物并为银行提供监管。

> **知识拓展**
>
> 观看视频《什么是保兑仓？》。

什么是保兑仓？

### 3. 动产质押逐笔控制（静态）

动产质押逐笔控制（静态），是指出质人以银行认可的合法的动产作为质押担保，银行给予融资，并且在授信期内通过银行审批更换所质押的动产的授信业务，监管人的控货方式为逐笔控制。

### （三）物流保理模式

保理业务又称应收账款承购，是指销售商以挂账、承兑交单等方式销售货物时，保理商购买销售商的应收账款，并向其提供资金融通、买方资信评估、销售账户管理、信用风险担保、账款催收等一系列服务的综合金融服务方式。

物流保理业务避免了融通仓只能服务于仓储货物的缺点，使得物流融资能够覆盖整个物流传递的过程，因此非常适合需要长时间运输的货物的融资要求。

## 四、物流金融的风险类型

物流金融运作过程中的风险主要有商业银行面临的风险，以及物流企业面临的风险。

### （一）商业银行所面临的风险类型与控制

#### 1. 商业银行所面临的风险类型

物流金融业务中可以导致商业银行发生呆账风险的因素比较多，常见的有质押物体本身的风险、物流企业带给银行的风险、银行内部的操作风险、企业信誉风险、同行竞争风险等。

（1）质押物体本身的风险。包括：质押物品质的风险、仓单风险、质押物市场风险、提货单风险、质押物变现风险等。

（2）物流企业带给银行的风险。目前我国的中小物流企业还处于发展初期，其本身存在许多不利因素，如管理水平比较低下，信息技术相对落后，经营者素质较低，信用意识淡薄，往往造成货物监管过程中的货物损坏或遗失风险，给银行造成不应有的损失。

（3）银行内部的操作风险。物流金融的创新之处在于将仓单甚至物流过程纳入质押对象，这势必牵涉对仓单和物流过程的定价评估问题。一方面，由于价格的变动，会导致质押对象的价值发生升值或者贬值，从而引起一定的抵押风险；另一方面，对银行内部来说，要严防内部人员作弊和操作失误。

（4）企业信誉风险。在实际操作中，个别资信状况不良的借款企业与仓储担保企业串通骗贷的手法较多，如向银行提供伪造或变造仓单作抵押、重复质押等，会给商业银行带来严重后果。

（5）同业竞争的风险。开展物流金融业务的，不仅有物流公司和银行，还有担保公司投资公司，以及银行出资成立的一些企业等。参与者的增加在一定程度上降低了这一业务的利润率。另外由于参与者的增多,导致单项融资额过低,影响了物流企业的物流量,导致操作成本升高,使运作出现困难甚至亏损。

### 2. 商业银行面临风险的控制

如上所述,商业银行在物流金融运作过程中存在许多风险,有效降低和控制风险成为物流金融运作中的关键。

(1) 质押物本身风险的控制。包括:

① 严格审查货品来源和品质,做好质押物入库验收工作,特别应加强核定库存模式下的补货验收工作。

② 质押票据应以仓单为主,将非仓单等不具有有价证券的票据控制在一定的范围内。

③ 在选择质押物品种时应稳妥,尽可能选择市场价格波动小,流通快等类物资。

④ 提货单风险的控制。由货主和银行开提货单的,要逐步转向仓单提货;由货主与银行共开提货单的,要在合同中注明仓单无提货功能。同时要有鉴别提货单真伪的指施,如将条形码引入提货单来防伪等。

⑤ 在质押前必须审核质押物的所有权,严格限制质押物在质押期间进行流动。涉及多方主体的,应通过合同协议进行界定与规范以防发生所有权纠纷。

⑥ 尽可能选择易变现的物品进行质押,时刻关注市场行情,必要时应通过融资方补仓以防可能出现质押物价值低于银行授信敞口余额或无法变现。

(2) 物流企业带给银行风险的控制。

在选择合作物流企业时,应选择经营状况好、信用意识强、同放款银行有业务来往的企业。加强合同管理及日常巡查,以防造成货物监管过程中的货物损坏或遗失风险,给银行造成不应有的损失。

(3) 银行内部操作风险的控制。

银行加强内部控制,健全相关制度及流程,特别是内部制约机制,严防内部人员作弊和操作失误。严密关注质押品市场价格行情,以避免抵押风险。

(4) 企业信誉风险的控制。

在选择贷款企业时,应全方位审核其资质,审核质押物,选择与银行来往密切的物流企业进行合作,以防止提供伪造或变造仓单作抵押、重复质押等,给银行造成严重后果。

开展物流金融业务的银行等融资企业尽可能联合起来规范行业操作的有关规程及制度,特别是各银行总行之间应加强合作,共避风险,营造良好的业态环境。

### (二) 物流企业所面临的风险类型与控制

### 1. 物流企业所面临的风险类型

物流企业在物流金融业务中面临的风险主要有以下几种:

(1) 监管风险。

物流金融业务要求物流企业有很强的管理水平,能够对货物进行全天候的监控,并且要能够完全按照银行的指令进行运作,同时还要对货物的质量,数量等负责,否则在监管过程中如出现问题,既要对银行承担责任,也要对企业承担责任。另外,库外监管超出了物流商的自有库,有其局限性,无论是商业银行还是物流商都应谨慎使用。

(2) 管理风险。

由于当前整个市场的信用体系仍不健全,抵押、资本市场、债券市场的融资方式往往难以利用，物流企业的质押监管作用对物流银行业务的顺利开展不可或缺。

（3）仓单管理松懈风险。

虽然我国合同法中规定了仓单上必须记载的内容，但由于各仓储企业使用的仓单设计不规范，以及仓储双方为了简便手续，一般除了填列存货人名称、数量、日期等主要几项外，其他项目常忽略不填，这对货款的安全性留下了一定的隐患。

（4）提单管理不善风险。

对于同一仓单项下的货物在不同时间提取的情况，"专用仓单分提单"释放管理风险较大，能否做到每释放一笔，在相应仓单下作销账记录，直至销售完成、贷款收回为止，决定了提单管理风险的大小。

（5）监管场所带来的风险。

质押物的存放场所随机性很大，各监管点情况各异，管理水平不一致等，也会给企业带来一定风险。

质物存放的场所一般在本单位以外，有的是出质人生产企业，有的是第三方仓库，监管场所硬件设施条件参差不齐，安全性差。

监管场所管理水平不一致，监管场所没有划分独立监管区域，容易造成出质人将其他客户的货物充当自己的货物出质；监管场所没有质物标识，容易造成出质人将同一批货物重复向不同的银行质押，造成在监管场所相关人员哄抢质物。

（6）出质人道德风险。

质押监管业务大多是由银行提供的出质人名单，物流企业对出质人缺乏足够的了解，出质人采取欺诈手段骗取取监管人的信任，或者利用他人的货物质押，或者在动态质押换货过程中以次充好，或者使用虚假海运提单换取现货，或者哄抢质物，致使企业管理混乱，给物流企业带来很大的风险。

（7）对出质人资质评价风险。

物流企业在评价出质人时，对其经营历史、经营业绩、业内地位、信誉度、相关资信掌握不全面或不了解，对出质人诚信度不了解；出质人有非法逃税记录或其他违法记录。

（8）合同签订风险。

合同签订风险存在固定合同样本产生的风险、业务开发人员各方需求掌握不全面产生的风险、合同内容不完整产生的风险等。

① 固定合同样本产生的风险。合同签订的风险来源于质权人总行合同的固定样本不允许修改，合同签订的内容可操作性差，物流企业为了不失去客户，只好被银行的规定要求牵着走。

② 业务开发人员各方需求掌握不全面产生的风险。业务开发人员对出质人的需求（如生产企业生产流程、原料领用规律和每天消耗用量）和质权人的出质、解除质押需求掌握不全面，所以签订的合同没有操作性，造成违规操作。

③ 合同内容不完整产生的风险。在合同中没有约定合同有效期，无法根据风险情况确定监管期，只能被动地根据银行的需求无期限监管，当发现风险时也无法撤出；在合同中没有约定质押模式（控货状态），或者没有约定静态模式动态操作，结果造成质物置换未经过银行认可，将承担换货产生的损失；在合同中没有约定监管费标准和支付期限，使银行无法掌握监管人的权力如何兑现，从而约束出质人；在合同中没有明确约定质押品种范围或详

见质物清单内容,导致等值货物换货范围无限放大,当置换货物的品种市场价格波动大或物流企业对其不熟悉时,从而增加监管难度和风险;合同中约定了物流企业没有能力承担的责任(如对内在质量负责),合同中指定具有签发提单的相关人员变更而没有书面通知。

**想一想** 物流企业所面临的这些风险有什么不同?应该如何来规避风险?

### 2. 物流企业物流金融业务风险的控制

(1) 质押物监管及管理风险的控制。

物流企业等监管企业能够对货物进行全天候24小时监控,严格执行银行指令,在监管过程中如出现问题,应及时与银行取得联系,将损失降到最低。

(2) 仓单管理松懈风险的控制。

物流监管企业应合理设计仓单内容及样式,尽可能将仓单内容设计完全,在仓单填写时要求相关操作人员严格按照仓单要求填写,做到仓单书写规范。将条形码等现代物流技术应用到仓单管理中来。

(3) 提单管理不善风险的控制。

加强专用仓单分提单操作管理,做到每释放一笔,及时在相应仓单下作销账记录,直至销售完成、贷款收回为止。物流监管企业全程跟踪专用仓单分提单的每一运作过程。

(4) 监管场所带来风险的控制。

监管场所随机性很大,物流监管企业尽量选择设施齐全、安全性较高的场所进行。监管场所应设有独立监管区域并有效标识质押物,24小时全天候监管。

(5) 出质人道德风险的控制。

对于由银行提供的出质人,物流企业应在合同中将有关出质人道德风险的条款责任尽可能明确,且银行负主要责任。对于物流企业自己提供的出质人,应认真审核其资质、质押物、企业信用、提单等。

(6) 出质人资质评价风险的控制。

物流企业在评价出质人时,应尽可能了解和掌握其经营历史、经营业绩、业内地位、信誉度、相关资信,掌握出质人诚信度;还应尽可能了解和掌握出质人有无非法逃税记录或其他违法记录,以降低出质人资质评价的风险。

(7) 合同签订风险的控制。

物流监管企业与银行双方高层在平等互利的基础上签订质押监管合同样本,为子公司及各分行提供进一步的平台,业务开发人员应对出质人的需求(如生产企业生产流程、原料领用规律和每天消耗用量)和质权人的出质、解除质押需求全面掌握,合同中约定质押模式、约定监管费标准和支付期限、明确约定质押品种范围或详见质物清单内客、合同中约定物流企业没有能力承担的责任(如对内在质量负责)、合同中指定具有签发提单的相关人员变更书面通知等,所签订合同应具有操作性。

## 任务五 领略物流地产

物流地产受追捧

物流地产的投资热潮此前就备受瞩目，受到诸如平安、KKR 等金融界巨头的青睐，近些年，物流地产在国内进入了快速成长期，万科、富力等房企（专题阅读）也纷纷涉足物流地产。

20 世纪 80 年代，物流地产由美国的普洛斯公司率先提出并实践，2001 年，外资物流企业进入国内物流地产市场，引起多方企业追捧，其中地产商成为物流地产开发的主要力量。

近些年，国内物流地产进入快速成长期。在国内市场上，不仅有平安、KKR、黑石、凯雷等金融界巨头看好物流地产，而且万科、富力等房企也将物流地产作为业务拓展的方向，并于 14 年纷纷对投资物流地产的土地及开发项目进行投资。

2014 年 6 月 5 日，复星集团与国药控股形成战略合作，为建设全国性医药物流网络而成立合资公司，分别持有 60% 和 40% 的股东权益，计划在 3 到 5 年的时间内，斥资 5 到 10 亿美元打造 10 个区域物流中心，20 个省级物流中心和 30 个省内配送中心的物流设施网络。约 300 万平方米的仓储面积计划一半用于公司自用，另一半可供其他医药流通商使用。

因为物流地产具有投资高，回报周期长的特征，国药控股先前主要采用租赁仓储设施的方式。而在当下物流地产资源存在稀缺性、利润空间高，产业前景被市场看好的情况下，国药如今选择仓储自持。而且，复星拥有金融投资和物流项目运营经验，具备一定的长期资金的基础，可通过基金募集、私募股权和保险等渠道获得资金，财务方面的压力也可缓解，并且维持良好的资金链，这一点对于要大规模布局物流地产项目的企业来说尤为重要。

这次的战略合作可谓是充分利用双方资源并进行资源对接，深化产业及市场的协同性。在国药已建立的医药资源和物流网络上，凭借复星在金融投资和物流项目的运营优势，提升仓储设施的效益和安全性，将这个医药物流体系的专业完善性推向更高的台阶。

**案例思考**

1. 何为物流地产？其特点有哪些？
2. 物流地产的发展为第三方物流企业带来什么样的变化？
3. 观看视频《万科领衔收购普洛斯 发力物流地产》，请你谈谈万科为何要进入物流地产领域。

**万科领衔收购普洛斯 发力物流地产**

### 一、物流地产的含义

物流地产是工业地产商根据顾客的需求，选择合适的地点，建成相应物流设施后，再转租给客户,并由一个资产管理队伍进行相应的服务管理。美国物流地产大鳄普洛斯公司则将其定义为——根据顾客的需求,选择合适的地点,建设、运营与管理专用物流设施,同时借助与国际物流端口无缝对接的信息优势,同制造商、零售商、物流商、分销商等建立密切的关系网,借助物流地产平台开发的仓储中心为其提供精准的时间、地点、服务。物流地产是物流业与房地产业结合的重要衍生产业,是物流服务和地产服务一体化的创新成果,典型物流地产项目包括仓库、物流园区、配送中心和货柜码头。在政策扶持力度持续增大、电商快速发展的当下,物流地产越来越成为众房企拓展业务和多元发展的重要阵地。而国家发改委发布《关于推动物流高质量发展促进形成强大国内市场的意见》的出台有利于进一步规范市场秩序,助力物流业及其衍生产业健康发展。

## 重要提示

2019年3月1日,国家发改委发布《关于推动物流高质量发展促进形成强大国内市场的意见》(以下简称《意见》)。《意见》将物流业定义为"支撑国民经济发展的基础性、战略性、先导性产业"。为促进物流高质量发展,《意见》提出,要深刻认识物流高质量发展的重要意义、构建高质量物流基础设施网络体系、提升高质量物流服务实体经济能力、增强物流高质量发展的内生动力、完善促进物流高质量发展的营商环境、建立物流高质量发展的配套支撑体系。

## 知识拓展

### 普洛斯(GLP)

普洛斯是中国最大的现代产业园提供商和服务商,也是中国市场最早启动智慧物流及相关产业生态系统的打造者和促进者。普洛斯及旗下品牌环普在全国38个战略性区域市场投资、开发并管理着267个物流园、工业园及科创园,物业总面积达3300万平方米。同时,普洛斯还基于支持物流、新能源及科技产业的发展,通过股权投资、金融服务及数据科技平台领域,积极打造领先的产业发展生态体系。普洛斯在8个国家的市场处于领先地位,目前管理资产规模达500亿美元,在全球管理的物业总面积达6200万平方米。如图8-13所示。

图8-13 普洛斯业务

> **知识拓展**
>
> 工业地产是指工业类土地使用性质的所有毛地、熟地,以及该类土地上的建筑物和附属物,有别于住宅、商业和综合类用地以外的第四种性质用地。工业类土地上的可建建筑物用途有较大的范围,其中包括工业制造厂房、物流仓库及工业研发楼宇等。在我国,工业房地产的土地批租年限为50年。
>
> 数据显示,在产业转移、中国产业技术的升级、国家推动重点工业园区建设以及住宅地产受到宏观政策调控等诸多因素的影响下,工业地产需求稳步上升,投资价值逐步显现,工业物业的租售价格稳步上扬。
>
> 工业地产可以分为:重工业房地产、轻工业房地产、仓储房地产(物流地产)、自由贸易区房地产(指带有特殊政策的贸易加工型通用型工业地产)。其特征主要有:投资规模大、快速启动、提供增值服务、追求长期稳定回报。

## 二、物流地产的范畴

物流地产属于工业地产的范畴,是指投资商投资开发的物流设施,比如物流仓库、配送中心、分拨中心等,这里的投资商可以是房地产开发商、物流商、专业投资商。

### (一)物流地产的范畴

(1)物流地产属于工业地产的范畴。

(2)现代物流地产的范畴包括物流园区、物流基地、物流中心、配送中心、物流仓库、分拨中心以及配套设施等物流业务的不动产载体。

(3)物流园区正在被越来越多的人认识,建园、建库、租赁目前已成为一种时代潮流。

### (二)物流地产与传统工业地产的区别

物流地产是物流服务与地产服务互相结合、互为补充的一种创新模式,它属于工业地产的范畴,却又与传统的工业地产有所不同。两者差异主要表现在以下三个方面:

#### 1. 首先是物流地产与传统工业地产的运作模式不同

传统工业地产是将仓库或厂房建成后出售或出租给零售商或制造商,是一次性交易,不存在后期物业管理,其对于开发商来说只是单独的一个项目;而现代物流地产则不同,它不是一个独立的项目,从物流地产的规划、选址到后期的物业管理,物流地产的开发商始终参与其中,并且始终与其客户保持良好的沟通,始终以客户的需求为导向。

#### 2. 物流地产的赢利点与工业和商业地产都不相同

商业与工业地产的收益大多来自地产项目出租或出售所得,而物流地产不仅仅以地产项目的租赁和物业管理为赢利点,更以物流与地产的协调运作作为其收入的来源,有的物流地产企业还提供高质量的物流咨询服务等。

#### 3. 物流地产和工业地产的经营模式存在差异

工业地产只是单独的项目,项目和项目之间不存在联系;物流地产则不然,物流地产的优势就在于物流地产之间形成全球化的网络,实现网络间的资源共享和实现资源的优化配置,促进行业的长远发展。

**想一想** 物流地产和传统工业地产之间的关系是什么？

### （三）物流地产是经营专业现代化的物流设施的载体

**1. 我国的物流地产以物流园为主**

物流园区是指为了实现物流设施集约化和物流运作共同化，或者出于城市物流设施空间布局合理化的目的而在城市周边等各区域，集中建设的物流设施群与众多物流业者在地域上的物理集结地。同传统的物流地产相比，它更强调管理的现代化、规模化和协同效应。

**2. 物流地产是经营专业现代化的物流设施的载体**

物流地产是出于房地产开发企业对利润的追求，根据物流企业客户需要，选择一个合适的地点，投资和建设企业业务发展所需的现代物流设施。物流地产项目开发企业要求建立与物流客户紧密合作的关系，以其适当的交易时间，通过地产产权有偿转让、租赁及物业服务等方式提供专业的物流房地产经营业务内容。经营项目主要包括与支持业务相关的物业和设施、房地产项目和配套物业设施。

**3. 在物流地产的运营活动中，存在着物流地产供需双方的合作**

一方为出资建设物流设施的执行者，另一方为有着物流设施租赁需求的客户。两者合作之间相互存在各自的服务形式和需求业务，正是因为两者之间的合作才使得物流地产这种创新形式的产生和发展。在满足各自需求的同时，共同努力实现共赢局面，实现利润最大化及价值最优化。

### （四）物流地产的实施者

无论是国外物流地产的发展还是国内物流地产的崛起，物流地产商是物流地产业的执行者，也是物流地产的主体。物流地产商为客户提供的服务方式可以分为以下四种：

**1. 标准物流设施与物流园区的开发**

物流地产商在选定了合适的相关物流设施点后，开始进行设计、施工建设、完工等一系列的工作，将建设好的物流设施按客户对不同规模要求及合同条款转租给客户，为客户提供便捷、高性价比的物流设施。

**2. 按客户需求定制开发仓储设施**

定制开发是指物流地产商根据客户的特定需求，最大限度地满足客户的商业属性、商业用途及商业规模等，从而选择合适的地点，投资建设与管理客户专用的物流设施。

**3. 收购与回租**

为达到供需双方的共同利益，帮助客户缩减开支，同时为了满足客户日益增加的财务目标，物流地产商可以选择收购客户现有的物流配送设施，并将其租给客户使用。通过收购与回租的方式可以有效减少客户固定资产负债，从而通过精简资产、提高资本利用率，将主要精力放到企业核心业务方面。与此同时，物流地产商从中获得了大量营利性物流设施，提高了固定资产成本，极大地提高了物流设施的周转利用率。

**4. 提供咨询服务相关业务**

物流地产商利用企业自身的专业管理平台，为客户提供专业的咨询服务，协助客户设计及优化供应链管理，帮助客户更好地实现物流业务流程再造，解决在业务流程过程中遇到的问题。物流地产商从中可以收取适当的物流咨询费用，实现利润获得途径的延伸。

**想一想** 物流地产为客户可以提供哪些服务方式？尝试说明物流地产对于物流企业以及地方经济发展可以发挥什么样的作用。

### （五）客户是物流地产的需求者

客户作为物流地产的租用方，也是物流地产的对象。为什么很多的物流企业租用物流设施而不是建设自己的物流设施呢？原因有以下几种：

#### 1. 社会发展的需要

随着经济的飞速发展，全球化经营的理念要求企业扩张的速度越来越快，为了节省时间成本、人力成本、物力成本，在合适的地点进行补点、运营，从而使得企业不得不改变原有的运营策略，然而原始积累对今后的扩张发展是供不应求的，不能只单靠自身的财力、物力寻求快速的发展，必须通过有效的途径进行自身的扩张发展，而通过租用相关物流设施就能满足企业的低成本发展战略。

#### 2. 注重投资利润回报

很多企业为了实现利润最大化，提高资产回报率、减少负债就会从缩减固定资产的投入入手。越是大型的物流企业，越不自己建设物流设施，反而是通过租用物流设施来创造实现利润最大化的空间，它们需要通过固定资产剥离，将对固定资产的投入转化为对技术革新及产品研发上来，重点发展核心业务，增强同行业的竞争力，同时提升企业赢利能力。

#### 3. 注重风险最小化

客户企业对经济发展速度的预测与自身发展能力的评估往往会发生不相符现象，会出现物流设施不足或过剩的现象，在一定的程度上就会造成生产运营中断、资源的浪费，从而影响到企业的正常运营。而选择租用物流设施则比较灵活，根据企业的实际需求租用不同面积、不同地理位置的物流设施，可以从根本上降低经营风险。

## 三、物流地产的特征

物流地产是地产开发和租赁经营以及资产管理的结合体，通过后期的租赁招商和房地产开发来嫁接经营物业，依靠稳定的租金收入和物业的升值收益来获取较高的既定利润。物流地产的开发组合模式、租赁对象以及后期资产升值收益的获利模式不同于普通住宅开发，其特点具有：

（1）物流地产开发过程中参与主体和价值追求元素多样，资源整合和价值整合的复杂程度高。物流地产是参与各方利益的载体，作为物流地产开发商，要面对的通常来自于多重客户，即投资者、经营者和租赁客户。所以众多的参与主体决定了其利益调整和价值整合的复杂程度加大，一个成功的物流地产开发项目要仰仗于参与各方的共同努力和充分协调。相比之下住宅开发就简单了很多，住宅开发商直接面对终端消费者，所以其可以从容单方面分析市场，根据市场做出决定，然后直接进行销售。

（2）物流地产投资规模大。住宅地产项目可分期开发，滚动开发，资金压力较小，并且可通过销售快速回笼资金。而物流地产动辄几十万平方米，单体最小也在五万平方米以上。且物流地产很少有短期通过销售进行资金回收的。通常投资回收期都在十年以上。博弈的是通过稳定的租金收益获得长线投资回报，因此物流地产开发和运营需要强大资金和资本支持。

（3）物流地产盈利方式多样性，以租赁为主。普通住宅开发的盈利完全是通过出售的办法获得。对于存在的房屋租赁状况也是租赁商通过购置再租赁的方式进行。而成熟的物流地产商完全是通过稳定长期的租赁收入获得长线回报。物流地产对于开发商和投资商来讲最大的好处就是投资的稳定回报。不同于当今风云突变的住宅市场，物流地产的供需情况多年来趋于稳定。此类投资也是保守型如险资愿意介入的原因。

（4）物流地产专业化运作的要求比较高，重在招商和后期运营管理。住宅房地产开发的专业化主要集中于住宅设计和后期的物业管理。而物流地产开发和运营比较复杂，重视的是前期的招商和后期的运营管理包括资产的升值。专业化的运营公司可以利用手中众多的客户资源为项目租赁提供升值服务，提升物业的价值。良好的后期运营管理也能够帮助保持资产的完整性，为资产在二级证券市场的升值产生可能。

探讨物流地产行业发展之势

**想一想** 观看视频《探讨物流地产行业发展之势》并根据物流地产的特征，请你思考和分析一下经营物流地产需要具备哪些条件。

### 四、物流地产的分类

根据不同划分标准，物流地产项目存在不同分类，每类物流地产项目都具有各自的特点，一般来说，物流地产项目可以按其承载的主要功能、仓储物品的类型、服务辐射的范围、所在城市的类型、服务客户的类型等维度进行分类，如表8-4所示。

表8-4　物流地产项目分类

| 分类标准 | 细分类别 |
| --- | --- |
| 按承载的主要功能分类 | 转运型物流地产/流通型物流地产/货运枢纽型物流地产 |
| | 储备型物流地产/储存型物流地产 |
| | 加工型物流地产 |
| | 多功能物流地产 |
| | 保税物流地产 |
| | 口岸服务型物流地产 |
| 按仓储物品的类型分类 | 综合型物流地产 |
| | 农产品、加工食品与农资物流地产（含鲜活农产品冷链物流地产） |
| | 制造品物流地产 |
| | 建筑材料物流地产 |
| | 资源型产品物流地产 |
| | 再生资源回收物流地产 |
| 按服务辐射的范围分类 | 国际型物流地产 |
| | 区域型物流地产 |
| | 城市型物流地产 |

续表

| 分类标准 | 细分类别 |
|---|---|
| 按所在城市的类型分类 | 大中城市物流地产 |
|  | 中小城镇物流地产 |
|  | 河道(江)较多的城镇物流地产 |
| 按服务客户的类型分类 | 制造业物流地产/生产服务型物流地产 |
|  | 商贸服务业(包括电子商务)物流地产/商贸服务型物流地产 |
|  | 第三方物流地产 |

(一) 按承载的主要功能分类

物流地产具有集散、周转、保管、分拣、配送和流通加工等多种功能，根据其侧重点的不同，物流地产按功能可以划分为转运型物流地产(也被称为流通型物流地产或货运枢纽型物流地产)、储备型物流地产(也被称为储存型物流地产)、加工型物流地产、多功能物流地产、保税物流地产、口岸服务型物流地产等多种类型。

1. 转运型物流地产/流通型物流地产货运枢纽型物流地产

转运型物流地产又被称为流通型物流地产或货运枢纽型物流地产，大多数经营转运或短期储存周转类商品，商品在仓库停留时间短，以整进零出为主，且随进随出进行分拣、配货和送货，大多数使用多式联运方式。

2. 储备型物流地产/储存型物流地产

储备型物流地产又被称为储存型物流地产，主要经营国家或所在地区的中、长期储备物品，往往仓储设施规模大，储存功能强。

3. 加工型物流地产

加工型物流地产以再生产和再加工为主要功能，以强化和提高服务为主要目的，以为消费者提供便利体现价值。

4. 多功能物流地产

多功能物流地产集储存、流通加工、分拣、配送、采购等多种功能于一体，是目前在发达国家所占比例较高的一种物流地产类型。

5. 保税物流地产

保税物流地产使用海关核准的保税仓库存放保税货物，接受海关的直接监管，物品入库或者出库单据均需要由海关签署。

6. 口岸服务型物流地产

口岸服务型物流地产往往利用口岸货物集散的优势，以先进的物流服务基础设施设备为依托，以进出口贸易和转口贸易为支撑，以现代信息技术为手段，以优化物流资源整合为目标，强化口岸周边物流辐射功能，以换载、接驳货物为最大特点。

**想一想** 对照你们当地实际，列举比较有代表性的功能性物流地产。

(二) 按仓储物品的类型分类

物流地产可以为多种类型的物品提供集散、周转、保管、分拣、配送和流通加工等服务。

根据仓储物品的不同类型,物流地产可以分为综合型物流地产、农产品、加工食品与农资物流地产(含鲜活农产品冷链物流地产)、制造品物流地产、建筑材料物流地产、资源型产品物流地产、再生资源回收物流地产等多种类型。

### 1. 综合型物流地产

综合型物流地产为种类繁多的物品提供服务,这类物流地产项目往往规模较大,满足多种物品的仓储需要,适合各种用户的服务要求,经营应变能力较强。

### 2. 专业型物流地产

专业型物流地产专门针对煤炭、钢铁、机械、矿建材料、石油化工、食品、化肥、农副土特产、纺织服装、医药、汽车及配件、机电设备、电子产品、家用电器、烟草、图书报刊及音像制品等某一类或某几类物品提供集散、周转、保管、分拣、配送和流通加工等服务。具体来说,专业型物流地产主要包括农产品、加工食品与农资物流地产(含鲜活农产品冷链物流地产)、制造品物流地产、建筑材料物流地产、资源型产品物流地产、再生资源回收物流地产五种细分类型。

(1) 农产品、加工食品与农资物流地产(含鲜活农产品冷链物流地产)。

(2) 制造品物流地产。制造品物流地产专门针对钢铁、机械、汽车、医药、家电、出版物或危险货物等某一类或某几类制造品提供集散、周转、保管、分拣、配送和流通加工等服务。

(3) 建筑材料物流地产。建筑材料物流地产专门针对建筑材料提供集散、周转、保管、分拣、配送和流通加工等服务。建筑材料的物流量通常较大且占地较多,有时还会产生某些环境污染问题,且有严格的防火安全要求。

(4) 资源型产品物流地产。资源型产品物流地产专门针对石油、煤炭、铁矿石以及其他资源型产品提供集散、周转、保管、分拣、配送和流通加工等服务。

(5) 再生资源回收物流地产。再生资源回收物流地产专门针对包装物、废旧电器电子产品等生活废弃物和报废工程机械、农作物秸秆、消费品加工中产生的边角废料等有使用价值的废弃物提供集散、周转、保管、分拣、配送和流通加工等服务。

## (三) 按服务辐射的范围分类

不同类型的物流地产具有不同大小的服务半径,有的物流地产服务范围可以跨越国界,有的物流地产服务范围可以跨越城市,有的物流地产服务范围仅限于某一个城市。按服务辐射范围的不同,物流地产可以分为国际型物流地产、区域型物流地产和城市型物流地产等多种类型。

### 1. 国际型物流地产

国际型物流地产是深入参与国际分工、具有一定国际竞争力和全球影响力,主要服务于跨国贸易企业,畅通与主要贸易伙伴和周边国家便捷高效的国际物流的基础设施,是应对日趋激烈的国际竞争,不断加快的国际产业转移步伐,快速发展的服务贸易,以及日益形成的全球采购、全球生产和全球销售的物流发展模式的重要基础,也是应对日益激烈的全球物流企业竞争的重要条件。

### 2. 区域型物流地产

区域型物流地产的服务范围可以跨越城市,具有较强的辐射半径和较大的库存能力,且物流设施齐全,用户较多,配送量较大,以配送一级城市物流中心为主,以配送批发商为辅。

### 3. 城市型物流地产

城市型物流地产的服务范围主要限于所在城市,以所在城市配送为主,且主要以汽车运输方式直接配送到最终用户,实现"门到门"式的配送活动。

#### (四) 按所在城市的类型分类

物流地产可以划分为大中城市物流地产、中小城镇物流地产和河道(江)较多的城镇物流地产等多种类型。

### 1. 大中城市物流地产

大中城市物流地产布局于大中城市。在大中城市,物流地产项目往往采用集中与分散相结合的方式进行选址,其中那些被定位为物流节点城市的大中城市是区域物流发展的重要枢纽。

### 2. 中小城镇物流地产

中小城镇物流地产布局于中小城镇。虽然我国中小城镇为数众多,但每个中小城镇的物流地产项目数量却很有限。中小城镇物流地产项目选址不宜过于分散,且宜选择独立地段。在中小城镇物流地产中,那些配送末端网点类型的物流地产项目往往会布局在中小城镇甚至村镇。

### 3. 河道(江)较多的城镇物流地产

河道(江)较多的城镇物流地产布局于河道(江)较多的城镇。在河道(江)较多的城镇,商品集散大多利用水运,因此这些城镇的物流地产项目往往选址于沿河(江)地段,以便充分发挥水运的"地利"优势,有效降低物流成本,提升物流效率。

#### (五) 按服务客户的类型分类

不同类型的物流地产往往服务于不同类型的客户和市场。根据不同的客户导向和市场导向,物流地产可以划分为制造业物流地产(也被称为生产服务型物流地产)、商贸服务业(包括电子商务)物流地产(也被称为商贸服务型物流地产)、第三方物流地产等多种类型。

### 1. 制造业物流地产(生产服务型物流地产)

制造业物流地产(也被称为生产服务型物流地产)主要服务于生产制造企业。未来我国将会建立起与新型工业化发展相适应的制造业物流(也被称为生产服务型物流)服务体系,形成一批具有全球采购、全球配送能力的供应链服务商。根据制造业物流地产(也被称为生产服务型物流地产)的市场导向和客户导向,其项目选址应该毗邻工业集聚区,提供供应链一体化服务,严格遵循"与制造业企业紧密配套、有效衔接"的原则。国家鼓励各类产业聚集区域和功能区配套建设公共外仓,引进第三方物流企业。

### 2. 商贸服务业(包括电子商务)物流地产/商贸服务型物流地产

商贸服务业(包括电子商务)物流地产(也被称为商贸服务型物流地产)主要服务于流通企业(包括电子商务企业)。根据商贸服务业(包括电子商务)物流地产(也被称为商贸服务型物流地产)的市场导向和客户导向,其项目选址应该面向城市主要商圈和批发市场,严格遵循"与商贸服务业(包括电子商务)企业紧密配套、有效衔接"的原则。

### 3. 第三方物流地产

第三方物流地产主要服务于第三方物流企业。根据第三方物流地产的市场导向和客户导向,其项目选址应该根据第三方物流企业服务的产业和企业类型及其经营的商品类别和物流量来选择合适的地段。

**想一想** 根据所学知识,结合你们当地在整个国家物流发展战略中的地位、区位优势和资源条件,思考一下如何加快优化布局当地物流地产?

### 五、物流地产的运营模式

我国学者将我国物流地产的运营模式根据投资主体和管理主体的不同划分为以下几种:

#### (一)地产商主导型运营模式

地产商主导型运营模式指的是物流地产的投资主体为房地产开发商,房地产开发商按照顾客要求进行前期市场调查,选址建好相关物流设施后,转租给物流企业。这种运营模式中房地产开发商是投资者以及物业管理者,而物流业务由专门的物流公司开展,以普洛斯最为典型。

普洛斯是中国、巴西等国家主要的物流设施供应商,其业务网络遍布全球 63 个主要城市,已在新加坡证券交易所挂牌上市。普洛斯在中国进入的海港有深圳盐田港、青岛前湾港、宁波北仑港等 6 个海港,进入的空港有北京首都机场、广州白云机场、上海虹桥国际机场等 6 个,加工基地有沈阳经济技术开发区、苏州工业园区、广州开发区以及重庆经济技术开发区等 7 个。普洛斯的经营宗旨是创建一流的物流组织,提供国际标准化的顾客服务,建成全球化的物流配送设施。"普洛斯运营系统"提供策划、构建和设施管理整个流程的服务。普洛斯的目标客户主要有 3 类,分别为第三方物流公司、制造商以及零售商,它的企业使命是致力于为全球最具活力的制造商、零售商以及第三方物流公司提供完整解决方案,它为顾客提供的服务主要包括 4 种:物流园区与物流设施开发、仓储设施开发、收购与回租以及咨询服务。

#### (二)物流商主导型运营模式

物流商主导型运营模式的投资主体为物流企业,同时,管理主体也是物流企业。物流商主导型运营模式具有降低租金成本、折旧费用享受税收减免优惠政策等优点,但其建设的非专业性可能导致成本比较高,资金占用比较多,物业管理水平较低等问题。这种运营模式在国内运用的比较广泛,如上海百联集团、大商集团以及宝供物流集团等均采用物流商主导型运营模式。

上海百联集团是由上海市第一百货集团、物资集团、友谊集团以及华联集团合并重组的大型国有商贸流通产业集团,是国内最大的商贸流通集团,位列中国零售百强前列,辐射中国 25 个省市。上海百联集团实行的是"集团总部—事业部—经营单元(公司)"三层次的、以战略管控为主的管控模式,主要业务分为核心业务、支撑业务以及调整发展业务,致力于打造中国第一、世界一流的流通产业集团。

#### (三)地产商和物流商合作经营型运营模式

地产商和物流商合作经营型运营模式指的是地产商和物流商通过签订合同等契约形式共同出资经营、分工合作、共担风险。这种运营模式有助于充分发挥地产企业和物流企业各自的优势,物流企业拥有专业化的物流技术,地产企业资金雄厚,优势互补,从而实现利润最大化的目标。当然,这种运营模式也有缺点,那就是地产商和物流商都必须承担信用风险,因此在这种运营模式中,尤其要选择好合作伙伴。

### (四) 第三方牵头型运营模式

第三方牵头型运营模式指的是第三方对物流企业和地产企业的实力情况进行审查，对双方拥有的资源进行整合，企业招标以及企业受益也由第三方负责，最终实现强强合作、互利共赢的目标。这种运营模式根据物流商的影响力大小又可以分为物流商全部包揽、电商全部包揽、地产商和物流商平分秋色、地产商主导、电商主导以及政府管理物流地产六种模式。

物流商全部包揽是指建设前的拍土地、设计者选择等问题以及建成后的物业管理、运营等问题都由物流商负责。这种模式对物流商的要求比较高，既要具备雄厚的资金能力，又要具备专业的建设能力和物业管理能力。电商全部包揽则是由电商负责所有物流业务，如京东商城。电商全部包揽可以保证整个流程充分满足电商的需求，但同时也会占用电商的流动性资金。地产商和物流商平分秋色是由地产商和物流商共同出资、共担风险，这种模式优点在于可以充分发挥各自优势。地产商主导模式中，物流商不需要动用大量资金，从而更好地支持物流配送和仓储，如工业地产巨头普洛斯。电商主导模式中运营主体是电商，可以控制物流的规范化，如亚马逊物流中心。政府管理物流地产模式是指政府委托专门机构对物流园区进行管理，为入驻企业提供各种服务。由于各国各地区经济发展水平、科技水平等不同，在物流地产运营模式的选择上也有差别，需要根据各国各地区实际情况选择合适的运营模式。

美国物流地产基金介绍

**知识拓展**

2014年5月，万科借签约河北廊坊项目宣布进军物流地产，2015年联手黑石，成立万科物流地产发展有限公司，引入黑石为物流地产注入金融元素，便于利用基金等手段实现物流地产运营的轻资产化。2016年1~5月，万科新增物流地产项目7个，对应建面52.8万平方米，超过2015年全年水平。

## 项目小结

冷链物流（environmental logistics）泛指温度敏感性产品在生产、贮藏运输、销售到消费前的各个环节中，始终处于规定的低温环境下，以保证物品质量，减少物流损耗的一项系统工程。冷链物流有以下几个特点：复杂性、协调性、高成本性、全程温控。冷链物流由冷冻加工、冷冻储藏、冷藏运输及配送、冷冻销售四个方面组成。

在委托代理、长尾、消费主权等理论下，"互联网+物流"通过高效集聚闲散的物流资源而形成物流众包模式；在资源基础/依赖理论、价值链理论等理论下，"互联网+物流"通过物流价值链的重构而形成物流跨界模式。

应急物流分为突发自然灾害应急物流、突发事故灾难应急物流、突发公共卫生事件应急物流和突发社会安全事件应急物流四类，具有突发性、不确定性、弱经济性、非常规性、需求的事后选择性、流量的不均衡性、社会公益性、时间约束的紧迫性等特点。为突发事件提供物资支援的应急物流,已经成为当今我国经济持续健康快速发展的重要保障力量,在科学发展、构建和谐社会的大背景下,日益得到重视。

物流金融是物流与金融业务的结合,目前常用的有代客结算业务模式、融通仓业务模式、物流保理业务模式3种。

物流地产是指投资商投资开发的物流设施,比如物流仓库、配送中心、分拨中心等,这里的投资商可以是房地产开发商、物流商、专业投资商。物流地产商可以按为客户提供标准物流设施与物流园区的开发,定制开发仓储设施,收购与回租,提供咨询服务相关业务,并按照功能和产品等五种标准细分为更多的种类。

## 项目巩固

### 一、名词解释
1. 冷链物流
2. 电子商务物流
3. 互联网+物流
4. 应急物流
5. 物流金融
6. 物流地产

### 二、单选题
1. 按结构类别进行划分,可将冷库分为( )。
   A. 生产性冷库、分配性冷库、综合性冷库、零售性冷库
   B. 土建冷库、装配式冷库
   C. 大型冷库、中型冷库、小型冷库
   D. 单层冷库和多层冷库
2. 按照库体的结构,目前建造较多的冷库是( )。
   A. 土建冷库　　　B. 覆土冷库　　　C. 合板冷库　　　D. 山洞冷库
3. 冷链物流标准化的组织机构是( )。
   A. 全国物流标准化技术委员会
   B. 全国物流标准化技术委员会冷链物流分技术委员会
   C. 物流与采购联合会
   D. 冷链物流协会
4. 物流金融一般涉及的主体有物流企业、客户和( )。
   A. 银行　　　　　B. 商场　　　　　C. 消费者　　　　D. 政府
5. 物流保理业务又称为( )。
   A. 代收货款　　　B. 保兑仓　　　　C. 代客结算　　　D. 应收账款承购
6. 下面常见于B2C模式的是( )。
   A. 物流保理模式　　　　　　　　　B. 代收货款模式
   C. 货款模式　　　　　　　　　　　D. 融通仓模式
7. 下面常见于B2B模式的是( )。

A. 物流保理模式 B. 代收货款模式
C. 垫付货款模式 D. 融通仓模式

8. 根据国家对冷藏与冷冻的要求，冷藏温度需要在(　　)以下、冻结点以上，而冷冻温度要求在(　　)以下，需要配备专门的冷冻冷藏车辆。

A. 80℃，−100℃  B. 80℃，−180℃  C. 40℃，−180℃  D. 0℃，−180℃

9. 从"互联网＋物流"的定义来看，基于传统物流业的"痛点"，"互联网＋物流"的首要途径在于改变原有的(　　)。

A. 物流运作模式 B. 物流运行机制
C. 作业流程 D. 作业标准

10. 在一些重大险情或事故中，平时物流的经济效益原则将不再作为一个物流活动的中心目标加以考虑，因此应急物流目标具有明显的(　　)特征。

A. 不确定性 B. 非常规性 C. 突发性 D. 弱经济性

11. 在物流金融中一般涉及的主体有(　　)。

A. 买方、银行 B. 卖方、银行
C. 卖方、买方、银行 D. 买方、卖方、银行、第三方物流企业

### 三、多选题

1. 冷链物流的特点有(　　)。

A. 复杂性 B. 协调性 C. 全程温控 D. 成本高昂

2. 冷链物流的经济社会意义是(　　)。

A. 保障易腐食品安全，减少营养流失 B. 解决产供销不一致的矛盾
C. 减少食物腐烂损失造成的浪费 D. 解决城市交通拥堵问题

3. 冷库按冷藏设计温度，可分为(　　)。

A. 高温冷库 B. 中温冷库 C. 低温冷库 D. 超低温冷库

4. 电子商务物流具有(　　)特点。

A. 网络化 B. 信息化 C. 自动化 D. 柔性化
E. 智能化

5. 下面属于代客结算业务的有(　　)。

A. 代收货款 B. 通融仓 C. 垫付货款 D. 保障

6. 下面属于物流金融范畴的有(　　)。

A. 代客结算业务 B. 融通仓业务
C. 物流保障业务 D. 质押监管业务

7. 融通仓业务包括(　　)。

A. 代收货款业务 B. 仓单质押业务
C. 保理业务 D. 保兑仓业务

8. 冷链物流适用的范围包括(　　)。

A. 初级农产品 B. 加工食品
C. 日用工业品 D. 化工产品、医药用品、生物制品等特殊商品

9. 与普通物流相比较，应急物流具有(　　)特点。

A. 突发性 B. 弱经济性 C. 不确定性 D. 非常规性

E. 需求的事后选择性　　　　　　F. 流量的不均衡性
10. 物流金融具有(　　)特点。
A. 标准化　　　B. 信息化　　　C. 远程化　　　D. 广泛性

### 四、判断题

1. 我们平常说的冷链和冷链物流是一回事。　　　　　　　　　　　　　　(　　)
2. 超低温冷库温度一般为 -30℃至 -80℃。　　　　　　　　　　　　　　(　　)
3. 与住宅地产相比，物流地产的开发和运营相对要简单得多。　　　　　　(　　)
4. 物流金融只是传统的抵押贷款或质押融资的发展。　　　　　　　　　　(　　)
5. 融通仓业务模式包括仓单质押、保兑仓、动产质押逐笔控制(静态)、动产质押总量控制(核定库存)和物流保理业务5种模式。　　　　　　　　　　　　　　　　(　　)
6. 在质押物的选择过程中为了操作上的简便和避免风险，所选择质押物的价值应容易确定且相对稳定。　　　　　　　　　　　　　　　　　　　　　　　　(　　)
7. 对于同一仓单项下的货物在不同时间提取的情况，要依据货主和银行共同签署的"专用仓单分提单"释放，同时要登记明细台账，每释放一笔，在相应仓单下作销账记录，直至销售完成、贷款收回为止。　　　　　　　　　　　　　　　　　　　　(　　)
8. 由于食品冷链是以保证易腐食品品质为目的，以保持低温环境为核心要求的供应链系统，所以它比一般常温物流系统的要求更高，也更加复杂。　　　　　　　(　　)
9. 从"互联网+物流"的定义来看，基于传统物流业的"痛点"，"互联网+物流"的首要途径在于改变原有的物流运作模式。　　　　　　　　　　　　　　　　(　　)
10. 仓单是仓库接受货主的委托，将货物受存入库后向货主开具的说明存货情况的存单。　　　　　　　　　　　　　　　　　　　　　　　　　　　　　　(　　)

### 五、简答题

1. 冷链运输方式有哪些？各种方式都有哪些特点？
2. 应急物流与普通物流有何不同？
3. "互联网+物流"的模式有哪些？

## 案例分析

### 案例1：潇龙冷链物流

上海潇龙冷链物流有限公司为现代新型物流企业，是第三方物流服务商，拥有先进的管理模式，是真正改造传统运输企业，利用现代先进信息技术管理为手段的全新物流公司。公司从多方面、多角度努力使自己成为现代物流企业中坚力量。主要表现为：(1)物流系统意识较强。认识到物流企业与传统运输业的根本区别和必然联系，认识到物流是从包括信息流、实物流、增值流(资金流)最终以满足用户需要进行的整体服务，而运输只注重实物流动，只是物流的一个子系统。(2)高度信息化。信息是一切资源中最重要的资源或终极资源。公司实行系统工程管理，利用计算机技术，改善实物进程，提高生产效率，因而提高物流决策过程中的效率和决策可靠性。(3)物流管理人员专业化。公司拥有丰富经验的专家及高学历的专业人才，深刻认识到物流企业的竞争最终是人才竞争的问题。

上海潇龙冷链物流有限公司的服务点及标准：(1) 提供24小时的全天候准时服务。主要包括：保证业务人员、公司经理及各部门负责人通信联络24小时畅通；保证运输车辆24小时运转；各地收发货点24小时提货、交货。(2) 服务速度快。利用高科技进行保时管理，保时跟踪。(3) 安全系数高。对运输全过程负责，保证运输途中各个环节不出问题，实行赔偿责任制。(4) 信息反馈快。货主可随时查询、掌握运输的全过程。(5) 服务项目多。可根据货主的需要进行量身定做，提供各种综合服务及增值服务的全方位物流服务。

上海潇龙冷链物流有限公司依托优质的冷藏运输/冷库资源、多地域的冷链服务网络以及三温度段运输/普通运输/存储/配送的多功能，为客户提供从原材料采购到成品的仓储、运输、分拣、包装、加工等综合管理，并协同供应链上、下游关系，通过提升服务质量与最大限度地支持客户销售拓展为客户在冷链管理环节创造价值。

**案例思考**

1. 从冷链物流角度看，该公司运作流程是否合理？
2. 公司在温度控制、成本控制以及配送时效性方面做了哪些努力？

### 案例2：运力科技：互联网+公路物流

"嘀嘀打车"、"优步"和"神州专车"已经家喻户晓、人人皆知了，但很少有人知道在物流界也有"帮货主找到运货车，帮车主降低空驶率"的产品。由成都高新区企业成都运力科技有限公司(以下简称"运力科技")成功研发的"物流QQ"和"货车帮"就是这样一款产品，它是用互联网技术改造传统产业的经典之作。

打开"物流QQ"平台，显示了联系人及货物存放的物流园区，有了这样的即时信息，可以快速地帮货主找到运货的车，帮车主降低空驶率。平台给货主和车主提供不同版本的终端，分别向他们推送不同的信息，以便双方信息的匹配。同时，提供远程调车及配货担保，并为物流园、停车场等建立包括信息发布系统、查询系统、广告系统、门禁系统的信息整体解决方案。

"物流QQ"平台实行的是会员制，注册成为平台会员的手续很简单，货运司机提供身份证、驾驶证和行驶证，经平台审查后予以注册即可。目前注册货车司机会员近百万人。同时，认证货主(即信息部、配货站、物流公司)会员近30万户。为了保护货主和车主双方的合法权益，设立了担保金，一旦出现货车司机拉货"扑空"事件，先行代货主向司机赔偿500元/单。

运力科技采用双品牌战略，即面向货主端的"物流QQ"和面向司机端的"货车帮"，与太平洋保险集团达成战略合作，推出国内第一个移动端货运险团购平台，平台日均承保货物价值12亿元。运力科技还与北京福田戴姆勒汽车有限公司等多家重卡企业合作，进一步拓展了公司增值服务内容。目前，运力科技已发展成为全国最大的公路货运信息平台，在全国各地铺设了线下服务网络，是国内第一家在公路物流领域，同时面向司机和货主搭建开放、透明、诚信的货运交易平台的企业。

**案例思考**

1. "物流QQ"与"货车帮"具有怎样的互联网思维？
2. 分析和归纳货车帮的物流模式。

### 案例3：物流金融案例

LS建材企业，主营建材业务，采购款占用了公司大量资金，同时账面上有数额巨大的建材存货，存货占有资金的情况也非常严重，由于企业经营扩张，流动资金吃紧，LS建材公司想到了贷款，但仅凭现有的规模很难从银行处获得融资，而公司又缺乏传统意义上的房地产作为担保，融资较为困难，眼下商机稍纵即逝，资金链制约了企业的发展。

上述这种状况普遍存在于中国各地的中小规模企业，对于这样的问题，物流金融就可以轻易解决。

LS建材企业在万般无奈之下，邀请某物流咨询公司前来为公司诊断。在该物流咨询公司的帮助下LS建材企业采用物流金融的方法使公司出现了转机，快速解决了资金链的问题。物流咨询公司是这么操作的：

根据企业的实际需求和存在的问题，引入楷通物流公司作为质押物监管方，为LS建材打开了通往银行的快速融资通道。针对存货，发现核定货值货物质押方式能够解决存货问题，将该公司的建材存货作为质押物向招商银行取得融资，委托符合招商银行准入条件的楷通物流公司进行监管（仓储），招商银行根据融资金额和质押率，确定由楷通物流公司监管的最低价值，超过最低价值以上的存货由楷通自行控制提换货，以下的部分由LS建材公司追加保证金或用新的货物赎货。同时，楷通物流公司负责建材质押的全程监控，而监控的建材正是向招商银行贷款的质押物，这就解决了采购款资金问题。

对于楷通物流公司来说（物流公司），一项业务，可以获得两份收入，一项是常规的物流服务费，另一项是物流监管费。更主要的是，通过物流金融服务，稳定了客户关系。对LS建材来说（企业），好处显而易见，通过楷通物流公司解决了资金链问题，经营规模得到扩张。而对银行来说，扩充了投资渠道，并且风险性大大降低。

**案例思考**

1. LS建材企业是如何解决资金链制约企业发展的问题的？
2. 楷通物流、LS建材和银行各有什么收获？

# 参考文献

[1] 胡海清. 现代物流管理概论. 北京：机械工业出版社，2018.
[2] 吴承健，傅培华，王珊珊. 物流学概论（第二版）. 杭州：浙江大学出版社，2013.
[3] 胡建波. 现代物流概论. 北京：清华大学出版社，2018.
[4] 孙秋菊. 现代物流概论. 北京：高等教育出版社，2017.
[5] 李述荣，孙守城. 物流基础. 武汉：武汉大学出版社，2008.
[6] 张宇. 智慧物流与供应链. 电子工业出版社，2016.
[7] 马世华. 供应链管理（第5版）. 北京：机械工业出版社，2016.
[8] 朱占峰. 供应链管理（第2版）. 北京：高等教育出版社，2015.
[9] 曹磊，陈灿，郭勤贵，等. 互联网＋：跨界与融合. 北京：机械工业出版社，2015.
[10] 刘利军. 应急物流. 北京：中国财富出版社，2015.
[11] 李学工. 冷链物流管理. 北京：清华大学出版社，2017.
[12] 周兴建，蔡丽华. 现代物流管理概论. 北京：中国纺织出版社，2016.
[13] 燕鹏飞. 智能物流. 北京：人民邮电出版社，2017.